Kohlhammer

DIAKONIE
Bildung – Gestaltung – Organisation

Herausgegeben von

Hanns-Stephan Haas
Beate Hofmann
Christoph Sigrist

Band 18

Beate Hofmann
Barbara Montag (Hrsg.)

Theologie für Diakonie-Unternehmen

Funktionen – Rollen – Positionen

Verlag W. Kohlhammer

1. Auflage 2018

Print:
ISBN 978-3-17-034588-1

E-Book-Format:
pdf: ISBN 978-3-17-034589-8

Inhalt

Kommentare

Geleitwort

Ulrich Lilie

Als Johann Hinrich Wichern 1848 auf dem ersten deutschen Kirchentag in Wittenberg mit der sog. Stegreifrede den Grundstein für die heutige Diakonie legte, verband er mit dem Projekt der Inneren Mission selbstverständlich auch ein theologisches Programm: die Ausbreitung des Reiches Gottes inmitten der Nöte der Welt. Der enge Zusammenhang von evangelischem Glauben und tätiger Nächstenliebe war von den Gründungsjahren der Diakonie bis in die Mitte des 20. Jahrhunderts so evident und akzeptiert, dass die Rolle der Theologie nicht eigens diskutiert werden musste. Die Theologen, die in den Gründungsjahren Steuerungsaufgaben übernahmen, waren in der Regel ordinierte Pfarrer, die Innere Mission verstand Wichern als gesamtkirchliche Aufgabe.

Die diakonische Arbeit und ihre Organisationsformen haben sich in den vergangenen sechzig Jahren deutlich verändert. Durch die zunehmende Professionalisierung, die Vermarktlichung der sozialen und pflegerischen Arbeit, die Ausdifferenzierung diakonischer Angebote sowie fachlicher Kompetenzen und Zuständigkeiten hat sich die Qualität, aber auch die Komplexität diakonischer Hilfsangebote und Dienstleistungen erhöht. Damit stellen sich zugleich neue Anforderungen an die Steuerung diakonischer Unternehmen: Welche Kompetenzen und welche Fachlichkeit werden wir künftig in der Unternehmenssteuerung benötigen? Und welche kybernetische Funktion wird die Theologie dabei einnehmen?

In der Praxis ist zu beobachten, dass gegenwärtig unterschiedliche Modelle der Rolle der Theologie in der Unternehmenssteuerung der Diakonie gelebt und erprobt werden. Es stellt sich die Aufgabe, die Relevanz der Theologie für die Steuerung diakonischer Unternehmen zu reflektieren und ggf. „neu" zu bestimmen.

Der vorliegende Band leistet dazu einen wesentlichen Beitrag. Denn in diesem Band reflektieren Theologinnen und Theologen, die in diakonischen Unternehmen im Raum der Diakonie Rheinland-Westfalen-Lippe als Vorstände und Geschäftsführende tätig sind, die Rolle der Theologie in der Steuerung und Gestaltung diakonischer Unternehmen.

Ich danke der Diakonie Rheinland-Westfalen-Lippe und Barbara Montag sowie Frau Professorin Beate Hofmann für die Konzeption und Herausgabe des Bandes und wünsche diesem Buch aufmerksame und interessierte Leserinnen und Leser.

Die Rolle der Theologie in der Führung diakonischer Werke

Christian Heine-Göttelmann

„Allein" – so fuhr Wichern fort – „meine Überzeugung über das Verhältnis der Kirche zur Inneren Mission ist nie eine andere als die heutige gewesen, (…), dass die Kirche die innere Mission in die Hand nehmen muss. Jetzt wird sie zum Teil mit betrübtem Herzen betrieben, weil man von Seiten derer, welche die Kirche vertreten, die Tätigkeit als nicht berechtigt anerkennt. Es ist ein Misstrauen gegen sie eingetreten, (…). Wenn nun (…) der Kirchenbund Förderung und Schutz dieser Tätigkeit zukommen lasse, dass er die innere Mission in sich aufnehmen wolle, unbeschadet der notwendigen Freiheit derselben: so würde dieser Arbeit ein Stempel aufgedrückt, wovon ein Gottessegen ausgehen müsste."[1]

Auch wenn heute die Apologie nicht mehr dem Kommunismus und Atheismus im Nachgang der Märzrevolution 1848 gilt, so kann man vielleicht doch eine durchgängige Grundspannung erkennen, die noch heute der kirchlichen Sozialarbeit zu eigen ist: Die Spannung nämlich zwischen der gebotenen Liebestätigkeit eines Christenmenschen auf der einen Seite und dem „in der Welt sein" (gesellschaftliche Rahmenbedingungen) desselben auf der anderen Seite. Organisatorisch ist es die Spannung zwischen dem kirchlichen Auftrag – wie im Diakoniegesetz[2] formuliert – und dem ökonomischen Gestaltungsdruck (bzw. der notwendigen Freiheit zur Anpassung) heutiger diakonischer Einrichtungen. Wenn auch nicht alles in der Geschichte vergleichbar ist, so vielleicht doch die Erkenntnis, dass diese Spannung auszuhalten und zu gestalten ist und dass man damit schlecht beraten ist, von der einen oder anderen Seite „vom Pferd zu fallen".

Der von Wichern angekündigte Gottessegen hat sich sicherlich nicht auf die formale Form von Institutionen beschränkt, er ist diesen aber auch nicht gänzlich uneigen. Die Schwierigkeit besteht aber in der Tat in der Geschwindigkeit von Anpassungsprozessen in einer Gesellschaft, die von stetigen und schneller werdenden Prozessveränderungen geprägt ist. Zugleich oder gerade dadurch hat das Thema „Diakonie als kirchliche Aufgabe" zunehmend mehr Aufmerksamkeit gewonnen.

---

[1] Aus der sog. „Stehgreifrede" Johann Hinrich Wicherns auf dem Wittenberger Kirchentag (22.9.1848); Wichern: Wittenberger Kirchentag, S. 114-132, hier: S. 116f.

[2] Vgl. Kirchengesetz über die Ordnung der diakonischen Arbeit in der Evangelischen Kirche von Westfalen (EvKW) (Diakoniegesetz – DiakonieG). Online verfügbar: www.kirchenrecht-westfalen.de/document/37056#s30010009 [Letzte Überprüfung: 18.07.2018].

Die Gestaltung dieser Spannung ist eine theologische Dimension. Wieso? Einerseits zeigt sich in der Rede vom deus absconditus bereits das Dilemma, dass sich Gott in seiner Erkennbarkeit in dieser Welt scheinbar verborgen hält oder anders herum ausgedrückt, dass sich die menschliche Erkenntnis von Gott im Alltag nicht erlangen läßt bzw. sogar die Erfahrung des Alltags absolut widersprüchlich zum Reden von Gott stehen kann. Diese Grundspannung war und ist dem Christenmenschen Antrieb gewesen, gegen die Erfahrung des All- tags zu hoffen, zu lieben und zu glauben, die Welt als eine andere zu sehen als sie erscheint und in dieser Vision zu leben. Diese eschatologische Kompo- nente des Glaubens hat die Welt verändert – manchmal in sehr kleinen Schrit- ten und sie ist oft genug auch gescheitert. Trotzdem haben Glaube, Liebe, Hoffnung immer an einer Welt fest gehalten, in welcher der Mensch seine Be- stimmung von Gott her findet, selbst wenn diese außerhalb seiner Möglichkei- ten und seiner Lebenszeit liegen mag.

Luthers Reden vom Apfelbäumchen, das es zu pflanzen gilt, selbst wenn die Welt nun unter ginge, nimmt so gesehen diese Dimension auf. Auch die ersten Gründungen diakonischer Einrichtungen schufen einen kleinen Gegen- entwurf zur vorfindlichen Realität – wie z.B. die Herbergen zur Heimat für die Wanderarbeiter oder die Lebensperspektiven unverheirateter Frauen in Flied- ners Umfeld.

Diese Kompetenz, die Welt anders zu denken, zu hoffen und zu bauen als sie gerade erscheint, ist also im Wesentlichen eine theologische Kompetenz. Sie ist nicht allein Theologinnen und Theologen zu eigen, aber sie speist sich bis heute eben besonders aus den Traditionen und Glaubensbildern biblischer Texte. Zudem hat die kontextuelle Theologie der vergangenen Jahrzehnte ei- nen Schlüssel geboten, solche Traditionen in ihren jeweiligen gesellschaftli- chen Kontexten aufzuschließen.

Vergleichbar damit, wie Religiosität als Säule der Resilienz Menschen in- dividuell zur Ressource wird, – ohne den Glauben damit zu instrumentalisie- ren – so kann vielleicht die institutionelle Erschließung der eschatologischen Dimension des Glaubens zu einer Rationalität unter anderen in den Manage- mentprozessen der Steuerung werden.

Wie das aussehen kann, wird deutlich, wenn man beginnt, theologische Kompetenzen für Vorstände diakonischer Unternehmen zu formulieren. Die Crux ist, dass nicht einmal theologische Kompetenzen für die Ausübung des Pfarrberufes in gemeindlichen Zusammenhängen beschrieben sind und dem- entsprechend Ausbildungsordnungen bislang auf die Erlangung wissenschaft- licher Erkenntnisse ausgelegt sind. Gerade aus den Instituten zur Fortbildung von Führungskräften kommt nun aber der Impuls oder die Frage (nicht die Antwort), welche Kompetenzen Theologinnen und Theologen eigentlich be- sitzen und inwiefern diese relevant sein könnten, Unternehmen zu leiten. Selbst diakonische Werke, die solche Kompetenzen für viele Bereiche der Lei- tung beschrieben haben, verzichteten bislang auf die Beschreibung dieser Kompetenzen. Es entsteht leicht der Eindruck, als seien außer den evidenten betriebswirtschaftlichen und rechtlichen Kenntnissen, andere doch eher verzichtbar.

Ganz praktisch kommt es in den nächsten Jahren zu einem deutlichen Generationswechsel in den Führungsetagen diakonischer Werke, der auch die Theologen (bislang leider nur Männer) einschließt. Wie dies zu gestalten sei und ob theologische Kompetenzen hier überhaupt gebraucht werden und welche das überhaupt sind, ist bis dato nicht geklärt. Die Frage der Nachwuchsgewinnung von Theologinnen und Theologen und deren Rolle im Vorstand diakonischer Einrichtungen – im Kern also die dort vorhandene theologische Kompetenz – spielen in der Praxis für das Thema der Spannung zwischen unternehmerischer Weiterentwicklung und kirchlicher Bindung aber schon heute eine entscheidende Rolle.

Die Diakonie RWL hat in einem recht konzentrierten, parallel zu dieser Veröffentlichung laufenden Prozess, mit Professoren von Hochschulen und Theologinnen und Theologen aus der Praxis und Mitarbeitenden der Diakonie einen ersten Versuch unternommen, dies einmal zu beschreiben unter dem Modell üblicher Kompetenzraster. Aus meiner Sicht zeichnen sich hier vor allem drei Dimensionen ab:

1. die Fähigkeit, in einer Einrichtung eine kirchlich-diakonische Profilbildung zu befördern,
2. die Kommunikationsfähigkeit in/mit kirchlichen Strukturen,
3. die Fähigkeit, Theologie als Management-Rationalität in die Prozesse einzutragen.

Der Prozess, diese Kompetenzen auszudifferenzieren und in Verhaltensankern zu beschreiben, ist ein lohnender Prozess. Es besteht die Hoffnung, dass am Ende diese Kompetenzen an Menschen in der Führungsebene modularisiert vermittelt werden können, die nicht über ein Theologiestudium verfügen.

Es macht Sinn, die Spannung weiter zu gestalten, die verändernde Kraft religiöser Bilder weiter kontextuell zu heben und die dabei entstehenden Kulturindikatoren besser kennen zu lernen. Dieses Buch soll auch dazu ein Anstoß sein und entfaltet damit hoffentlich auch einen Teil des Segens, von dem Wichern zu seiner Zeit in anderen Bildern und Kontexten zu reden wusste.

Düsseldorf, den 11. Mai 2018   Pfarrer Christian Heine-Göttelmann
                                    (Vorstand Diakonie RWL)

Literaturverzeichnis

Kirchengesetz über die Ordnung der diakonischen Arbeit in der Evangelischen Kirche von Westfalen (EvKW) (Diakoniegesetz – DiakonieG). Online verfügbar: www.kirchen-recht-westfalen.de/document/37056#s 30010009 [Letzte Überprüfung: 18.07.2018].

Wichern, Johann Hinrich (1848): Erklärung und Rede auf dem Wittenberger Kirchentag. In: Maaser, Wolfgang / Schäfer, Gerhard K. (Hg.) (2016): Geschichte der Diakonie in Quellen. Neukirchen-Vluyn, S. 114-132.

Welche Rolle und Funktion hat die Theologie in der Leitung diakonischer Unternehmen? Eine Einführung

Beate Hofmann / Barbara Montag

Hinter dieser Frage steht eine Problemanzeige. Während Theolog*innen in der Leitung diakonischer Unternehmen über viele Jahrzehnte hin selbstverständlich gesetzt und auch von den Satzungen her zwingend vorgesehen waren, diskutieren inzwischen immer mehr Diakonie-Unternehmen die Wiederbesetzung eines theologischen Vorstandspostens; manche verzichten dann darauf. Die Theologie, repräsentiert über einen Theologen (oder sehr selten über eine Theologin), scheint verzichtbar, sie wird in Stabsstellen zur diakonischen Bildung und in pastorale Dienste und Spezialseelsorge delegiert oder als Aufgabe aller im Sinne einer Querschnittsaufgabe definiert.

Im Hintergrund dieser Infragestellung der Rolle und Funktion der Theologie in der Leitung diakonischer Unternehmen wirken unterschiedliche Prozesse:

– Durch den Einbau diakonischer Arbeit in die Sozialgesetzgebung wird Hilfe zu einer (meist nicht vom Empfänger direkt) bezahlten Dienstleistung, die zudem von unterschiedlichen Anbietern geleistet werden kann. Dafür braucht man den christlichen Glauben als Motiv und Deutungsrahmen nicht mehr zwingend.

– Die Ökonomisierung des Sozialen hat vielerorts die Ökonomie zur vorherrschenden Rationalität in der Leitung diakonischer Unternehmen werden lassen, symbolisiert durch den Kaufmann an der Spitze. Nicht mehr die christliche Begründung und Ausrichtung diakonischer Arbeit scheint maßgeblich, sondern ihre solide (Re-) Finanzierung und entsprechend kluges, nachhaltiges Wirtschaften und Investieren in den Erhalt, die Weiterentwicklung und den Ausbau diakonischer Arbeitsfelder.

– Säkularisierung und religiöse Pluralisierung bei Nutzer*innen und Mitarbeitenden stellen die Selbstverständlichkeit der christlichen Prägung diakonischer Einrichtungen in Frage. Wenn Religion zunehmend als individuell gestaltete Privatangelegenheit betrachtet wird, ist öffentlich handelnde und gestaltende Religionsausübung durch die bzw. in der Diakonie nicht mehr unmittelbar plausibel. Mitarbeitende verstehen zunehmend weniger, warum Diakonie als Arbeitgeber nicht nur nach ihrer Qualifikation, Kompetenz und Arbeitsleistung fragt, sondern auch nach ihrer Glaubenseinstellung. Diakonie als Ort öffentlich gelebter Religion, wo als Teil der

Unternehmenskultur bei Festen, im Todesfall oder bei anderen Übergängen oder Gelegenheiten miteinander Gottesdienst gefeiert und Kirchenjahr gestaltet wird - das ist für eine wachsende Zahl an Mitarbeitenden und Nutzer*innen neu, fremd und nicht mehr selbstverständlich. Es muss verstärkt plausibilisiert, legitimiert und zugänglich gemacht werden, besonders in Zeiten wachsender religiöser und kultureller Pluralisierung der Mitarbeiterschaft.

– Diakonie als soziale Gestalt der Kirche ist den einen ein guter Grund, Kirchenmitglied zu sein und Kirchensteuer zu zahlen. Für andere, auch für Mitarbeitende, ist noch irgendwie erkennbar, dass Diakonie eine Verbindung zum Christentum hat, aber die Verknüpfung mit der evangelischen Kirche nehmen sie kaum noch wahr.[1]

– Systemisch gesehen bewegen sich verfasste Kirche und organisierte Diakonie in unterschiedlichen Teilsystemen unserer Gesellschaft, nämlich dem Religionssystem und dem Hilfesystem; sie funktionieren nach verschiedenen Logiken und sind einander zunehmend fremd geworden oder geblieben. In Zeiten wachsender Personalknappheit in den Kirchen sinkt zudem die Bereitschaft, qualifizierte Theolog*innen in die Leitung diakonischer Unternehmen zu entsenden. So wird die personale Verknüpfung zwischen organisierter Diakonie und verfasster Kirche von beiden Seiten zunehmend in Frage gestellt.

Die Frage nach Rolle und Funktion der Theologie in der Leitung diakonischer Unternehmen stellen heißt also, ein Krisenphänomen bearbeiten. Man könnte dazu theologisch programmatisch nachdenken oder juristisch argumentieren. Das vorliegende Buch wählt einen anderen Weg.

Zum Ansatz dieses Buches

In diesem Buch sind Reflexionen und Beobachtungen derjenigen versammelt, die diese Leitungsaufgabe als Theologinnen und Theologen derzeit in einem diakonischen Unternehmen wahrnehmen. Exemplarisch wurden dazu theologische Vorstandsmitglieder und Direktoren von Diakonie-Unternehmen aus dem größten diakonischen Landesverband, der Diakonie Rheinland-Westfalen-Lippe (RWL) angefragt. Sie wurden gebeten, ihre Wahrnehmung der Rolle und Funktion der Theologie in der Steuerung und Leitung diakonischer Unternehmen zu reflektieren. Folgende Fragen wurden ihnen dabei zur Anregung vorgelegt:

[1] Ich beziehe mich hier auf Ergebnisse des Forschungsprojektes „Merkmale diakonischer Unternehmenskultur in einer pluralen Gesellschaft", die in Kürze veröffentlicht werden, vgl. www.diakoniewissenschaft-idm.de/unternehmenskultur.

Leitfragen bei der Entwicklung der Beiträge

– Wo und wie hat die Theologie in Ihrem Unternehmen eine steuernde Funktion?

– Gibt es dafür besondere Gelegenheiten, spezifische Entscheidungsthemen und Anlässe?

– Welches Verständnis von Theologie legen Sie dabei zugrunde?

– In welchem Verhältnis stehen in der Steuerung Theologie und religiöse Praxis im Unternehmen?

– In welchem Verhältnis steht dabei die Theologie als fachliche Perspektive zu Ihnen als Person? Wird der Stellenwert der Theologie ausschließlich über die Rolle des leitenden Theologen/ der leitenden Theologin bearbeitet?

– Welche Bereiche theologischer Reflexion haben für Ihre Arbeit besondere Relevanz? (z.B. biblische Aspekte, theologische Urteile, ethische Reflexionen, praktisch-theologische Überlegungen, Bezüge zur Geschichte des Glaubens, ...)

– Lässt sich Ihre Rolle in einem Bild fassen?

– Worauf legen Sie besonderen Wert in der Gestaltung Ihrer kybernetischen Aufgaben?

– In welchem Verhältnis steht die theologische Fachlichkeit zu den anderen Fachlichkeiten in der Leitung Ihres Unternehmens? Inwiefern und wie kommen Sie miteinander zu „multirationalen" Entscheidungen?

Erstfassungen der Beiträge wurden bei einer Tagung der Autorinnen und Autoren am 23.März 2018 in Düsseldorf diskutiert und von den Professoren für Diakoniewissenschaft Thorsten Moos (Bethel) und Christoph Sigrist (Bern) kommentiert. Daran schloss sich ein weiterer Bearbeitungsprozess der Beiträge an, dessen Ergebnisse hier nun vorliegen. Erneut haben die beiden Diakoniewissenschaftler und der Bayreuther Wirtschafts- und Unternehmensethiker Alexander Brink die Beiträge aus ihrer Perspektive kommentiert, um die Leser*innen zu einer eigenen Wahrnehmung und Positionierung und zum Weiterdenken einzuladen.

Die Anfrage an Theolog*innen aus der Diakonie RWL lag auch deshalb nahe, weil diesem Buch bereits ein ähnliches Projekt vorausgegangen war, die „Dehnübungen. Geistliche Leitung in der Diakonie zwischen wirtschaftlichen Erfordernissen und geistlichem Anspruch", für die sich ein Kreis leitender Geistlicher konstituiert und zu regelmäßigem Nachdenken und Diskutieren versammelt hatte. Durch die Kooperation zwischen Verband und Wissenschaft, also zwischen Diakonie RWL und dem Institut für Diakoniewissenschaft und DiakonieManagement der Kirchlichen Hochschule Wuppertal / Bethel, personifiziert in den beiden Herausgeberinnen, wurde der Kreis erweitert und die Diskursrichtung etwas verändert.

Nicht alle, die angefragt waren, konnten sich die Zeit für diese Reflexion nehmen. Leider ist es auch nicht gelungen, jemand aus katholischer Perspektive und einen ökonomischen Vorstand zu finden, der seine oder ihre Perspektive zum Thema beisteuert. Die geringe Zahl an Autorinnen ist der nach wie vor sehr überschaubaren Zahl von Frauen in den Vorständen diakonischer Unternehmen geschuldet.

So sind die Perspektiven des Bandes ergänzungs- und erweiterungsbedürftig, aber sie sind auch in ihrer Fragmentarität ein – wie wir finden – wichtiger Beitrag zum Diskurs um die Rolle und Funktion der Theologie in der Leitung diakonischer Unternehmen.

Im Untertitel dieses Buches wurden zwei Fragestellungen verknüpft: Die Reflexion der *Funktion* fragt systemisch nach dem, was die Theologie als Perspektive für die Leitung leistet. Die Reflexion der *Rolle* fragt eher nach den Personen, die als Theologinnen und Theologen eine Rolle im Unternehmen übernehmen und ausfüllen. In den Diskursen im Entstehungsprozess des Buches wurde deutlich, dass beides zusammenhängt und wir uns nicht auf eine Fragestellung beschränken wollten.

Ebenso wurde deutlich, dass der ursprünglich für das Buch gewählte Begriff der *Steuerung*, der in einigen Beiträgen noch aufscheint, als zu eng empfunden wurde und durch den weitergefassten Begriff der *Leitung* ergänzt wurde. Steuerung ist eine unter vielen Dimensionen von Leitung und der in der Betriebswirtschaftslehre und Kybernetik gebräuchliche Begriff. Nicht jede der in den Beiträgen beschriebenen Funktionen lässt sich jedoch unter „Steuerung" subsumieren. Darum changieren in den einzelnen Beiträgen die Begriffe je nachdem, welche Dimension fokussiert wird.

Für manche Ohren mag der Begriff des *Diakonie-Unternehmens* befremdlich klingen. Doch auch er ist bewusst gewählt. Der Unternehmensbegriff markiert die multirationale Verfasstheit diakonischer Einrichtungen als hybrider Organisationen,[2] die Teil von Staat, Markt und Zivilgesellschaft sind und sich – politisch gewollt – seit den 1990er Jahren mit ihren Angeboten in einem sozial- und gesundheitswirtschaftlichen Wettbewerb mit anderen Anbietern bewegen. Die damit verbundenen wirtschaftlichen Risiken haben fast überall dazu geführt, dass die zivilgesellschaftliche Organisationsform des Vereins ersetzt wurde durch gemeinnützige GmbHs, Stiftungen oder gemeinnützige Aktiengesellschaften. Die Autor*innen des vorliegenden Buches arbeiten in unterschiedlich verfassten Diakonie-Unternehmen. Die einen repräsentieren sogenannte „freie Träger", die anderen kreiskirchliche Werke, in denen die diakonische Arbeit eines Kirchenkreises gebündelt und inzwischen meist als eigenständiges Unternehmen weiterentwickelt wird.

---

[2]   Vgl. hierzu: Büscher / Hofmann: Multirationales Management.

Der Unternehmensbegriff impliziert nicht automatisch – wie manchmal unterstellt wird – das Prinzip der Gewinnmaximierung und Gewinnabschöpfung, sondern umschließt – wie am Beispiel von gemeinnützigen Unternehmen sichtbar wird – auch die Möglichkeit, erzielte Gewinne in das Unternehmen zu reinvestieren, um nicht-refinanzierte Arbeitsfelder zu erhalten, um Innovationen zu ermöglichen oder um Elemente diakonischer Unternehmenskultur und Bildung zu ermöglichen, die die Kostenträger nicht finanzieren. Zudem signalisiert der Begriff des Unternehmens, das als produktives soziales System (H. Ulrich)[3] verstanden werden kann, dass organisierte Diakonie immer schon eine Unternehmung war, die unternehmerisches Handeln, Pioniergeist, Innovationsbereitschaft und Mut zum Risiko und zu ungewöhnlichen Entscheidungen erforderte. Die Geschichte der einzelnen diakonischen Unternehmen legt davon ein beredtes Zeugnis ab.

„Theologie *für* Diakonie-Unternehmen" deutet schließlich an, dass es nicht nur um den Ort des Theologietreibens geht, also Theologie *in* Diakonie-Unternehmen, sondern dass dieses Theologietreiben auch eine Funktion für das Unternehmen hat und darin eine Rolle spielt. Dass wir hier die Theologie und nicht die Theolog*in gewählt haben, verdeutlicht, dass die Personen in multirationalen Organisationen häufig mehrere Perspektiven gleichzeitig wahrnehmen müssen und die theologische Perspektive auch von Nicht-Theolog*innen, z.B. von Diakon*innen, wahrgenommen werden könnte.

Überblick über die Beiträge

Wie haben die verschiedenen Autorinnen und Autoren die Beantwortung der Frage nach Rolle und Funktion der Theologie in ihrem Unternehmen organisiert?

Den Reigen der 13 Beiträge eröffnen einige Autoren und eine Autorin, die die Rolle und Funktion der Theologie im Unternehmen vorrangig funktional fassen und die multirationale Verfasstheit diakonischer Unternehmen systematisch reflektieren. *Matthias Dargel* zeigt in sieben Thesen die Notwendigkeit einer Neupositionierung der Theologie in diakonischen Unternehmen auf – gerade und besonders im Blick auf die dramatischen Veränderungen der staatlichen Steuerung des Gesundheits- und Sozialwesens und der sichtbar zunehmenden Ökonomisierung des Sozialen. Vor diesen Herausforderungen sei, so Dargel, ein inhaltlich sinngebender Leistungsbeitrag von Theolog*innen in der Diakonie gefragt. Dieser zeige sich im normativen Management des Unternehmens sowohl in der persönlichen Vorbildfunktion der Theolog*innen im Blick auf spirituelle Praxis als auch in der Kommunikation von Deutungen und Orientierungen diakonischen Handelns.

---

3   Ulrich: Die Unternehmung als produktives soziales System.

Vorstandstheolog*innen in diakonischen Unternehmen hätten eine besondere Verantwortung für die Berücksichtigung und Pflege der Präambel in der Satzung der jeweiligen Organisation, konstatiert *Dierk Starnitzke*. Auf diesem Hintergrund leitet er Verantwortlichkeiten der theologisch kompetent Leitenden für die Unternehmensidentität, die Thematisierung von Transzendenz als Teil des religiös bestimmten Markenkerns diakonischer Unternehmen und für die Moderation der verschiedenen Rationalitäten in der Unternehmensleitung ab.

Grundlegend für den Ansatz von *Jörg Hohlweger* zur Steuerung eines Diakonieunternehmens sind organisationstheoretische Reflexionen, die jeweils unterschiedliche Logiken und Steuerungsansätzen aufdecken. Um sein Prinzip der hybriden Steuerung eines Diakonieunternehmens zu verdeutlichen, beschreibt Hohlweger kirchliche, ethische und systemische Steuerungslogiken, die in der Unternehmensführung reflektiert, aufeinander bezogen und im Sinn einer hybriden Steuerung gezielt eingesetzt werden müssen.

Multiperspektivisch zu arbeiten, zählt auch für *Ingo Habenicht* zu den Grundprinzipien der Führung und Steuerung eines diakonischen Unternehmens. Alle Strategien, Konzepte und Maßnahmen seien mehrdimensional bzw. multirational zu reflektieren und zu verantworten, nämlich theologisch, ökonomisch und spezifisch fachlich. Habenicht zeigt an Beispielen, wie das in seinem Unternehmen geschieht.

Johanna Will-Armstrong beschreibt die Steuerung eines diakonischen Unternehmens ebenfalls als Prozess, in dem diese drei Dimensionen integriert und in Ausgleich bei der Entscheidungsfindung gebracht werden müssen. Als Aufgabe der Theologie definiert Will-Armstrong vor allem die Deutung, Erschließung und innovative Weiterentwicklung diakonischer Praxis. Die Deutung diene der Erkennbarkeit und Profilierung im Kontext von Kirche und Markt. Konkretisiert wird die Gestaltung der „Bethel-Theologie" im Umgang mit der religiösen und kulturellen Pluralisierung als strategischer Herausforderung.

Eine Brücke zur zweiten Gruppe von Beiträgen bildet der Ansatz von *Christian Dopheide*. Ausgehend von einer sakramentaltheologischen Basis, die der Theologie eine lebensdeutende und aufklärende Aufgabe zuschreibt, reflektiert Dopheide die Wahrnehmung der klassischen pastoralen Aufgaben in der Steuerung eines diakonischen Unternehmens. Die Theologie habe sich hier zielführend, sachgerecht und nachhaltig einzubringen. Zum Kompetenzprofil, das Dopheide entfaltet, gehört u.a. unternehmerische Mentalität mit Einnahme einer „Froschperspektive", Demut und Leidenschaft. Als zentrale kybernetische Funktion der Theologie betrachtet Dopheide die Aufgabe, die Vielfalt der Kompetenzen, die in einem diakonischen Unternehmen zusammenlaufen, so zu orchestrieren, dass „diakonische Musik" daraus entsteht.

Es folgen Beiträge, die ausgehend von Beobachtungen zu Veränderungen der Leitungsrolle oder ausgehend von der normativen Kodifizierung, also den

Satzungen und Leitbildern, beschreiben, welche Rolle die Autor*innen in ihrem Unternehmen wahrnehmen. An dieser Perspektive beteiligen sich vor allem Leitende aus kreiskirchlichen Werken.

Die Rolle der leitenden Theolog*innen im Laufe von 60 Jahren in der Ausgestaltung der besonderen Identität der Diakonie Michaelshoven skizziert *Birgit Heide* und schlüsselt auf, dass ihre Einflussnahme viel mit den historischen Bedingungen, aber auch mit der jeweiligen Persönlichkeit zu tun hatte. Als guter Hirte, als Organisationsentwickler bis hin zur Mannschaftstrainerin haben sie das diakonische Unternehmen geprägt. Dabei wird für Heide eines deutlich: die Zeit der Leitungspatriarchen ist lange vorbei. Zentrale Aufgabe sei heute die Explikation der diakonischen Identität. Um diesem Anliegen im Konzert der vielen Stimmen in einem diakonischen Unternehmen Gehör zu verschaffen, brauche es auch die personalisierte Wahrnehmung dieser Aufgabe durch eine Theologin oder einen Theologen.

Für *Hans-Wilhelm Fricke-Hein* liegt die zentrale Aufgabe der Theolog*innen in der Leitung darin, das Evangelium bei vielfältigen Gelegenheiten in Beziehung zum Leben und seinen Fragen zu setzen, religiöse Sprachfähigkeit in wachsender Pluralität zu fördern und damit die diakonische und theologische Prägung des Werkes zu sichern. Fricke-Hein beschreibt Leitung im Bild des Gärtners, der Rahmenbedingungen schafft, damit andere wachsen können.

Thomas Lunkenheimer sieht sich in seiner Funktion und Rolle als theologischer Vorstand der Diakonie Stiftung Salem vor allem als Bindeglied zwischen Kirche und Diakonie und damit auch als Garant der rechtlichen Privilegien der Diakonie. Mit dem Bild des Tandems beschreibt er das Zusammenspiel von Theologie und Ökonomie, von unternehmerischem Handeln und diakonischem Profil. Er reflektiert, wie theologische Loci in der diakonischen Arbeit geschärft werden und Theologie dadurch gewinnt. Er sieht die zentrale Aufgabe der Theolog*innen in Leitung in der Gestaltung von diakonischer Unternehmenskultur, in der Wahrnehmung pastoraler Aufgaben und in der Vernetzung mit Kirchengemeinden.

Auch *Martin Hamburger* skizziert in seiner Reflexion die Bedeutung der kirchlichen Verortung diakonischer Leitung. Nach seinem Verständnis brauchen diakonische Unternehmen letztlich keine Theologischen Vorstände, sondern Pfarrer*innen, die theologisch qualifizierte Leitung im evangelischen Sinne ausüben und evangelisches Profil zur Festigung der kirchlichen Identität von Diakonie gestalten – in dem Wissen, dass die Person die Sache trage.

Bartolt Haase betont ebenfalls die persönliche Ausgestaltung der theologischen Leitungsaufgabe, die er exemplarisch aus seiner reformierten Tradition heraus skizziert. Sprachfähigkeit im Blick auf den „kirchlich-diakonischen Auftrag" „herzustellen, zu fördern und authentisch zu leben", um damit nach außen zu wirken und die Kultur der Einrichtung zu prägen, macht aus seiner Sicht den Kern dessen aus, was der Theologische Vorstand im konstruktiven Dialog mit anderen Fachlichkeiten in das Unternehmen einbringt.

Thorsten Nolting beschreibt nicht nur die Aufgabe der Reflexion des eigenen Selbstbildes im Dialog mit dem von außen herangetragenen Fremdbild von Diakonie als Aufgabe der Theologie in der Leitung, sondern auch ihre gestaltende Dimension. Diese sei wahrzunehmen durch Reflexion und Klärung der Praxis des Glaubens im Einsatz für Gerechtigkeit und durch eine ideologiekritische Haltung im Blick auf die eigene Deutungspraxis. Am Beispiel der Geschichte der Diakonie Düsseldorf entfaltet er Stationen der Selbstdeutung dieses Unternehmens und die besondere Rolle des Begriffs der Nächstenliebe darin.

Martin Wehn fächert schließlich theologische und organisationsrelevante Aspekte zur Gestaltung eines regionalen Diakonischen Werkes – am Beispiel der Diakonie Mark Ruhr – als evangelischem Sozialunternehmen auf. Er betrachtet die theologische Reflexion als grundlegenden integralen Bestandteil diakonischer Unternehmenssteuerung. Als große theologische Herausforderung mahnt er an, sich in einer säkularisierten postmodernen „Gesellschaft der Singularitäten" „als evangelisch-konfessionell geprägter Dienstleister zu behaupten."

Drei Kommentare beschließen den Band. *Christoph Sigrist* wirft als Schweizer Diakoniewissenschaftler einen „schrägen" Außenblick auf die Beiträge, beschreibt Spannungsfelder und kritisiert so manche Relevanzbehauptungen der Theologie in der Diakonie als Selbsttäuschung. Engagiert sucht er nach der „blauen Musik", die schöpferisch die Potenziale der Theologie gestaltet in dynamischer Identitätsentwicklung, in alltäglicher Transzendenz und in kybernetischer Perichorese als Einspielung „theologischer Noten im Organismus Gesellschaft", z.B. im sozialen Nahraum.

Alexander Brink analysiert aus ökonomischer Perspektive ausgehend vom Modell der Kooperationsökonomie die Beiträge. Er sucht nach Spuren von multirationalem Denken bei den Autor*innen, diskutiert die Verhältnisbestimmungen von Theologie und Ökonomie und die Verortung der Theologie zwischen Begründungs- und Implementierungsfunktion sowie zwischen Mikro-, Meso- und Makroebene. Und er verweist auf fehlende Bezüge zu Governancetheorien. Hier herrscht offensichtlich Nachhol- bzw. Entwicklungsbedarf.

Den Schlusspunkt setzt *Thorsten Moos*. Er systematisiert in 20 Thesen Problemwahrnehmungen, Gemeinsamkeiten, Differenzen und wichtige Desiderata der Rolle und Funktion der Theologie in der Leitung diakonischer Unternehmen. So schärft er die Rolle der Theologie als „inkarniertes Endlichkeitsbewusstsein" in der Selbstreflexivität der Unternehmensführung und fragt, wie angemessen die Analogisierung der Leitungsämter in Diakonie und Kirche eigentlich sei. Schließlich bündelt er die Suche nach Orten, Themen und notwendigen Qualifikationen der Theologie in der Unternehmensführung in der These „Diakonie bleibt am Ort des theologischen Vorstands als Diakonie sichtbar und kritisierbar."

In der Gesamtschau diskutieren die Beiträge vor allem Funktionen der Theologie im Bereich des normativen Managements, bei der Deutung des Unternehmenshandelns, seiner theologischen und kirchlichen Verankerung. Umstritten ist die persönliche Wahrnehmung der Rolle. Während die einen die Vorbildrolle der leitenden Theolog*innen z.B. im Blick auf spirituelle Praxis und persönliche Authentizität betonen, verweisen andere stärker auf funktionale Dimensionen der Theologie auf der Mesoebene, die auch aus theologischen Gründen unabhängig von der „Glaubensdisposition des Amtsinhabers" (Hohlweger) wahrgenommen werden sollten. Ein gegenüber den Anfängen diakonischer Unternehmenstheologie neuer Aspekt ist die Reflexion der Theologie im multirationalen Spannungsgeflecht diakonischer Unternehmen. Einige Beiträge, die vor allem aus größeren Diakonie-Unternehmen kommen, reflektieren die neuen Anforderungen im Blick auf Sprachfähigkeit, Gestaltung von Reflexionsräumen und multirationaler Entscheidungsmoderation, die sich daraus für leitende Theolog*innen ergeben.

Unterschiedlich wird das Verhältnis von organisierter Diakonie und verfasster Kirche reflektiert. Während die einen sich vor allem als personalisierte Brücke zwischen beiden verstehen, tritt für andere diese Rolle in den Hintergrund. Sie reflektieren eher die Funktion der Theologie als fachliche Perspektive in der Unternehmenssteuerung. Deutlich zeigt sich die Notwendigkeit, die Ekklesiologie der Diakonie weiterzudenken; aber dieser Aufgabe muss sich dann ein anderes Buch widmen.

Für wen wurde dieses Buch geschrieben?

Das vorliegende Buch richtet sich an die, die Verantwortung für die Leitung diakonischer Unternehmen haben, in Vorständen, in Aufsichtsgremien, als Kirchenleitungen, aber auch an die, die diese Funktion anderswo wahrnehmen oder sich auf eine solche Aufgabe vorbereiten sowie an die, die wissenschaftlich über die Kybernetik diakonischer Unternehmen reflektieren.

Das Buch lässt sich lesen:
– Als Standortbestimmung oder Standortsuche innerhalb des eigenen diakonischen Systems, innerhalb eines Verbandes, innerhalb eines politischen Raumes und im Gegenüber zu oder im Dialog mit der verfassten Kirche;

– Als Versuch der biografischen Reflexion oder Selbstvergewisserung und als Aufforderung an andere, das auch zu tun und sich diesem Nachdenken anzuschließen;

– Als Gesprächseinladung an die anderen Leitungsperspektiven in der Diakonie, um zu klären, wie sie die Verortung ihrer theologischen Kolleg*innen und der evangelischen Theologie als Perspektive wahrnehmen und darauf reagieren;

- Als Impuls für die Rollenträger in Leitungsämtern der verfassten Kirche, um die Vielfalt von Leitung in den verschiedenen Erscheinungsformen von Kirche in unserer Gesellschaft wahrzunehmen;
- Als Ermutigung für Menschen, die darüber nachdenken, sich für eine Leitungsposition in der Diakonie zu bewerben und sich fragen, in welche Rollen sie dabei schlüpfen;
- Als Aufgabenbeschreibung für eine „Praktische" Theologie der Diakonie, die im Sinne Schleiermachers als Kunst der Diakonieleitung die Leitungsrollen theologisch verantwortet und reflektiert.

Wir schließen mit einem großen Dank an alle Autorinnen und Autoren, die sich der Zu-Mutung dieses Bandes gestellt und Zeit und Kreativität investiert haben. Wir danken Richard Pilhofer, wissenschaftlicher Mitarbeiter am Lehrstuhl von Beate Hofmann, für die gewissenhafte Erstellung der Druckvorlage, und Dr. Sarah Jäger vom Lehrstuhl von Thorsten Moos für die Dokumentation der Autor*innentagung, die von der Diakonie RWL dankenswerterweise finanziert wurde. Schließlich geht der Dank an den Kohlhammer Verlag und die Mitherausgeber für die Aufnahme in die Reihe Diakonie: Bildung - Gestaltung - Organisation.

Literaturverzeichnis

Büscher, Martin / Hofmann, Beate: Multirationales Management in diakonischen Unternehmen – Hermeneutische Grundlegung eines diakoniewissenschaftlichen Paradigmas. In: Hofmann, Beate / Büscher, Martin (Hg.) (2017): Diakonische Unternehmen multirational führen. Grundlagen-Kontroversen-Potentiale. Baden-Baden, S. 19-46.

Ulrich, Hans (1968): Die Unternehmung als produktives soziales System. Grundlagen der allgemeinen Unternehmungslehre. Bern.

www.diakoniewissenschaft-idm.de/unternehmenskultur.

Normative Positionierung als pastorale Kernkompetenz? – Sieben Thesen zur Rolle der Theologie in diakonischen Unternehmen

Matthias Dargel

Eine veränderte sozialstaatliche Rahmengebung und ein zunehmend reduziertes Pfarrbild machen eine Neupositionierung der Theologie in diakonischen Unternehmen erforderlich: Statt einer institutionell gewünschten Leitungsverantwortung ist nunmehr ein inhaltlich sinngebender Leistungsbeitrag von den Pfarrerinnen und Pfarrern in der Diakonie gefragt. Diese Entwicklung wird nachfolgend in sieben Schritten bzw. Thesen dargestellt.

Am Anfang der institutionellen Diakonie war die sichtbare Not – und der Pfarrer, der sie sah. Denn es waren Pfarrer wie Theodor Fliedner, Johann Hinrich Wichern, Wilhelm Löhe oder Friedrich von Bodelschwingh, die im 19. Jahrhundert mit ihren unternehmerischen Initiativen den Grundstein für die institutionelle Diakonie der Moderne legten. Hier war die Rolle des Theologen im diakonischen Unternehmen eindeutig und klar: In klarer Reflexion der Nöte ihrer Zeit sorgten sie innovativ und an der Spitze des Managements, oft auch in Ermangelung ausgebildeter Ökonomen in operativer Verantwortung für die wirtschaftlichen Verhältnisse, für die unternehmerische Entwicklung, Marketing, Produktentwicklung und alle sonstigen relevanten Funktionen. Daneben versorgten sie zumindest teilweise auch noch ihre Gemeinden und hatten so durchaus diverse Konflikte zu bewältigen, die aus dieser Doppelbelastung resultierten.[1]

Diese über viele Jahrhunderte in den protestantischen Kirchen gepflegte Ämterdoppelung hat ihren Ursprung in der Reformationszeit. Hier wird die aus der alten Kirche bekannte Zweiteilung in Diakonenamt und Wortamt auf ein Doppelamt reduziert: „Die doppelte kirchliche Ämterkonstellation von Wort und Diakonie sollte überdies noch eine zusätzliche Ambivalenz erzeugen: Die Erneuerung und parallele Wiedereinsetzung der beiden ursprünglichen Dienste – Wortamt und Diakonenamt – erwiesen sich angesichts dieser neuen Konstellation als undurchführbar. Die aus der Reformation Luthers und Calvins hervorgegangenen evangelischen Kirchen mußten sich trotz ihrer Bemühungen um die Wiederherstellung von zwei unterschiedlichen ordinierten Ämtern mit einem einzigen kirchlichen Amt (eben dem Wortamt) begnügen. Der evangelische Pfarrer mußte demnach mit seiner Gemeinde sowohl die ihm eigenen Aufgaben übernehmen als auch diejenige Verantwortung, die einem

---

[1]   Vgl. z.B. zu Theodor Fliedner: Friedrich: Der Kaiserswerther, S. 63f. und S. 96f.

karitativen Dienstamt hätte zustehen können, weil die staatlichen Behörden nun einmal diese Verpflichtungen nicht abdeckten."[2]

Diese Situation ist bis in das 21. Jahrhundert hinein prägend für die Rolle der Theologie auch in diakonischen Unternehmen und das darin erkennbare Verhältnis zwischen Diakonie und Kirche.[3] Die sozialstaatliche Entwicklung nach dem 2. Weltkrieg war für die evangelischen Kirchen mit dem Auftrag verbunden, im Rahmen der Wohlfahrtsverbände einen Beitrag zur Versorgung der Bevölkerung zu leisten. Aufgrund des über Jahrzehnte stark wachsenden Marktes und quasi-öffentlich-rechtlicher Finanzierungsstrukturen (Kostenerstattungsprinzip) im Rahmen der Subsidiarität[4] war es in Abgrenzung zu den anderen Wohlfahrtsverbänden und dem Staat selbst notwendig, institutionell die Verbindung zwischen den vielen tausend diakonischen Unternehmen und den Organen der verfassten Kirche darzustellen. Dies erfolgte einerseits über die ACK-Klausel als wesentlicher Verpflichtung im Rahmen der Mitgliedschaft im diakonischen Landesverband und andererseits sehr oft über die Einsetzung von Pfarrern als theologische Vorstände oder durch kirchenleitende theologische Vertreter in den Aufsichtsgremien. Mit diesen eindeutigen, aber letztlich formalen Insignien wurde klar dokumentiert, dass Diakonie eine Wesens- und Lebensäußerung von Kirche ist.

1) *In der volkskirchlich geprägten Diakonie des 20. Jahrhunderts als Teil des staatlichen Wohlfahrt-Systems war die institutionelle Legitimierung von Diakonie als Wesens und Lebensäußerung von Kirche von besonderer Bedeutung. Zugehörige „Instrumente" waren z.B. der Theologe im Vorstand und/oder im Aufsichtsrat und die ACK-Klausel.*

Die Situation für die Rolle der Theologie ändert sich dramatisch mit der Veränderung der staatlichen Steuerung des Gesundheits- und Sozialwesens. Mit zunehmender Ökonomisierung des Sozialen[5] wächst nämlich das Erfordernis von Managementwissen in der Unternehmensleitung. Managementwissen meint hier eine Mischung aus fachspezifischer (Leistungsbereiche nach Sozialgesetzbuch etc.) und ökonomischer (Unternehmenssteuerung) Kompetenz. Damit einher geht eine zunehmende Abkoppelung der Besetzung der Leitung diakonischer Unternehmen von kirchlichen Strukturen: Nicht Personen mit juristischer oder theologischer Qualifikation leiten das Unternehmen, sondern ökonomische, medizinische und pflegerische bzw. pädagogische Kompetenzen sind nun gefragt.

Damit verlagert sich die Frage der Kirchenzuordnung der diakonischen Unternehmen zunehmend von einer institutionellen Perspektive auf eine inhaltliche. Eindrücklichstes Zeugnis dieser Entwicklung ist die schrittweise

---

2   Hammann: Geschichte christliche Diakonie, S. 303.
3   Vgl. Hammann: Geschichte christliche Diakonie, S. 304.
4   Vgl. dazu auch Degen: Freiheit und Profil, S. 115ff.
5   Vgl. dazu auch Rüegger / Sigrist: Diakonie, S. 241-245.

Ablösung der ACK-Klausel durch die sog. Loyalitätsrichtlinie, welche nunmehr die Leitung der Unternehmen verpflichtet, sowohl das „Evangelische" darin zu definieren als auch die Mitarbeitenden entsprechend zu schulen.[6] War bislang die Frage der Definition eines „Diakonischen Profils" also vor allem eine Funktion des Arbeitsrechts mit der ACK-Klausel als Sicherungsinstrument, so ist sie nunmehr eine Managementaufgabe, die über die Festlegung von christlichen Leistungsmerkmalen realisiert werden soll und öffentlich (Marketing) darzustellen ist. Hier sind theologisch qualifizierte Personen zwar sicher kompetente Ratgeber und Unterstützer, aber nicht zwingend kompetente Ausführende oder Verantwortliche.[7]

Mit den steigenden und veränderten fachlichen Anforderungen einerseits und einem erhöhten Kostendruck andererseits verändern sich auch Leitungsstrukturen in den diakonischen Unternehmen. Die Funktionen der kaufmännischen und der berufsfachlichen Geschäftsführung gewinnen zunehmend an Bedeutung, die Funktion der Theologie hingegen erscheint angesichts knapper Ressourcen zunehmend entbehrlich. Die u.a. aufgrund von Eigentümerinteressen in der Vergangenheit durch organisatorische Verankerung („Theologischer Vorstand") aufgewerteten pastoralen Funktionen werden auf die sachgemäßen Ebenen zurückgedrängt.

2)　*Mit zunehmender Ökonomisierung des Sozialen verändern sich die Anforderungen: Im „sozialen Markt" des 21. Jahrhunderts mit säkularisiertem Arbeitsmarkt wird statt der institutionellen die inhaltliche Legitimierung der Kirchenzuordnung („Diakonisches Profil") wichtiger. Loyalitätsrichtlinie und identifizierbare kirchliche Angebote sind die zugehörigen Instrumente.*

Diese Entwicklungen bleiben naturgemäß nicht ohne Konsequenzen für die Bedeutung der Theologie in diakonischen Unternehmen und bilden den Hintergrund für Alfred Jägers Konzept der Management-Theologie:[8] „Sicher aber ist, dass der klassische Kern theologischer Disziplinen (Altes Testament / Neues Testament / Kirchengeschichte / Systematische Theologie / Praktische Theologie) für die künftige Konzeption einer diakonischen Theologie nur noch begrenzt Bedeutung hat, indem er sich theologiegeschichtlich völlig anderen Umständen als denen einer künftigen Diakonik verdankt."[9]

Gleichzeitig ist auch in der pastoralen Ausbildung eine deutliche Verengung des Pfarramtsverständnisses zu beobachten und die ursprüngliche protestantische Ämterdoppelung wird zugunsten des Seelsorgeamtes aufgelöst. So kommt ein aktuelles Grundlagenwerk pastoraler Rollen vollständig ohne

---

6　　Vgl. Richtlinie EKD: § 2 Abs. 2f.
7　　Vgl. dazu auch Hofmann: Diakonische Unternehmenskultur, S. 87f.
8　　Vgl. dazu insgesamt Jäger: Lebenstheologie, S. 387-391.
9　　Jäger: Lebenstheologie, S.390.

Nennung oder Einbeziehung von diakonischen Managementaufgaben aus![10] Selbst die Aufgaben im „Leitenden Amt" werden vor allem von den Erwartungen der „Fürsorge für Mitarbeiterinnen und Mitarbeiter" reflektiert und dazu die Entlastung von Managementaufgaben gefordert: „Man muss darüber nachdenken (…) ob und wie das Pfarramt zukünftig stärker von geschäftsführenden und verwaltenden Aufgaben entlastet werden kann, für die eine theologische Ausbildung nicht qualifiziert."[11] Die nachfolgend genannten pastoralen Rollen und Aufgaben werden von Wagner-Rau gesehen: Öffentliches Amt (öffentliche Präsenz), Vermittelndes Amt (Verkündigung und Lehre), Einladendes und entlassendes Amt (Kasualien und Rituale), Leitendes Amt (Transformationsverantwortlicher), Begrenztes und vernetztes Amt (Teamplayer), Geistliches Amt (eigene Spiritualität).[12] Diese sind sicher nicht im Rahmen des Managements diakonischer Unternehmen zu verorten, sind aber für die operative Leistungserbringung im Unternehmen durchaus von Relevanz.

3) *Es wächst das Erfordernis von Managementwissen in der Unternehmensleitung. Hier hat die klassische Theologieausbildung noch nie einen relevanten Beitrag zum Management diakonischer Unternehmen geleistet; theologische Kompetenz erscheint daher an dieser Stelle funktional entbehrlich bzw. ersetzbar zu sein.*

Die Veränderung professioneller Berufsrollen ist keineswegs nur ein Problem von Pfarrerinnen und Pfarrern. „Kulturelle Standards und Traditionen, die zuvor die Legitimation von Berufsrollen und v.a. traditionelle Professionen (Pfarrer, Juristen, Ärzte) sichergestellt haben, sind fluide und destabil geworden. Dies und die Auffächerung von Aufgabengebieten haben Folgen für das Berufsbild. So weisen Krech / Höhmann für den Pfarrberuf nach, dass Pfarrer sich zunehmend als Begleiter in schwierigen Lebenslagen (Seelsorge) verstehen und aufgrund der Akzeptanz der prinzipiell gegebenen Autonomie der Adressaten und dem Respekt vor ihren Lebensentwürfen eher diffuse Anteile im Rollenverhalten aktivieren als religiöses Expertenwissen. Hinzu kommt, dass in modernen, säkularisierten Gesellschaften der Bedarf für professionell erbrachte religiöse Kommunikation, Begleitung und Beratung nicht in gleicher Weise gesehen wird, wie das bei Ärzten und Juristen der Fall ist."[13] Verkündigung und Seelsorge sind also auch weiterhin eindeutig pastorale Aufgaben und Funktionen. Anders als in der Vergangenheit werden diese aber nunmehr der Ebene der Leistungserbringung und nicht der Leitung zugeordnet. Dies erfolgt vor allem in Form der sog. „Funktionsseelsorge" in Krankenhäusern, Altenheimen oder Schulen. Waren diese Stellen in der Vergangenheit oft noch kirchlich legitimiert durch entsprechende Pfarrstellen, werden solche

---

[10]   Vgl. Wagner-Rau: Pfarramt im Prozess, z.B. S. 130ff.
[11]   A.a.O., S. 130f.
[12]   A.a.O., S. 119f.
[13]   Theurich: Religiöses Wissen, S. 356.

Aufgaben zunehmend von den Unternehmen selbst finanziert und organisiert. Ebenso ist auch die pastorale Funktion der Lehre und Seelsorge an Mitarbeitenden keine Leitungsaufgabe, sondern der Ebene der operativen Personalentwicklung zuzuordnen.

Davon abweichend gehört die pastorale Funktion der Verkündigung und Deutung sozialen Handelns in der Welt als inhaltlicher Beitrag zum normativen Management. In der Realität wird dies oft auf der Ebene der Aufsichtsgremien oder als beratende Funktion für das Management etwa bei der Erarbeitung von Leitbildern, Werte-Kodices oder Ethikkommissionen wahrgenommen. „Theologie beschränkt sich darin nicht auf einige explizite, abgehobene Leitsätze in einer Unternehmens-Verfassung, sondern sorgt dafür, dass die darin für die nächsten zehn Jahre festgelegten Sinn- und Wertvorgaben über operable Konzepte bis in die Umsetzung hinein konkret werden und mit einem entsprechenden Controlling auch wirksam bleiben."[14]

Die pastorale Funktion des „prophetischen Amtes" - oft in Verbindung mit einer grundsätzlichen Kritik an geltenden Ordnungen und Strukturen - ist innerhalb des Managements eines Unternehmens deplatziert, weil sie als Kritik der Leitung an eigenen Verantwortlichkeiten systemgefährdend wirkt. Sie gehört daher auf die Ebene der Verbandsdiakonie. Nach innen kann die Funktion des „prophetischen Amtes" im Sinne einer Normierung der Mitgliedschaft z.B. durch Benennung von Mitgliedschaftspflichten zur Geltung kommen und nach außen durch eine Lobbyvertretung diakonischer Anliegen gegenüber Öffentlichkeit und Politik verliehen werden.

Die pastorale Funktion der Kybernetik schließlich geht fachlich im Managementwissen auf, welches aber nicht zur theologischen Ausbildung gehört. Daher können Rüegger und Sigrist zur Wahrnehmung professionellen Managements großer diakonischer Unternehmen nur feststellen: „Solche Aufgaben liegen jenseits des theologischen Kompetenzbereichs, und die Theologie wäre gut beraten, dies im Sinne fairer Interdisziplinarität anzuerkennen."[15]

4) *Die klassischen pastoralen Aufgaben und Angebote sind funktional nicht der Ebene des Top-Managements zuzuordnen. Die pastorale Aufgabe der Verkündigung und Seelsorge an Klienten ist der Ebene der Leistungserbringung und die pastorale Funktion der Lehre und Seelsorge an Mitarbeitenden der Ebene der Personalentwicklung zuzuordnen. Die theologische Kritik an geltenden Systemen („prophetisches Amt") gehört hingegen auf die Ebene der Verbandsdiakonie.*

In der Konsequenz sind zugespitzt zwei sehr unterschiedliche Entwicklungen zu beobachten. Einerseits ist eine Verunsicherung der Theologinnen und Theologen in leitenden Funktionen diakonischer Unternehmen zu bemerken, die

---

[14] Jäger: Lebenstheologie, S. 388f.
[15] Rüegger / Sigrist: Diakonie, S. 161.

auch mit einem Verzicht auf äußere Symbole ihrer Profession (z.B. Talar) ein-
hergeht und zu weitgehender Nichtidentifizierbarkeit theologischer Kompetenz führt. „Mit dieser Unsicherheit geht eine entsprechende Verunsicherung
der Professionellen einher, die gefährdet sind, ihre formell erworbene Wis-
sensbasis zu entqualifizieren oder gar zu deprofessionalisieren, wenn sie in
ihren professionellen Handlungen lediglich im Bereich ritualisierter Formen
(Gottesdienste, Sakramente) noch auf spezifische Expertise zurückgreifen, ansonsten aber als allgemeine Lebensbegleiter kaum zu unterscheiden sind von
anderen Berufsgruppen."[16] In dieser Variante wird die Theologie nicht nur auf
der Managementebene, sondern selbst auf der Ebene der Leistungserbringung
irgendwann überflüssig erscheinen.

Alternativ dazu sind verstärkte Konflikte zwischen Theologie und Ökonomie oder den Berufs-Fachlichkeiten zu beobachten. Die besondere professionelle Expertise der Theologinnen und Theologen, „die neben der Seelsorge ihr
Selbstverständnis ausmacht, ist die des religiösen Wissens, deren Sachwalterin
die Theologie traditionell war, und diese wurde durch die Profession der Theologen auch treuhänderisch und mit hohem Ansehen wahrgenommen. Diese
Beauftragung und das damit verbundene Anschen sind in einer säkularisierten
Welt auch in Kirchengemeinden im Wandel begriffen. In diakonischen Unternehmen aber wirkt sich das professionelle Selbstverständnis nicht nur normativ bzw. kulturell-kognitiv aus, sondern oft auch regulativ. Das muss nicht,
kann aber zu erheblichen Spannungen mit anderen ebenso wirkmächtigen
Agenten führen."[17]

Beide Entwicklungen führen in Verbindung mit den zunehmenden Effizi-
enzerfordernissen zu einem Verschwinden theologischer Kompetenz selbst
bei den notwendigen Fragen des normativen Managements, wie z.B. Definition und Überprüfung von Auftrag und Zielen des Unternehmens. Diese werden zunehmend vor allem bei kleinen und mittelständischen Unternehmen in
die Ebene der Aufsichts- und Eigentümergremien verlagert und vom operativen Leitungsgremium nur formal gesteuert. Dies entspricht durchaus der im
Rahmen des Diakonischen Corporate Governance Kodex vorgesehenen Aufgabenverteilung zwischen den Organen einer Gesellschaft,[18] ist in der Praxis
aber aufgrund von Rollenkonflikten schwer umsetzbar.[19] Im Hinblick auf die
eigentlich verstärkt erforderliche inhaltliche Profilierung des Unternehmens
als „diakonisch" wäre jedoch ein deutlicher Beitrag der Theologie durchaus
wünschenswert und muss zukünftig vielleicht eher über eine Beratungsleis-
tung in das Management eingebracht werden.

---

[16] Theurich: Religiöses Wissen, S. 357.
[17] A.a.O., S. 337f. Vgl. auch die weiteren Ausführungen dort zur wechselseitigen Prä-
      gung von Profession und innerer Organisationskultur bzw. äußerem institutionellen
      Umfeld.
[18] Vgl. Diakonie Deutschland: DGK, S. 6ff.
[19] Zum nicht immer gelingenden Zusammenspiel von Vorstand und Aufsichtsgremium
      beim Normativen Management vgl. auch Dargel: Risikomanagement, S.92ff.

5) *Die pastorale Aufgabe der Kybernetik im Sinne des Normativen Manage-ments wird vor allem bei kleinen und mittelständischen Unternehmen auch aus Kostengründen in die Ebene der Aufsichts- und Eigentümergre-mien verlagert. Als Deutungsinstrument kann Theologie jedoch auch hier einen relevanten Beitrag nach innen und nach außen leisten.*

Neben aller inhaltlichen theologischen Expertise im Rahmen normativen Ma-nagements ist für die operative Ausgestaltung der Führungsprozesse in diako-nischen Unternehmen neben aller Fachkompetenz die persönliche Vorbild-funktion von Leitenden und Aufsichtsgremien im Hinblick auf die eigene spi-rituelle Praxis im christlichen Kontext von besonderer Bedeutung: Nur wer selbst als Leitender einen Zugang zu den eigenen spirituellen Ressourcen hat und auch persönlich mit christlichen Ritualen und Symbolen vertraut ist, wird von Mitarbeitenden und weiteren Führungskräften eine entsprechende eigene Entwicklung und Auseinandersetzung erwarten können.

Wenn hingegen die gesellschaftliche Sprachlosigkeit in Fragen des Glau-bens[20] sich auch in der Leitung diakonischer Unternehmen fortsetzt, weil diese sich auf die Bearbeitung ökonomisch-fachlicher Fragen beschränkt, werden spirituelle Themen auch in der Unternehmensentwicklung keine echte Bedeu-tung erlangen. Dabei geht es – wie insgesamt bei der Wiederentdeckung spi-ritueller Ressourcen – auch hier nicht um tiefe theologische Diskurse, sondern vor allem um kleine Gesten und Rituale im Alltag. Es geht um das, was auch unsere Väter und Mütter gewusst haben, „wenn sie am Morgen und Abend gebetet haben, wenn sie die Losungen gelesen haben, wenn sie sonntags in den Gottesdienst gingen, wenn sie ihre Kinder tauften und ihre Toten beerdigten"[21] und was durchaus zufällig mit „Gebet", „Bezug auf biblische Texte und Ge-halte" und die Zulässigkeit von „Zweifeln" beschrieben werden kann.[22]

6) *Für die Zukunft ist der Beitrag der theologischen Kompetenz zur inhaltli-chen Profilierung diakonischer Angebote existenziell für die Diakonie. Im Bereich der öffentlichen Kommunikation kann Theologie durch Rituale o-der eine besondere Sprache Profil und Kirchenzugehörigkeit darstellen.*

Im Zusammenspiel der Professionen stehen diakonische Unternehmen also „vor der Herausforderung, die Relevanz ökonomischer, theologischer und fachwissenschaftlicher (pädagogischer, medizinischer, pflegewissenschaftli-cher) Logiken zu akzeptieren, statt sie zu beklagen und den Verlust theologi-scher Dominanz zu betrauern. Das Miteinander der Perspektiven ist so zu or-ganisieren, dass die Existenz verschiedener Rationalitäten akzeptiert und res-

---

[20] Vgl. dazu z.B. Hasel: Ernsthaft?
[21] Steffensky: Schwarzbrot-Spiritualität, S. 22f.
[22] So z.B. Grabenstein: Spiritualität in Unternehmen, S. 576ff.

pektiert wird und Raum für Entscheidungsfindung im Licht dieser unterschiedlichen Denkweisen eröffnet wird, ohne dabei diakonisches Profil und seinen kulturellen Niederschlag aufzulösen."[23]

Die Aufgabe der Zusammenführung dieser Rationalitäten ist eine vorrangige Managementaufgabe. Die Qualifizierung dazu ist keine genuin theologische Kompetenz, sondern bestenfalls eine kybernetische und vor allem eine Managementkompetenz! „Schon in der Gegenwart und ihren steigenden Komplexitäten im Bereich Führungs- und Handlungsdiakonie ist davon auszugehen, dass darin nur eine Theologie standhält, die management-fähig und management-relevant ist im Sinn einer sinnhaft und normativ bestimmten, inneren Achse der diakonischen Unternehmenspolitik, um die sich das ganze diakonische Unternehmen dreht."[24]

In diesem Sinne sind nicht nur Theologinnen und Theologen zu qualifizieren für die Kommunikation im Rahmen von Managementaufgaben. Sondern es sind ebenso auch die übrigen Akteure im Rahmen des Managements diakonischer Unternehmen in die Lage zu versetzen, diakonische Anliegen und Ziele sachgerecht zu formulieren und umzusetzen. Diese Aufgabe der Personalentwicklung ist als kulturprägendes Element durch das Management zu definieren und im Durchdringungsgrad sicherzustellen durch entsprechende Programme und Strategien. Hier kann Theologie sicher relevante Beiträge zu Schulung und Vermittlung leisten.

7)   *Die Relevanz für das Management diakonischer Unternehmen wird durch die Fähigkeit der theologischen Profession gefördert, sprachfähig im Miteinander der verschiedenen Rationalitäten zu sein und systemkonforme Lösungen anzubieten.*

Literaturverzeichnis

Dargel, Matthias (2015): Risikomanagement als Bestandteil einer diakonischen Corporate Governance-Strategie – erläutert am Beispiel der Kaiserswerther Diakonie. In: Dietz, Alexander / Drews-Galle, Veronika / Höver, Hendrik / Kauderer, Dietmar (Hg.): Corporate Governance in der Diakonie. Berlin, S. 89-110.

Degen, Johannes (2003): Freiheit und Profil. Wandlungen der Hilfekultur – Plädoyer für eine zukunftsfähige Diakonie. Gütersloh.

EKD (2017): Richtlinie des Rates über kirchliche Anforderungen der beruflichen Mitarbeit in der Evangelischen Kirche in Deutschland und ihrer Diakonie vom 9. Dezember 2016. Online verfügbar: https://www.kirchenrecht-ekd.de/pdf/3144.pdf [Zuletzt abgerufen am: 21.04.2018].

---

[23]   Hofmann: Diakonische Unternehmenskultur, S. 92f.
[24]   Jäger: Lebenstheologie, S. 388.

Diakonie Deutschland (2016): Diakonischer Corporate Governance Kodex (DGK). Online verfügbar: https://www.diakonie.de/fileadmin/user_upload/Diakonie/PDFs/Ueber_Uns_PDF/2016_12_07_corpotate_governance_kodex.pdf [Zuletzt abgerufen am: 21.04.2018].

Friedrich, Norbert (2010): Der Kaiserswerther – wie Theodor Fliedner Frauen einen Beruf gab. Berlin.

Grabenstein, Andreas (2012): Chancen und Grenzen christlicher Spiritualität in Unternehmen. In: Schoenauer, Hermann (Hg.): Spiritualität und innovative Unternehmensführung. Stuttgart, S. 571-587.

Hammann, Gottfried (2003): Die Geschichte der christlichen Diakonie. Praktizierte Nächstenliebe von der Antike bis zur Reformationszeit. In Zusammenarbeit mit Wolf, Gerhard Philipp. Göttingen.

Hasel, Verena Friedrike (2018): Ernsthaft? – über kaum etwas reden die Deutschen so verdruckst wie über ihren Glauben. In: Die Zeit 14/2018: http://www.zeit.de/2018/14/glaube-religion-kinder-gespraech/komplettansicht [Zuletzt abgerufen am: 04.04.2018].

Hofmann, Beate (2015): Diakonische Unternehmenskultur zur Entwicklung neuer Strategien. In: Helbich, Peter / Oberender, Peter / Zenker, Jürgen (Hg.): Diakonische Perspektiven für innovative Strategien – Impulse für eine nachhaltige Unternehmensführung in der Sozial- und Gesundheitswirtschaft. Stuttgart, S. 82-94.

Jäger, Alfred (2016): Lebenstheologie in Aktion, Werkstatt-Texte (Endredaktion Johannes Degen). Zürich.

Rüegger, Heinz / Sigrist, Christoph (2011): Diakonie – eine Einführung. Zur theologischen Begründung helfenden Handelns; Zürich.

Steffensky, Fulbert (2005): Schwarzbrot-Spiritualität; Stuttgart.

Theurich, Andreas (2016): Religiöses Wissen in Diakonischen Unternehmenskulturen (Reihe Diakoniewissenschaft / Diakoniemanagement Bd. 7). Baden-Baden.

Wagner-Rau, Ulrike (2012): Auf der Schwelle. Das Pfarramt im Prozess kirchlichen Wandels. Stuttgart (1. Aufl. 2009) 2. Auflage.

Stärkung der Identität

Dierk Starnitzke

Die folgenden Überlegungen sind aus doppelter Perspektive formuliert: erstens aus der Sicht eines Theologischen Vorstandes und Vorstandssprechers eines größeren diakonischen Unternehmens und zweitens aus der Sicht eines aus der Theologie kommenden Diakoniewissenschaftlers, der selbst zu der hier anstehenden Thematik in Forschung und Lehre tätig ist.

1. Pflege der Unternehmensidentität

Die Theologie hat in der obersten Leitung diakonischer Unternehmen eine besondere Verantwortung für die Berücksichtigung der Präambel in der Satzung der jeweiligen Organisation. In der Präambel wird beschrieben, wie sich das diakonische Unternehmen selbst versteht, aus welchen Motiven und in welchem Überzeugungssystem es agiert. Dabei werden in der Regel theologische Formulierungen getroffen und unmittelbare Bezüge auf die biblische Botschaft von Gott und Jesus Christus bzw. auf die Kirche als die diese Botschaft tradierende Institution hergestellt. Es braucht deshalb in der obersten Leitung jemanden, der theologisch so geschult ist, dass er diese in der Präambel formulierten Grundlagen des Selbstverständnisses der Organisation verstehen, in die jeweilige Situation der Organisation hinein interpretieren und die Prozesse innerhalb der Organisation von dorther deuten und prägen kann.

Es geht dabei nicht nur um eine nachlaufende Deutung und Interpretation der Organisationsabläufe im Kontext des christlichen Überzeugungssystems. Vielmehr muss der Deutungsprozess selbst zur aktiven und konkreten Gestaltung der Prozesse herangezogen werden können, wenn die Präambel einer Organisation nicht nur als rein plakative Eingangsformulierung ohne jeden Realitätsbezug fungieren soll.

Die Formulierung der Unternehmensidentität in den Satzungspräambeln bietet die Basis und zugleich die Orientierung, nach der die Entwicklung des Unternehmens kybernetisch auszurichten ist. Die Präambel ist dabei in ihrem inneren Zusammenhang mit dem Zweck des Unternehmens zu betrachten, der zumeist in den ersten Paragraphen des jeweiligen Unternehmensstatutes ausformuliert ist. Der Unternehmenszweck bietet den Korridor, in dem alle zukünftigen Unternehmensentwicklungen zu gestalten sind, hat also kybernetisch höchste Relevanz. Er hat dabei aber seinen Zweck nicht in sich selbst,

sondern ist in konfessionell geprägten Unternehmen als Konkretion der vornormativen Motive und Begründungen zu verstehen, die in der Präambel formuliert sind.

Wenn unter diesen Rahmensetzungen in den realen Handlungen und Kommunikationen der jeweiligen diakonischen Organisation nicht deutlich werden
kann, dass darin in diesem Sinne ihr Selbstverständnis wiederzufinden ist,
dann droht sie ihre Identität und ihren klaren Kurs zu verlieren. Wenn es aber
umgekehrt gelingt, das in der Präambel formulierte und im Unternehmenszweck konkretisierte Selbstverständnis in normative, strategische und operative Prozesse umzusetzen, kann das zur klaren Orientierung und authentischen
Entwicklung der Organisation wesentlich beitragen. Daraus wäre auch ein
Wettbewerbsvorteil gegenüber anderen Konkurrenten zu erwarten, die solche
Gestaltungsebenen nicht besitzen. Die Gestaltung der Organisationsabläufe
auf der Basis der Präambel kann in verschiedener Weise geschehen:

–   Für die Entwicklung der Organisation kann gemäß der Unterscheidung
    von normativem, strategischem und operativem Management auf drei
    Ebenen angesetzt werden.

–   Das Spezifische diakonischer und caritativer Organisationen besteht dabei
    darin, dass sie von einer vornormativen Ebene geprägt sind, die diesen drei
    Ebenen vorausgehen.[1]

–   Dass das so ist, sollte deshalb in den operativen, strategischen und norma-
    tiven Prozessen mit reflektiert und vergegenwärtigt werden.

–   Dafür braucht es zum einen bestimmte spezielle Prozesse wie Andachten,
    Gottesdienste usw., in denen diese vornormative Ebene im Organisations-
    system selbst gepflegt wird.

–   Zum anderen müssen die einzelnen Prozesse jeweils darauf hinterfragt
    werden, ob sie dem vornormativen und normativen, in der Präambel und
    im Satzungszweck formulierten Zielen dienen und als Umsetzung dersel-
    ben verstanden werden können.

Die besondere Rolle theologisch gebildeter Personen in der obersten Leitung
kann darin bestehen, diese verschiedenen Deutungs- und Gestaltungsebenen
in der diakonischen Organisation präsent zu halten, und zwar nicht als von
außen aufgesetzte zusätzliche Deutungsdimension auf der Metaebene, sondern
aus dem Inneren der Organisation heraus. Darin könnte ihre ureigenste Rolle
und Aufgabe bestehen.

---

[1]   Zur vornormativen Dimension diakonischen Managements vgl. Einig: Himmel, S.
      167ff.

2.   Die Relevanz der Theologie im Lichte neuerer Managementkonzepte

Die enge Verbindung von Selbstverständnis der Organisation und normativem, strategischem sowie operativem Management wird auch in neueren Managementtheorien hervorgehoben. Im St. Galler Managementmodell (SGMM) beispielsweise wird sie deutlich herausgestellt. War bereits in der zweiten Generation des St. Galler Managementmodells die Unterscheidung der drei Managementaspekte von Knut Bleicher herausgearbeitet worden,[2] so bilden sie auch in der dritten[3] und vierten Generation des Modells eine wesentliche Grundlage für dieses im Kern kommunikativ zu verstehende Agieren von Organisationen.

In der neuesten Fassung bei Rüegg-Stürm und Grand werden Organisationen als Wertschöpfungssysteme verstanden, die eine normative, strategische und operative Sinndimension besitzen.[4] Wertefragen kommen in Organisationen deshalb im Zusammenhang mit Fragen der eigenen organisationalen Identität und Verantwortung zum Tragen. „Der normative Sinnhorizont umfasst aus der Perspektive des SGMM die *fundamentalen, langfristig bindenden Festlegungen und Wertvorstellungen, die mit Grundfragen der Existenzberechtigung, der Definition, Gestaltung und Qualität der Wertschöpfung sowie der grundlegenden Beziehungsgestaltung* einer Organisation zu ihrer Umwelt zu tun haben. Das heisst (sic!), der normative Sinnhorizont bezieht sich insbesondere auf *existenzielle Sinn- und Wertfragen* sowie auf Themen der *organisationalen Identität* und der *gesellschaftlichen Verantwortung* einer Organisation und ihrer Management-Praxis.“[5]

Normativ ist in diesem Zusammenhang nicht auf moralische Fragen bezogen, sondern auf das Selbstverständnis der Organisation, ihre Wertschöpfungen und deren Einbindung in einen größeren gesellschaftlichen Kontext in ihrer Umwelt. Es geht darum, „welchen Beitrag die organisationale Wertschöpfung zu einem *guten, gerechten und menschenwürdigen Zusammenleben* in seiner Gesamtheit leisten soll. Dabei spielen unter anderem grundlegende Unterscheidungen wie richtig/falsch, wertvoll/wertlos, gut/böse eine wichtige Rolle. Die Klärung dieser Unterscheidungen ist Aufgabe von Management als reflexiver Gestaltungspraxis.“[6]

Auf dieser Grundlage wäre nun zu fragen, wie Management in diakonischen Unternehmen als reflexive Gestaltungspraxis agieren kann, die sich dabei am normativen Sinnhorizont orientiert und dabei auch strategische und

---

[2]   Bleicher: Management.
[3]   Rüegg-Stürm: Das neue Managementmodell.
[4]   Rüegg-Stürm / Grand: Das Management-Modell, S. 1, Hervorhebung im Original.
[5]   A.a.O., S. 175f., Hervorhebungen im Original.
[6]   A.a.O., S. 176, Hervorhebung im Original.

operative Aspekte im Blick hat. Rüegg-Stürm selbst hat sich dazu in der Untersuchung über „Diversität und Identität" diakonischer und caritativer Unternehmen unter der Überschrift „Konfession als Schlüsselreferenz des normativen Sinnhorizonts" geäußert. Er meint:

> „Konkret bedeutet Konfession, ‚sich zugehörig fühlen, sich bekennen' zu einer bestimmten *Form der Spiritualität,* und damit auch einer bestimmten *Form der Praxis,* präziser: der Glaubens- und Lebenspraxis. So verstanden, kann auch eine Organisation versuchen, ihre Wertschöpfung und ihre eigene Arbeitspraxis an einer Konfession, verstanden als interpretierte Tradition, auszurichten und ganz spezifisch zu gestalten. (…) Auf der einen Seite geht es darum – z.B. mit Bezug auf die biblische Botschaft – zu zeigen, was im Hinblick auf organisationale Entscheidungsprozesse als besonders wichtig und verbindlich betrachtet wird. Auf der anderen Seite muss dies anhand der Beschreibung konkreter Entscheidungs- und Entwicklungsprozesse so konkret als möglich illustriert werden können. Mit anderen Worten setzt auch eine Orientierung an Konfession im Sinne von Peter Ulrich (2009) je neu einen normativen Orientierungs- und Klärungsprozess voraus. Auf diese Weise kann Konfession als interpretierte Heilstradition im Sinne des St. Galler Management-Modells (Rüegg-Stürm & Grand, 2014) zu einer *Schlüsselreferenz des normativen Sinnhorizonts* werden."[7]

3.   Die Rolle der Theologie in einer funktional differenzierten Leitung

Wenn man mit Rüegg-Stürm den gesellschaftlichen Kontext diakonischer Unternehmen betrachtet, kann man feststellen: Die aktuelle Arbeit konfessionell gebundener Unternehmen wird durch zahlreiche Prozesse aus verschiedensten anderen Bereichen der modernen Gesellschaft beeinflusst. Wer in diakonischen Unternehmen arbeitet, hat es immer auch mit systemischen Abläufen zu tun. In der modernen Gesellschaft westlicher Prägung haben sich verschiedene Funktionsbereiche entwickelt, die ihre je eigene Handlungslogik besitzen und mit denen in der Arbeit diakonischer Unternehmen ständig umgegangen werden muss. Die Gefahr ist groß, dass diese Abläufe als gewissermaßen fremdbestimmende Faktoren diese Unternehmen fast vollständig von außen beeinflussen. In diesem Zusammenhang stellt sich deshalb erstens die Frage, wie die verschiedenen Funktionalitäten in konfessionellen Organisationssystemen wirken und zweitens, welche besonderen Möglichkeiten in diesen Organisationen bestehen, neben solchen externen Prozesslogiken eigene Kommunikationsprozesse zu entwickeln, die die Identität der eigenen Arbeit stärken.

---

[7]   Rüegg-Stürm: Konfession als Schlüsselreferenz des normativen Sinnhorizonts. In: Haas / Starnitzke: Diversität, S. 169f. Mit Verweis auf Ulrich: Wirtschaftsethik und Rüegg-Stürm / Grand: Management-Modell, Hervorhebungen im Original.

Als hoch relevante Bereiche für die Arbeit diakonischer Unternehmen lassen sich vor allem sechs so genannte Funktionssysteme bestimmen: Recht, Wirtschaft, Politik, Erziehung, Wissenschaft und Medizin. Die Wirkweise der gesellschaftlichen Funktionssysteme kann man mit Hilfe des systemtheoretischen Ansatzes von Niklas Luhmann besonders differenziert wahrnehmen und beschreiben, weil hier eine Theorie funktionaler Differenzierung der Gesellschaft unmittelbar mit enthalten ist und dieser Ansatz eine breite Rezeption erfahren hat. Fasst man diese verschiedenen gesellschaftlichen Funktionsbereiche zusammen, so ergibt sich damit eine Pluralität von Kontexten, innerhalb derer sich das Kommunizieren und Handeln diakonischer Unternehmen gegenwärtig vollzieht und die mit ihren verschiedenen Operationsweisen bis tief in ihre Arbeit hinein reichen.

Die Systemgrenzen der Funktionssysteme ergeben sich dabei aus deren Kommunikationsprozessen, die sich nach Luhmann jeweils an einer bestimmten Leitunterscheidung, einem so genannten „binären Code" orientieren. Für die Wirtschaft lautet dieser Code Zahlung/Nichtzahlung; für das Rechtssystem recht/unrecht, für das Erziehungssystem Karriere/Nichtkarriere; für die Politik Innehaben/Nichtinnehaben von Positionen öffentlicher Gewalt; für die Wissenschaft wahr/unwahr und für das Medizinsystem krank/gesund.[8] Wann immer in diakonischen Unternehmen einem dieser Codes entsprechend kommuniziert wird, geschieht das in dem jeweiligen Funktionssystem, z. B. bei Zahlung/Nichtzahlung im Wirtschaftssystem usw.[9]

Es stellt sich damit die Frage, ob es in der Arbeit diakonischer Unternehmen tatsächlich nur um die Handhabung der Codes und Kommunikationen aus anderen Funktionssystemen geht oder ob man zusätzlich zu diesen Systemprozessen eine eigene Form der Kommunikation entwickeln und pflegen kann, die das spezifisch christlich-religiöse Selbstverständnis der Arbeit verdeutlicht. Wenn es gelingt, den verschiedenen anderen Codierungen in konfessionellen Unternehmen einen spezifisch religiösen Code gegenüber oder zur Seite zu stellen, dann könnte damit die christliche Prägung diakonischer Arbeit wesentlich deutlicher werden.

Die Rolle der Theologie in der Unternehmensleitung könnte darin bestehen, die spezifisch religiöse Kommunikation systematisch zu intensivieren. Dies kann und sollte nicht nur dadurch geschehen, dass auf der Ebene der beteiligten Personen bei der individuellen Glaubenshaltung der Mitarbeitenden oder gar der Nutzer angesetzt wird. Vielmehr ist es systemisch betrachtet auch eine Aufgabe des jeweiligen Unternehmens selbst, auf organisatorischer Ebene entsprechende Strukturen und Kommunikationsformen zu entwickeln,

---

[8]   Siehe dazu Luhmann: Kommunikation, S. 50ff.
[9]   Vgl. dazu ausführlicher Starnitzke: Diakonie, S. 241ff.

die eine kontinuierliche religiöse Kommunikation innerhalb des Trägers ermöglichen und sicherstellen.[10]

Die religiöse Prägung gehört – wie oben in Abschnitt I. gezeigt – zu den
Grundbestimmungen konfessioneller Träger und ist unverzichtbarer Bestandteil ihrer Identität. Die Frage nach der – systemtheoretisch gesprochen – Relevanz des religiösen Codes betrifft deshalb den Markenkern ihrer Arbeit. Die
Vermutung liegt nahe, dass diakonische Unternehmen – wie jede andere
Marke auf einem Markt konkurrierender Organisationen – nur dann wettbe-
werbsfähig bleiben, wenn sie ihre Markenidentität geklärt haben, als christliche Unternehmen nach innen wie außen klar identifizierbar sind und auch danach handeln.

In dieser Situation empfiehlt es sich in Anknüpfung an systemtheoretische
Überlegungen, sehr entschieden Kommunikationen und Handlungen zu fördern, die durch das Begriffspaar Immanenz – Transzendenz geprägt sind. Jedes Funktionssystem der Gesellschaft entwickelt – wie oben ausgeführt – in
systemtheoretischer Sicht seine Abgrenzung gegenüber der gesellschaftlichen
Umwelt und damit seine Identität durch Orientierung an einer Leitunterscheidung (Code), die aus einem bestimmten Leitbegriff und seinem Gegenbegriff
besteht. Den spezifischen Code der Religion, durch den sie sich von anderen
Funktionssystemen in der modernen Gesellschaft unterscheidet, sieht Luhmann in der Differenz Immanenz/Transzendenz. „Dabei ist Transzendenz
heute wohl kaum mehr als eine andere Welt oder als eine andere Region der
Welt in unerreichbaren Höhen oder Tiefen zu denken, sondern als eine Art
Zweitsinn, als eine komplette, nichts auslassende Zweitfassung der Welt (…).
Wie für alle Codierungen charakteristisch, wird auch hier die immer schon
gegebene, sich in der Gesellschaft von selbst bestimmende Realität durch eine
Hintergrundannahme dupliziert. Sie wird durch eine Unterscheidung identifi-
ziert, nämlich im Rahmen dieser Unterscheidung bezeichnet. Die Einheit die-
ser Differenz (und nicht etwa: die Transzendenz als solche) ist der Code der
Religion.“[11]

Nach dieser Definition wäre also das Begriffspaar Immanenz – Transzendenz charakteristisch für sämtliche Vorgänge innerhalb des Religionssystems.
Sucht man nach der besonderen Identität diakonischer Unternehmen, so liegt
jedenfalls auf dem skizzierten Hintergrund die Annahme nahe, dass ihre Identität etwas mit Religion und damit auch mit der Kommunikation der Unterscheidung immanent – transzendent zu tun haben muss. Sie wird deshalb ganz
besonders dort gepflegt, wo nach dem binären Code immanent – transzendent
kommuniziert wird. In der Arbeit diakonischer Unternehmen gibt es dafür einerseits reichlich konkrete Arbeitsfelder, auf denen solche Kommunikation

---

[10]   In diesem Sinne benennt die Loyalitätsrichtlinie der EKD in der Fassung von Dezem-
       ber 2016 in § 2, Absatz 2 die Prägung evangelischer Identität erstmals als Aufgabe der
       Organisation.
[11]   Luhmann: Kommunikation, S. 122. Siehe dazu ausführlicher Luhmann: Religion, S.
       53ff.

geschieht. Andererseits wäre auf dieser Linie zu fragen, wie die Thematisierung von Immanenz und Transzendenz in ihnen weiter gesteigert werden kann, um die spezifische religiöse Prägung ihrer Arbeit noch deutlicher herauszuarbeiten.

Es geht hier zum einen darum, fest etablierte Formen religiöser Kommunikation in der Organisation durch gezielte Steuerung durch die oberste Unternehmensleitung gezielt zu fördern: sei es das Tischgebet bei Mahlzeiten in stationären Einrichtungen oder die Aussegnung derjenigen Menschen, die in ihren Einrichtungen versterben, seien es bestimmte Gottesdienste bzw. Andachten mit den Mitarbeitenden etwa zum Beginn eines neuen Arbeitsjahres und bei bestimmten Jubiläen oder sei es einfach nur die zu Beginn einer Sitzung in einer Organisation verlesene Tageslosung.[12]

Zum anderen ist auch in Bezug auf die Nutzer diakonischer Angebote die Unterstützung in der Pflege ihrer eigenen religiösen Kommunikation angesagt. Zur sozialen Betreuung gehört auch die sensible Begleitung der unterstützten Personen bei der Wahrnehmung ihrer Religion. Wenn man in diakonischen Unternehmen die eigenen Unterstützungs-Angebote grundsätzlich für alle Menschen offen hält, muss man sie also in der Regel auch in Bezug auf ihre jeweilige Religionsausübung angemessen unterstützen können – im Prinzip in der ganzen Bandbreite ihrer Konfessionen, Religionen und Weltanschauungen. Das beginnt bei der Kontaktpflege mit ihrer Religionsgemeinschaft vor Ort und erstreckt sich z. B. über die kultur- und religionssensible Erbringung von Pflegeleistungen bis hin zur angemessenen Begleitung im Sterbeprozess und entsprechenden Verabschiedungsritualen. In diesem Sinne ist die seelsorgerliche Begleitung in diakonischen Unternehmen sicherlich eine besondere Komponente, für die die theologische Leitung besondere Verantwortung trägt.

Die Thematisierung von Immanenz und Transzendenz eröffnet sich in diakonischen Unternehmen aber nicht nur durch bestimmte spezifisch religiöse Formen von Kommunikation, sondern sie erschließt sich auch durch eine bestimmte Deutungstradition der Handlungen selbst. So stehen ja die konkreten Handlungen, wie sie in der Arbeit diakonischer Unternehmen tagtäglich millionenfach geschehen, über das reine Hilfehandeln hinausgehend durch Texte wie Mt 25,31ff unter der Verheißung, dass hier in der konkreten (immanenten) Handlung eine transzendente Dimension mitschwingt, durch die nicht nur menschliche Begegnung stattfindet, sondern Christus selbst im Hilfebedürftigen präsent ist.

Insofern besteht ein wesentlicher Aspekt der Leitung diakonischer Unternehmen darin, solche durch christliche Religion geprägten Deutungen für die verschiedenen Handlungen und Kommunikationen in der eigenen Organisation vorzunehmen und umgekehrt die konkreten Handlungen von solchen

---

[12] Hinzu kommen natürlich die vielen nicht organisatorisch gesetzten und gepflegten Anlässe, sondern die oft spontanen interaktiven Begegnungen zwischen Betreuenden und Betreuten, in denen sich die immanente Begegnungssituation auf Transzendenz hin öffnet und z.B. eine seelsorgerliche Dimension bekommt.

Deutungen her zu bestimmen und angemessen zu gestalten. Damit werden alltägliche Handlungen in der sozialen Arbeit jedenfalls im Kontext diakonischer
Unternehmen mit einer zusätzlichen Sinn- und Deutungsdimension ausgestattet – ohne dass damit die fachlichen Standards der entsprechenden Professionen überfrachtet oder relativiert werden dürfen. Diese transzendente Dimension in der Unternehmenssteuerung einzubringen und zu gestalten, ist die ureigenste Aufgabe der Theologie.

4.   Moderation eines interdisziplinären Leitungsteams

Der theologischen Kompetenz könnte darüber hinaus in der obersten Leitung
noch eine besondere Moderationsrolle für das Leitungsteam zukommen. Mit
diesen Erwägungen, die sich aber noch in einem frühen Entwicklungsstadium
befinden, beschäftigt sich der nächste Abschnitt.

Es wurde ausgeführt, dass diakonische Unternehmen aktuell in der deutschen funktional differenzierten Gesellschaft im Kontext und in unmittelbarer
Beziehung zu den relevanten Funktionssystemen handeln. Die Logik und Codierung der einzelnen Funktionssysteme führt zu je verschiedenen Rationalitäten, die bei der Steuerung eines diakonischen Unternehmens jeweils berücksichtigt und koordiniert werden müssen. Sowohl die Konstellation einer einzelnen obersten Leitung als Einzelvorstand oder Geschäftsführung als auch die
klassische Konstruktion eines Tandems von Theologischer und Kaufmänni-
scher oberster Leitung kann diesen Anforderungen nur sehr begrenzt gerecht
werden. Welche offizielle Organstruktur diakonische Unternehmen auch immer besitzen, sie tun in jedem Falle gut daran, ihre oberste Leitung organisatorisch so zu erweitern, dass darin die wichtigsten Funktionalitäten und Systemrationalitäten behandelt werden können.

Diakonische Leitungen sollten unter den beschriebenen komplexen Rahmenbedingungen deshalb die verschiedenen Rationalitäten ihrer Handlungen
und Kommunikationen durch eine interdisziplinäre Struktur abbilden und intern bearbeiten. Dies kann am besten in Form eines interdisziplinär aufgestellten obersten Leitungsteams geschehen, in dem die für die jeweilige Organisation wichtigsten Rationalitäten und Professionen vorhanden sind.

Einerseits ist die theologische Dimension – wie unter I. gezeigt – für die
grundsätzliche Ausrichtung des diakonischen Unternehmens im Sinne der Präambel absolut entscheidend. Andererseits kommt der theologischen Spezial-
kompetenz im operativen Alltagsgeschäft zumeist keine besondere Bedeutung
zu. Sie fungiert als eine Rationalität unter vielen.

Es besteht sogar die Gefahr, dass die theologische Rationalität im Lei-
tungsgeschehen fast gar keine Relevanz besitzt, wenn sie nicht mit anderen für
das alltägliche Leitungshandeln hoch relevanten Rationalitäten wie z.B. Ökonomie, Pädagogik, Medizin usw. eng verknüpft ist. Die besondere Relevanz

und Möglichkeit der theologischen Leitungskompetenz ergibt sich deshalb erst aus der Fähigkeit heraus, die eigene Rationalität mit anderen für die Leitung relevanten zu verbinden und diese Rationalitäten mit einzuüben. Möglicherweise kommt Theologinnen und Theologen dabei zugute, dass sie in ihrem Studium schon verschiedene andere Professionalitäten und Wissenschaften kennengelernt haben.

Dabei könnte gerade für die auf grundsätzliche Fragen ausgerichtete theologische Rationalität hilfreich sein, zu den alltäglichen Leitungsfragen eine gewisse reflektierende und gestaltende Distanz aufzubauen. Diese Distanz kann noch dadurch befördert werden, dass in der Regel Leitungsfragen, die sich unmittelbar auf theologische Rationalitäten beziehen, relativ selten sind. In diesem Sinne könnte die Position der theologischen Profession bei der multirationalen Leitung diakonischer Organisationen gerade in einer übergreifenden moderierenden Aufgabe bestehen. Eine Dominanz der theologischen Rolle wäre daraus ausdrücklich nicht abzuleiten. Vielmehr ginge es dabei um die wichtige Aufgabe, die verschiedenen Systemrationalitäten in der obersten Leitung diakonischer Unternehmen so zu moderieren, dass sie im Leitungsdiskurs ausgewogen zur Geltung kommen und zu gut abgewogenen Unternehmensentscheidungen führen – unter bewusster Enthaltsamkeit von eigenen Machtansprüchen.

5.   Interdisziplinäre Voraussetzungen zur Wahrnehmung der verschiedenen Rollen

Zum Ausfüllen dieser dreifachen Rolle 1. der Pflege der Unternehmensidentität, 2. der Thematisierung von Transzendenz und 3. der ausgewogenen Leitungsmoderation braucht es theologisch entsprechend aus- und weitergebildete Menschen, die dabei zugleich im interdisziplinären Diskurs geübt sind. Die dreifache Rolle ist nur in dem Maße realisierbar und – auch von den anderen Leitungsbeteiligten – akzeptabel, wie sie sich in die anderen für die Leitung relevanten Rationalitäten einarbeitet und mit ihnen kommunikationsfähig wird.

Theologisch kompetente Leitung setzt deshalb eine ausführliche Vorbereitung und Begleitung für diese Tätigkeit voraus. Sie muss darin bestehen, einerseits verschiedene für das diakonische Handeln relevante Rationalitäten kennen zu lernen und einzuüben. Andererseits muss sie dabei die besondere Verantwortung für die oben skizzierte Pflege der Präambel, für die vornormativen und identitätsprägenden Aspekte der Leitung und die Thematisierung von Transzendenz studieren und Ideen und Möglichkeiten für deren Umsetzung entdecken.

Diese Rollen der Theologie in der Unternehmensleitung müssen dabei nicht zwingend ordinierte Theologinnen oder Theologen übernehmen. Auch Diakoninnen bzw. Diakone oder aus anderen Professionen stammende Personen können sie füllen. So kann man z.B. in Unternehmen der Caritas beobachten, dass dort kaum noch ordinierte Theologen in der Leitung vorhanden sind. Hier müssen andere Wege gefunden werden, die theologische Leitungsverantwortung abzudecken.

Diese Personen müssen dann aber die fachliche Befähigung haben, die hier skizziert wurde. Für die Ausstattung zu dieser anspruchsvollen theologischen Tätigkeit empfiehlt sich in jedem Falle das Absolvieren eines entsprechenden Bildungsprogrammes, das die entsprechenden theologischen und interdisziplinären Kompetenzen vermittelt.

Literaturverzeichnis

Bleicher, Knut (1991): Das Konzept integriertes Management.

Einig, Andreas (2014): Wie im Himmel, so auf Erden. Spiritualität in der Personal- und Organisationsentwicklung. Baden-Baden.

Evangelische Kirche in Deutschland (2016): Richtlinie des Rates der Evangelischen Kirche in Deutschland über kirchliche Anforderungen der beruflichen Mitarbeit in der Evangelischen Kirche in Deutschland und ihrer Diakonie vom 9. Dezember 2016 (Loyalitätsrichtlinie). Amtsblatt der EKD 2017, S. 11.

Luhmann Niklas (2000): Die Religion der Gesellschaft. Frankfurt/Main.

Luhmann, Niklas (2008): Ökologische Kommunikation. Kann die moderne Gesellschaft sich auf ökologische Gefährdungen einstellen? 5. Aufl. Wiesbaden.

Rüegg-Stürm, Johannes (2003): Das neue St. Galler Managementmodell. 2. Aufl. Bern.

Rüegg-Stürm, Johannes / Grand, Simon (2014): Das St. Galler Management-Modell. (2015) 2. vollständig überarbeitete und grundlegend weiterentwickelte Auflage. Bern.

Rüegg-Stürm, Johannes: Konfession als Schlüsselreferenz des normativen Sinnhorizonts. In: Haas, Hanns-Stephan / Starnitzke, Dierk (Hg.) (2015): Diversität und Identität. Konfessionsbindung und Überzeugungspluralismus in caritativen und diakonischen Unternehmen. Stuttgart, S. 169-186.

Starnitzke, Dierk (1996): Diakonie als soziales System. Eine theologische Grundlegung diakonischer Arbeit in Auseinandersetzung mit Niklas Luhmann, Stuttgart.

Ulrich, Peter (2009): Integrative Wirtschaftsethik. Grundlagen einer lebensdienlichen Ökonomie, Bern.

Hybride Steuerung von Diakonieunternehmen

Jörg Hohlweger

Der hier dargestellte Ansatz einer hybriden Steuerung ist theologisch und organisationstheoretisch geprägt. Er bewegt sich damit auf einer mittleren Ebene möglicher soziologischer Perspektiven. Oberhalb dieser Mesoebene mit dem Fokus auf Organisationen liegt die Makroebene der Betrachtung gesellschaftlicher Prozesse, darunter die Mikroebene des sozialen Handelns und Interagierens von Individuen. Auf allen drei Ebenen kann Theologie relevante Theorie- und Praxisimpulse zur Steuerung beitragen.[1]

Konzepte zur Unternehmenssteuerung werden auf der Mesoebene organisationstheoretischer Betrachtungen reflektiert. Das geschieht jedoch nicht unabhängig von makro- und mikropolitischen Einflüssen, die auf die Steuerung von Organisationen einwirken. Diese Einflüsse werden im Folgenden durch den organisationstheoretischen Fokus ausgeklammert, sie sind in der theologischen Steuerungspraxis jedoch keineswegs irrelevant.

Im Gegenteil wird in Diakonieunternehmen die Rolle theologischer Steuerung häufig eher auf der Makro- und der Mikroebene verortet. Der theologische Vorstand soll auf verbandlicher oder sozialpolitischer Ebene dafür sorgen, dass die Rahmenbedingungen der Arbeit halbwegs kalkulierbar bleiben. Und er wird daran gemessen, wie kompetent und glaubwürdig er sich in seinem individuellen Führungsverhalten als Vorgesetzter verhält. Beide Erwartungen gehören zum theologischen Steuerungsspektrum dazu. Gleichwohl muss aufgrund der individuell begrenzten Ressourcen entschieden werden, wie und in welchem Umfang man als Theologe in der Unternehmensführung jeweils auf den drei Ebenen agiert.

Wer in einem Diakonieunternehmen einen organisationstheoretisch reflektierten und dazu noch theologischen Steuerungsansatz umsetzen will, tut deshalb gut daran, sich auf mikropolitischer Ebene nach Unterstützern umzusehen und sich zudem qualifizierter externer Beratung und Begleitung zu bedienen. Wirtschaftlicher Erfolg bietet zusätzlich eine willkommene Unterstützung theoriebasierter Veränderungsprozesse, insbesondere wenn man mit Theorieargumenten die Zuschreibung des Erfolges selber in die Hand nehmen kann.

Im Unternehmensalltag bedarf es zunächst und vor allem aber geeigneter Kommunikationsformen und -foren, um immer wieder Distanz zur eigenen

---

[1] Diakoniemanagement bezieht sich im Rahmen von Diakoniewissenschaft auf alle drei Ebenen. Vgl. Benad / Büscher / Krolzik: Grundaussagen, S. 20-21.

Praxis aufzubauen und auf diesem Wege sich und sein Führungshandeln bewusst in den Kontext einer organisationsbezogenen Sicht zu stellen. Eine Theologie, die sich in Frage stellen lässt und den Diskurs mit anderen Disziplinen
sucht, findet an dieser Stelle in der Unternehmenssteuerung eine wesentliche
Herausforderung und Gestaltungsaufgabe.

1.   Steuerungsansätze auf der Ebene der Organisation

Der im Folgenden skizzierte Ansatz entwickelt und begründet die Steuerung
eines Diakonieunternehmens aus einer organisationstheoretischen Reflexion
heraus. Damit steht die Mesoebene der Organisation eindeutig im Mittelpunkt.
Diese Theorieentscheidung wird durch Praxiserfahrungen des Verfassers als
theologischer Vorstand der Bergischen Diakonie als einem freien Komplexträger mittlerer Größe gestützt.[2] Theorie und Praxis zeigen, dass sich Diakonieunternehmen wie die Bergische Diakonie aus drei organisationstheoretisch
und zugleich theologisch unterscheidbaren Perspektiven betrachten und steuern lassen.

Diesen drei Perspektiven entsprechen jeweils eigene Steuerungslogiken,
die sich nicht voneinander ableiten oder aufeinander reduzieren lassen. Sie
sind deshalb auch nicht gleichzeitig einsetzbar. Für die Rolle der Theologie in
der Steuerung eines Diakonieunternehmens ist es unverzichtbar, dass jede der
drei organisationstheoretischen Perspektiven eine eigene theologische Deutung erfährt. Die Perspektiven werden im Folgenden als kirchliche, ethische
und systemische Steuerungslogik bezeichnet und sukzessive entwickelt. Dabei
ist in einem Zwischenschritt auf einen Theoriewiderspruch zwischen kirchlicher und ethischer Organisationslogik einzugehen.

Insgesamt lautet die Hauptthese des Beitrages, dass es in Diakonieunternehmen aus theologischen und organisationstheoretischen Gründen einer hybriden Steuerung bedarf, in der drei Steuerungslogiken in der Ausnutzung ihrer
jeweiligen Stärken sach- und situationsgemäß eingesetzt und aufeinander bezogen werden.

1.1   *Kirchliche Steuerungslogik*

Die Kirche als Geschöpf des Wortes Gottes (creatura verbi divini) entspringt
nach reformatorischer Auffassung dem freien und schöpferischen Willensakt

---

[2]   Informationen zum Unternehmen unter www.bergische-diakonie.de. Die Verbindung
von Theorie und Praxis in der theologischen und organisationstheoretischen Steuerung
von Diakonieunternehmen ist Gegenstand einer eigenständigen wissenschaftlichen Arbeit des Verfassers am Institut für Diakoniewissenschaft und DiakonieManagement.

Gottes.[3] Gottes Wort spricht den Menschen in seiner Individualität an und weckt in ihm die Fähigkeit und Bereitschaft zum Glauben. Die Kirche besteht deshalb als soziales Gebilde aus Menschen, die durch das Wort Gottes angesprochen und ergriffen worden sind. Mit dem Begriff des Glaubensbekenntnisses bilden sie die Gemeinschaft der Heiligen. Die Abgrenzung dieser Gemeinschaft ist ihrem Wesen nach unsichtbar, denn Gott allein weiß, wo und wann der Glauben in einem Menschen wirkt und wer demzufolge wirklich zur Kirche dazugehört. Die Taufe als äußeres Mitgliedschaftskriterium setzt zwar den Rahmen der sichtbaren Kirche, sie ist jedoch kein eindeutiges Kriterium zur Bestimmung der nur für Gott erkennbaren verborgenen Kirche.

Die Freiheit Gottes und des von ihm geschenkten, zugleich aber unverfügbaren Glaubens erfordern als Grundlage des reformatorischen Kirchenbegriffes eine kirchliche Steuerungslogik mit zwei Akzenten. Zum ersten sind alle Steuerungsaufgaben und -strukturen rein funktional zu verstehen. Das kirchliche Amt der Steuerung oder Leitung hängt nicht am unverfügbaren Glauben des Amtsträgers oder der Amtsträgerin, sondern an der äußeren Glaubwürdigkeit und an der Professionalität der jeweiligen Amtsführung. Daran knüpfen sich Wortverkündigung und Sakramentsverwaltung als substantielle kirchliche Steuerungsaufgaben, da sie dem Glauben schaffenden Wort einen Wirkrahmen geben.[4]

Neben seiner Funktionalität besteht das zweite grundlegende Kriterium kirchlicher Steuerung darin, das Bewusstsein für die Unverfügbarkeit Gottes und damit für die Notwendigkeit der Unterscheidung von sichtbarer und verborgener Kirche offenzuhalten. Dieser fundamentaltheologische Ansatz erfordert als Steuerungsinstrument die kirchliche Lehre im Sinne einer Bewusstseinsbildung für diese grundlegende Spannung allen kirchlichen Handelns. Die Fähigkeit zur Unterscheidung von Gott und Mensch und die damit einhergehende kritische Selbstreflexion ist ein substantielles kirchliches Steuerungsinstrument, das in den Verheißungscharakter des Evangeliums einzuzeichnen ist.

Verkündigung, Sakramentsverwaltung und Lehre beziehen sich in der traditionellen praktisch-theologischen Kybernetik naturgemäß auf solche Formen von Gemeinschaft der Heiligen, in denen die Mitgliedschaft durch Taufe konstituiert oder durch ein Taufkatechumenat angestrebt wird. Bei Diakonieunternehmen stößt diese Voraussetzung allerdings an Grenzen.

So ist die Bergische Diakonie Aprath als altrechtlicher Verein die Mutter eines operativ breit aufgestellten Unternehmensverbundes „Bergische Diakonie" aus sechs gemeinnützigen und drei gewerblichen Gesellschaften. Insge-

---

3   Zum hier skizzierten ekklesiologischen und kybernetischen Ansatz vgl. Härle: Kirche.
     Schwöbel: Geschöpf und Preul: Kirchentheorie.
4   Ob diakonisches Handeln, in dem nach Matthäus 25, 31-46 Christus selbst präsent sein
     kann, nicht auch zu den substantiellen kirchlichen Steuerungsaufgaben gehört, kann
     hier nur als Frage angedeutet werden.

samt arbeiten hier ca. 1800 Menschen. Über 85% der Mitarbeitenden der gemeinnützigen Tochtergesellschaften gehören einer christlichen Kirche an. Aufgrund der gesellschaftlich rückläufigen volkskirchlichen Bindungskräfte ist jedoch davon auszugehen, dass diese Zahl in den nächsten Jahren deutlich kleiner werden wird, wenn alle bestehenden Arbeitsbereiche aufrecht erhalten werden. Die Mitgliedschaft im Diakonieunternehmen begründet sich längst nicht mehr über das Kriterium von Taufe und Kirchenzugehörigkeit oder überhaupt die Zugehörigkeit zu einer religiösen Gemeinschaft, sondern über einen zivilrechtlichen Arbeitsvertrag.[5]

Diese quantitative Veränderung in der kirchenrechtlichen und intentionalen Zusammensetzung einer christlichen Mitarbeiterschaft bedingt aus theologischer Sicht allerdings noch keine Veränderung in der Qualität ihrer kirchlichen Substanz. Zwar verliert das Kriterium der Kirchenzugehörigkeit seine grenzbildende Funktion und von daher ist eine Gleichsetzung von Diakonieunternehmen und Gemeinde problematisch. Trotzdem ist in einem Diakonieunternehmen immer ein Teil der Gemeinschaft der Heiligen präsent. Diese Präsenz legitimiert den Gebrauch der kirchlichen Steuerungsinstrumente von Verkündigung und Sakramentsverwaltung auf der einen und kirchlicher Lehre auf der anderen Seite. Dabei ist jedoch genau auf Form und Anlass zu achten. Man wird davon ausgehen können, dass bei zunehmender religiöser Indifferenz der Mitarbeiterschaft der Anteil bewusstseinsbildender kirchlicher Lehre zunehmen wird,[6] während Verkündigung und Sakramentsverwaltung eher punktuell geschehen.

Konkret bedeutet das in der Bergischen Diakonie, dass eine theologische Steuerungsaufgabe darin besteht, im Unternehmen geeignete Formen und Formate für Verkündigung und Sakramentsverwaltung zu gewährleisten. Das reicht von Andachten und biblischen Impulsen über besondere Diakonie- und Festgottesdienste bis hin zum sonntäglichen Gemeindegottesdienst in der Diakoniekirche. Unter dem biblischen Zuspruch aus Matthäus 18,20[7] realisiert sich in all diesen Formen die Gemeinschaft der Heiligen.

Eine zweite kirchlich-theologische Steuerungsaufgabe wird unter dem Leitbegriff „Diakonisches Bewusstsein" als Bildungsinhalt verfolgt. Bei Mitarbeitereinführungstagen und in einer Schulung für alle Führungskräfte des Unternehmens werden die Freiheit und Barmherzigkeit Gottes und die Unverfügbarkeit des Glaubens als Bewusstseinsinhalte herausgearbeitet. Dieses Bewusstsein schafft eine gemeinsame Basis unabhängig von kirchlicher Bindung oder spiritueller Verankerung des einzelnen Mitarbeiters. Dieses „fundamentaltheologische Bewusstsein" wird zu einem „diakonischen Bewusstsein", in-

---

[5]   Aus dieser Tatsache resultiert die Notwendigkeit der Formulierung und Festlegung kirchlicher Loyalitätsrichtlinien.

[6]   Das dokumentiert sich in den vielfältigen Ansätzen, über diakonische Bildungs- und Kulturentwicklungsprozesse eine diakonische Identität aufzubauen.

[7]   „Wo zwei oder drei versammelt sind in meinem Namen, da bin ich mitten unter ihnen."

dem herausgestellt wird, dass die Bergische Diakonie im Rahmen dieser individuellen Unverfügbarkeit einen kirchlichen Auftrag verfolgt, dem gegenüber sich alle Mitarbeitenden über ihren Arbeitsvertrag zur Loyalität verpflichten. An diesem Auftrag hängt die Erwartung, dass dem einzelnen, dort wo er der existentiellen Not von Klienten begegnet, ein spiritueller Raum geöffnet wird, in dem Gott selber wirksam werden kann. Damit ist in der Diakonie unbedingt zu rechnen!

1.2 Ethische Steuerungslogik

Während bei der kirchlichen Steuerung eines Diakonieunternehmens Theologie und Organisationstheorie weitgehend zusammenfallen, wird bei einer ethischen Steuerung nicht eine Wesensform von Kirche, sondern ein zweckrational agierendes Unternehmen betrachtet. Zweckrationalität bedeutet, dass die an einem Markt orientierten Zwecke des Unternehmens in Form rationaler Entscheidungen gesteuert und gesichert werden sollen.[8] Im Diakoniemanagement wird dieser Ansatz unter Rückgriff auf das St. Galler Managementmodell verfolgt, das seit seiner zweiten Generation zwischen normativem, strategischem und operativem Management unterscheidet.[9] Eine weitere zweckrationale Steuerungslogik entfaltet sich in der Differenzierung von theologischer, betriebswirtschaftlicher und auf konkrete Handlungsfelder bezogener fachwissenschaftlicher Rationalität.[10] Die sich damit in einem Dreiecksverhältnis eröffnenden Rationalitätskonflikte werden über den Ansatz eines multirationalen Managements bearbeitungsfähig.[11]

Für eine theologische Steuerungslogik deuten all diese zweckrationalen Unterscheidungen und Ansätze auf die Notwendigkeit und Problematik ethischen Begründens und Entscheidens hin. Damit öffnen sich das Feld theologischer Ethik und dort im Besonderen die Bereiche von Sozial- und Unternehmensethik.[12] In der Bergischen Diakonie vollzieht sich ethische Steuerung vor allem in den Strukturen von Gremien, Konferenzen und Dienstgesprächen. Hier werden Entscheidungen vorbereitet, reflektiert, diskutiert, getroffen, kommuniziert und kontrolliert. Die meisten solcher Entscheidungen lassen sich im Sinne des St. Galler Management-Modells als operativ oder strategisch einordnen und benötigen zum Abgleich mit dem Unternehmenszweck primär fachliche oder betriebswirtschaftliche Kriterien. Als Theologe ohne Detailwissen bis in die Tiefen aller Arbeitsbereiche hinein ist es wichtig, strategische von operativen Entscheidungen unterscheiden zu können und sich mit den Grundlagen strategischen Managements auszukennen. Ohne diese Kompetenz

---

[8] Vgl. Kühl: Organisationen, S. 23-29.
[9] Vgl. Rüegg-Stürm / Grand: St. Galler Management-Modell, S. 5.
[10] Vgl. Benad / Büscher / Krolzik: Grundaussagen, S. 21.
[11] Vgl. Schedler / Rüegg-Stürm: Multirationales Management.
[12] Vgl. Körtner: Diakonie, S. 13-25.

ist unternehmerische Verantwortung in einer komplexen Organisation nicht wahrzunehmen.

Zu dieser strategischen und operativen Managementkompetenz kommt aus theologischer Sicht eine spezifisch normative hinzu, die sich sowohl explizit als auch implizit zeigen kann. Explizit werden normative Entscheidungen dort getroffen, wo es um Fragen des Auftrages und des Leitbildes, um die Gestaltung der Unternehmenskultur und um die Festlegung struktureller Normierungen mit Gesetzescharakter geht. Hier spielen theologische Analyse-, Urteils- und Kommunikationskompetenz eine wichtige Rolle für die Steuerung eines Diakonieunternehmens. Implizit müssen solche normativen Entscheidungen dann in das strategische Management einfließen. Das ist dort der Fall, wo es um Fragen geht, wie das Unternehmen seinen Auftrag in marktfähige Angebote umsetzt, wie es sein Personal so findet und entwickelt, dass die Unternehmenskultur lebendig bleibt, und wie Strukturen und Hierarchien in entsprechende organisationale Muster umgesetzt werden. Bei solchen impliziten normativen Entscheidungen im Rahmen strategischen Managements sind theologische Übersetzungsleistungen gefragt, um den anderen am Entscheidungsprozess beteiligten Akteuren die eigene ethische Position zu verdeutlichen.

Über solchen normativ-ethischen Steuerungsprozessen liegt im Sinne einer deskriptiven Ethik eine Metaebene, auf der es darum geht, dem interdisziplinären Potential von Argumenten und Entscheidungskriterien überhaupt erst einen Spiel- und Reflexionsraum zu verschaffen. Hier besteht die Steuerungsaufgabe in der Bereitstellung solcher Reflexionsräume und einer sachgemäßen und kompetenten Moderation.

In solchen interdisziplinären und multirationalen Entscheidungsräumen wird immer wieder deutlich, dass angesichts einer ungewissen Zukunft keine normengestützte Entscheidungsalternative absolute Gewissheit bringen kann. Stellt man diese Einsicht in den theologischen Kontext der Rechtfertigungslehre, dann wird erkennbar, dass solche Situationen das Sein des Menschen vor Gott widerspiegeln. Über Gesetze und Normierungen lassen sich vor Gott weder Anerkennung noch Gewissheit erreichen. Die Annahme des Menschen durch Gott gründet nicht auf der Fähigkeit des richtigen Entscheidens und Handelns. Sie gründet vielmehr darauf, dass Gott den Menschen gerade nicht aufgrund seiner Werke und seiner Entscheidungen annehmen kann, sondern aus unverdienter Gnade. Diese fundamentale theologische Einsicht immer wieder neu in Erinnerung zu rufen und in konkreten Entscheidungssituationen mit Leben zu füllen, bleibt Aufgabe der Theologie in einem an Zwecken und Entscheidungen orientierten Diakonieunternehmen. Aus reformatorischer Sicht arbeitet sie damit an ihrem ureigensten Anliegen.

1.3 Widersprüche zwischen den Steuerungslogiken

Über kirchliche und ethische Steuerungslogik bekommt die Theologie in der Praxis diakonischer Unternehmensführung eine zentrale Funktion, zugleich aber auch ein organisationstheoretisches Problem. Denn hinter den beiden Logiken stehen jeweils Organisationsmodelle, die aus theologischer Sicht nicht kompatibel sind.

Das theologische Organisationsmodell der kirchlichen Steuerungslogik stellt die Freiheit des göttlichen Wirkens in den Vordergrund und verzichtet aus diesem Grunde darauf, die Grenzen von Organisation und Mitgliedschaft scharf zu fassen. Ein Diakonieunternehmen ist als Organisation ein corpus permixtum aus Glaubenden, Nicht-Glaubenden und Noch-Nicht-Glaubenden. Mit den Steuerungsinstrumenten von Verkündigung, Sakramentsverwaltung und kirchlicher Lehre kann eine diakonische Organisation diese Unsicherheit mit Blick auf ihre Grenzen nicht aufheben, sondern muss um der Freiheit des göttlichen Wirkens willen diese Unsicherheit als konstitutiv für sich selbst festhalten.

Diese theologisch notwendige Unschärfe hinsichtlich der Grenzen der Organisation und ihrer Steuerbarkeit im Ganzen widerspricht dem zweckrationalen Organisationsmodell einer ethischen Steuerungslogik. Eine zweckrationale Organisation ist mit einer Maschine vergleichbar, die nach rationalen Regeln steuerbar und als Ganze beherrschbar ist. In der Organisationstheorie werden längst die Grenzen einer steuernden Rationalität und maschineller Beherrschbarkeit komplexer Organisationen diskutiert,[13] trotzdem nimmt das Maschinenmodell der Organisation im Management nach wie vor großen Raum ein. Dabei stellt aus theologischer Sicht der Gegensatz von göttlichem und menschlichem Verfügbarkeitsanspruch in den beiden Organisationsmodellen das grundlegende Problem der Vereinbarkeit beider Modelle dar. Dieses Problem wird in Diakonieunternehmen dadurch verdeckt, dass sie einem theologisch definierten Hauptzweck folgen, was aber nichts daran ändert, dass die dahinter stehende zweckrationale Logik grundsätzlich von einer menschlichen Verfügbarkeit über die Organisation ausgeht. Diese steht im Widerspruch zur kirchlichen Steuerungslogik, die ihren Ausgangs- und Fixpunkt im unverfügbaren schöpferischen Wort Gottes behalten muss.

1.4 Systemische Steuerungslogik

Die Systemtheorie folgt einem anderen organisationstheoretischen Paradigma und bietet so die Möglichkeit, den aufgezeigten Widerspruch zu bearbeiten.[14] Danach wird ein Diakonieunternehmen nicht mehr als eine aus der Summe der

---

13 Simon: Einführung Organisationstheorie, S. 29-31, Kühl: Organisationen, S. 29.
14 Zu Paradigmen in der Organisationtheorie vgl. Scherer / Marti: Wissenschaftstheorie.

Handlungen und Entscheidungen seiner Mitglieder zusammengesetzte soziale Ganzheit verstanden, sondern als geschlossene funktionale Einheit, die sich permanent aus den Relationen zwischen den eigenen Systemelementen heraus bildet und fortsetzt.[15] Das Funktionieren der Organisation wird so zum eigenständigen autopoietischen Prozess. Damit ist die Frage nach der äußeren göttlichen oder menschlichen Verfügbarkeit der Organisation in den Organisationsbegriff hinein verlegt. Es liegt ein zirkulärer Ansatz vor, der die Frage nach dem Ursprung und Wesen der Organisation nicht mehr stellt, sondern sie rein aus der Art ihres Funktionierens heraus versteht.[16]

Dieser Prozess des Organisierens verläuft nicht willkürlich, sondern sinnhaft, indem er permanent Sinn erzeugt, der an Sinn anschließt. „Sinn" stellt eine zentrale Kategorie funktionaler Organisationstheorie dar. Dabei ist auch Sinn keine substantiell fest vorgegebene Größe, der die Organisation wie eine Maschine gehorcht, sondern die Organisation produziert ihren Sinn fortlaufend selbst, indem sie aus dem Raum des in einer konkreten Situation jeweils Möglichen eine bestimmte Möglichkeit aktualisiert und damit Sinn setzt.[17] Diese Sinnsetzung erfolgt nicht völlig frei, sondern bezieht sich auf vorausgegangene Sinnsetzungen, ohne damit aber vollkommen determiniert zu sein. Damit wird deutlich, dass der Sinn einer Organisation variabel ist, was bereits die Vermutung nahelegt, dass bei der Verfolgung dieses Theorieansatzes in der „Sinnsetzungskontrolle" ein wesentliches Moment theologischer Steuerung liegt.

Aus theologischer Sicht lässt sich mit einem funktionalen systemtheoretischen Blick auf ein Diakonieunternehmen als Gestalt der Kirche das gleiche Argumentationsmuster aufnehmen, das auch den reformatorischen funktionalen Amtsbegriff prägt. Im funktionalen Amtsbegriff werden Amt und innere Glaubensdisposition des Amtsinhabers getrennt. Dabei ist diese innere Disposition keineswegs irrelevant, aber sie wird nicht an die Definition des Amtes gebunden. Konstitutiv für das Amt ist, dass es nach bestimmten überprüfbaren Kriterien „funktioniert". Die Person tritt hinter das Amt zurück. Analog lässt sich mit einem systemtheoretisch funktionalen Organisationsbegriff das Funktionieren der Organisation in den Vordergrund stellen. Die innere Disposition der Organisationsmitglieder ist damit aus organisationstheoretischer Sicht nicht mehr das primär leitende Kriterium, sondern tritt hinter die Frage zurück,

---

[15]   In der systemtheoretisch begründeten Organisationstheorie, die dem Ansatz Niklas Luhmanns folgt, setzt eine Organisation sich aus Entscheidungen als Systemelementen zusammen, die durch Kommunikation in Relation zueinander gesetzt werden. Vgl. Luhmann: Organisation, S. 44-56 und dazu Simon: Einführung Organisationstheorie, S. 16-23.

[16]   Zur Frage nach dem Beginn dieses zirkulären Verfahrens stellt Luhmann fest: „Die Frage nach dem Anfang muss man der Theologie überlassen." S. Luhmann: Organisation, S. 45.

[17]   Vgl. Luhmann: Soziale Systeme, S. 92 ff.

wie die Organisation funktioniert und ob sie in der Lage ist, ihrer Aufgabe der fortlaufenden Sinnerzeugung nachzukommen.

Dem organisationstheoretischen und theologischen Gewinn der Systemtheorie, eine Organisation funktional und autopoietisch verstehen zu können, steht als Nachteil eine geringere Aussagefähigkeit zur Steuerung dieses komplexen Systems gegenüber. Hier herrscht nach wie vor Entwicklungsbedarf.[18] Eine Grundlage systemtheoretischer Steuerung liegt in der Fähigkeit eines Systems zur Selbstbeobachtung und daraus abgeleiteter Steuerungsimpulse, deren Wirkungen dann wiederum auf dem Wege der Selbstbeobachtung reflektiert werden. Man kann dieses Prinzip als systemische Selbstreflexivität bezeichnen und es als eine zentrale Führungs- und Steuerungsaufgabe ansehen. Dabei ist immer die praktische Frage zu beantworten, wie genau eine Organisation sich selbst beobachten und ihre Beobachtungen beschreiben kann.

Im Rahmen eines mehrjährigen Prozesses wurde dazu in der Bergischen Diakonie ein eigenes Instrument zur systemischen Selbstreflexivität entwickelt und eingeführt. In Form einer Neun-Felder-Matrix erfasst dieses Instrument zentrale Steuerungsaufgaben, die nach einer eigenen Steuerungslogik angeordnet und miteinander verbunden sind. Mit Hilfe der neun Felder lassen sich wesentliche organisationale Steuerungsprozesse abbilden, lokalisieren, sowie in ihrer Abhängigkeit reflektieren und kommunizieren.[19] Ein breit angelegtes Programm für die über 130 Führungskräfte des Unternehmens dient dazu, die Grundlagen und die Handhabung dieses Steuerungsinstruments zu implementieren. Ziel ist es, dass jede Führungskraft für ihren Organisationsbereich mit der Steuerungsmatrix arbeitet und dass innerhalb der Organisation durch die Abstimmung der Matrixprozesse eine systemische Form von Selbstreflexivität entsteht.

In der Anordnung der Matrixfelder kommt dem Steuerungsfeld „Auftrag der Organisation" eine grundlegende Bedeutung zu. Dabei wird der theologisch zu begründende Auftrag eng an die Kategorie der systemischen Sinnsetzung gekoppelt. Der Auftrag des Diakonieunternehmens Bergische Diakonie liegt in der Mitarbeit am anbrechenden Reich Gottes, indem menschliche Not gelindert wird. „Niemanden und nichts aufgeben" – so lautet seit 1882 der Leitsatz des Unternehmens. Dieser Leitsatz wird nur dann in seiner theologischen Dimension erfassbar, wenn man ihn in den Horizont des anbrechenden Gottesreiches hineinstellt. Gottes Möglichkeiten reichen weiter als ein Mensch es sehen und begreifen kann. So kann man in systemtheoretisch-theologischer Betrachtung sagen, dass die Bergische Diakonie fortlaufend Sinn produziert, indem sie als Organisation aus der jederzeit unendlichen Fülle von Handlungsmöglichkeiten diejenigen realisiert, die dem anbrechenden Reich Gottes entsprechen. Das bedeutet in der Diakonie die kontinuierliche und konsequente Hinwendung zum Menschen, der Not leidet.

---

[18] Vgl. Wimmer: Systemtheorie.
[19] Ein frühes Entwicklungsstadium der Steuerungsmatrix ist dargestellt in Hohlweger: Geistliche Leitung, S. 77-78.

2.   Hybride Steuerung

Das Prinzip der hybriden Steuerung eines Diakonieunternehmens besteht in der Wahrnehmung zweier Aufgaben. Zum einen müssen die drei Steuerungslogiken bekannt, in der Organisation eingeführt und in ihrer Handhabung beherrscht sein. Es liegt nahe, dass dazu eine gesonderte theologische Kompetenz vonnöten ist, die gleichzeitig in der Lage ist, die theologische Dimension einer jeden Steuerungslogik immer wieder diskursiv einzubringen. Damit werden zugleich die anderen Steuerungslogiken und Rationalitäten innerhalb der Organisation zur Klärung ihrer eigenen Grundlagen herausgefordert. Dieser Diskurs gehört allerdings nicht zum Alltagsgeschäft der Organisation, sondern bedarf besonderer Räume, Zeiten und Gelegenheiten, die erst zu schaffen sind.

Die zweite Aufgabe innerhalb dieses hybriden Steuerungsansatzes besteht im richtigen Umschalten zwischen den einzelnen Logiken, da in einer konkreten Situation jeweils nur eine Logik anwendbar ist. Das erfordert ebenfalls die Wahrnehmung und Beurteilung von Situationen, in denen keine der drei Logiken zum Zuge kommen oder thematisiert werden kann. In der Alltagsroutine der Führung eines Diakonieunternehmens ist das häufig der Fall. Dabei gibt es insgesamt keinen objektiven Maßstab für die Richtigkeit der jeweiligen Anwendung, sondern es geht hier eher um das Prinzip einer sachgemäßen Viabilität.[20] Die Kunst des richtigen Steuerns bemisst sich am Ergebnis, wobei auch Ergebnisse stets nur Grundlage neuer Ergebnisse sind.

Unter diesen Voraussetzungen wird man in der Praxis unterschiedlich ausgeprägte Typen theologischer Steuerung von Diakonieunternehmen beobachten können. Während in Unternehmen mit enger kirchlicher Anbindung und Prägung der kirchliche Steuerungstyp stärker entwickelt sein wird, dürfte die ethische Steuerung vor allem in Diakonieunternehmen im Vordergrund stehen, deren zweckrationale unternehmerische Ausrichtung prägend ist. In der Bergischen Diakonie sind alle drei Steuerungslogiken vertreten, wobei seit fünf Jahren der Fokus auf der Entwicklung einer systemischen Selbstreflexivität liegt.

Über dieser Fokussierung auf einen explizit organisationstheoretisch begründeten Ansatz hybrider Steuerung dürfen die Makroebene gesellschaftlicher und politischer Rahmensetzungen sowie die Mikroebene individueller Verhaltenssteuerung keinesfalls aus dem Blick geraten. Sie wurden in diesem Beitrag bewusst ausgeklammert, um die Komplexität schon auf der Mesoebene organisationalen Kommmunizierens, Entscheidens und Handelns zu verdeutlichen.

Diese Komplexität erhöht sich für die Aufgabe einer theologisch begründeten Steuerung noch einmal signifikant, wenn man die soziologischen Ebe-

---

20   Vgl. Simon: Einführung Systemtheorie, S. 68-71.

nen je für sich in den Blick nimmt und zusätzlich mit ihrer Beeinflussung untereinander rechnet. Deshalb ist mit guten Gründen davon auszugehen, dass die Herausforderungen für eine theologische Steuerungsverantwortung zukünftig weiter zunehmen werden. Es bleibt eine reizvolle Aufgabe, diesen Herausforderungen mit den Möglichkeiten theologischer Reflexion gekoppelt an die Übernahme unternehmensleitender Verantwortung zu begegnen.

Literaturverzeichnis

Benad, Matthias / Büscher, Martin / Krolzik, Udo (2015): Grundaussagen des Instituts zum Diakoniewissenschaftlichen Programm. In: Dies. (Hg.): Diakoniewissenschaft und Diakoniemanagement an der Kirchlichen Hochschule Wuppertal/Bethel. Interdisziplinarität, Normativität, Theorie-Praxis-Verbindung. Baden-Baden, S. 19-24.

Härle, Wilfried: Art. Kirche VII. Dogmatisch. In: Müller, Gerhard / Balz, Horst / Krause, Gerhard (Hg.) (1989): TRE 18. Berlin, S. 277-317.

Hohlweger, Jörg (2015): Geistliche Leitung als Entwicklung einer diakonischen Organisation. In: Diakonie Rheinland-Westfalen-Lippe e.V. / Evangelische Kirche im Rheinland (Hg.): Dehnübungen – Geistliche Leitung in der Diakonie. Zwischen wirtschaftlichen Erfordernissen und geistlichem Anspruch. Düsseldorf, S. 69-79.

Körtner, Ulrich H.J. (2017): Diakonie und Öffentliche Theologie. Diakoniewissenschaftliche Studien. Göttingen.

Kühl, Stefan (2011): Organisationen. Eine sehr kurze Einführung. Wiesbaden.

Luhmann, Niklas (1993): Soziale Systeme. Grundriss einer allgemeinen Theorie. Frankfurt a. M., 4. Aufl.

Luhmann, Niklas (2000): Organisation und Entscheidung. Opladen.

Preul, Reiner (1997): Kirchentheorie. Wesen, Gestalt und Funktionen der Evangelischen Kirche. Berlin.

Rüegg-Stürm, Johannes / Grand, Simon (2015): Das St. Galler Management-Modell. Bern. 2., vollst. überarb. u. grundlegend weiterentwickelte Aufl.

Schedler, Kuno / Rüegg-Stürm, Johannes (2013): Multirationales Management. Der erfolgreiche Umgang mit widersprüchlichen Anforderungen an die Organisation. Bern.

Scherer, Andreas Georg / Marti, Emilio (2014): Wissenschaftstheorie der Organisationstheorie. In: Kieser, Alfred / Ebers, Mark (Hg.): Organisationstheorien. Stuttgart. 7., aktual. u. überarb. Aufl.

Schwöbel, Christoph (2002): Das Geschöpf des Wortes Gottes. Grundeinsichten reformatorischer Ekklesiologie. In: Ders. (Hg.): Gott in Beziehung. Tübingen, S. 345-377.

Simon, Fritz B. (2006): Einführung in Systemtheorie und Konstruktivismus. Heidelberg.

Ders. (2007): Einführung in die systemische Organisationstheorie. Heidelberg.

Wimmer, Rudolf (2012): Die neuere Systemtheorie und ihre Implikationen für das Verständnis von Organisation, Führung und Management. In: Rüegg-Stürm, Johannes / Bieger, Thomas (Hg.): Unternehmerisches Management. Herausforderungen und Perspektiven, Bern. S. 7-65.

www.bergische-diakonie.de

Theologie, Identität und Management

Ingo Habenicht

1. Zeit, fragmentiert

2013 sollten für einen Sitzungssaal im Evangelischen Johanneswerk, Biele-feld, neue passende Bilder gefunden werden. Eine kleine Arbeitsgruppe ver-ständigte sich schnell, was *nicht* sein sollte: Keine Bilder von Zielgruppen dia-konischen Handelns, keine Fotos aus der Geschichte des Johanneswerks, nicht das Leitbild oder die Führungsgrundsätze, nichts, dessen Anblick an-fangs Langeweile, später Überdruss auslöst. Signifikant für das Johanneswerk sollte es sein. Vergangenheit, Gegenwart und Zukunft des Johanneswerks schienen passend. Doch möglichst verfremdet, symbolisch, mehrdeutig und mehrperspektivisch. Ja, und irgendwie auch „theologisch".

Zu diesem Zeitpunkt brachte der Theologische Vorstand den Vortrag Hen-ning Luthers „Leben als Fragment" in die Diskussion ein.[1] Darin entwickelt Luther in Abgrenzung von erdrückenden Idealen der Ganzheit und Vollkom-menheit die Konzeption des Fragments als befreiende, lebbarere Alternative, was er theologisch, insbesondere christologisch-inkarnatorisch begründet. Der Torso aus der Vergangenheit weist nach Luther auf ein ehemals Ganzes, im Abbruch begriffen, zugleich Symbol für nicht ergriffene Möglichkeiten. Das zugehörige Gefühl ist Trauer. In Bezug auf die Zukunft verweist der Torso auf das Noch-Unvollendete, das Offene, was eine Bewegung, eine Sehnsucht nach dem Ganzen auslöst. Damit verbunden ist Hoffnung. Zudem hat der Torso eine soziale Dimension: Die eigene Vollkommenheit reicht nicht aus, wenn der Nächste leidet. Das konfrontiert mit dem Verwiesen-Sein auf andere – das ent-sprechende Gefühl ist Liebe.

Henning Luthers Überlegungen inspirierten die Arbeitsgruppe. Sie ließen sich als theologisch-historisch-ästhetisches Konzept für die Schaffung des ge-wünschten Bilderzyklus nutzen, boten zudem eine Begründung diakonischen Handelns und Beiträge zu einem christlichen Welt- und Menschenbild. Ge-meinsam mit der Archivarin des Johanneswerks wurden nun 60 aus rund 24.000 Fotos aus der Zeit von ca. 1920 bis 2013 ausgewählt. Michael Elbers-Pedrotti, in der Marketing-Abteilung tätiger Grafiker und künstlerischer Ge-stalter des Bildes, schreibt dazu: „Sie dokumentieren nicht nur die vergangene Zeit, sondern auch die Vielfalt des Johanneswerks. (…) In Anlehnung an sub-

---

[1] Luther, H.: Leben als Fragment.

jektive Erinnerungen wurden die Fotos mithilfe der computergestützten Bild-
bearbeitung gezielt verfremdet. (...) Entstanden ist eine Collage, in der sich die
Bilder unstrukturiert miteinander verbinden."[2] Zudem wurden die Farben verändert, vorrangig zu orange-gelb-rot-grauen Tönen. Das entstandene Bild ist
1,20 Meter hoch und 8 Meter lang – und hängt nirgendwo ganz. Denn es wurden unterschiedlich lange Stücke aus dem Gesamtwerk quasi herausgeschnit-
ten (als Fragmente, Torso) und diese dann im zu bebildernden Sitzungszim-
mer, aber auch an anderen Orten des Johanneswerks aufgehängt.

Abb. 1: Collage von Michael Elbers-Pedrotti

Dieses kleine Beispiel zeigt erste Perspektiven, dass und wie Theologie eine
Rolle in einem diakonischen Unternehmen spielen kann. Die Bildausschnitte,
die nun im Johanneswerk zu finden sind, der zugehörige erläuternde Flyer,
aber auch Andachten und theologische Reflexionen über dieses Kunstwerk
bieten Beiträge sowohl zur Kultur- als auch zur Theoriebildung im Johanneswerk. Die Entstehung des Bildes deutet zudem Interdisziplinäres an: Ohne
Fachleute für grafische Gestaltung, für die Geschichte des Johanneswerks, für
Theologie, für (interne) Kommunikation sowie für ökonomische Fragen (Finanzierung des Projekts) wäre das Bild in dieser Qualität nicht entstanden.

---

2   Elbers-Pedrotti: Zitate aus dem Johanneswerks-Flyer zum Bilderzyklus.

2.   Das multidimensionale Management-Dreieck

In der skizzierten Weise multiperspektivisch zu arbeiten, zählt im Ev. Johanneswerk zu den Grundprinzipien der Führung und Steuerung. Was praktisch längst nicht immer, längst nicht perfekt und manchmal gar nicht gelingt (auch hier: „Fragmente"), ist theoretisch als Anspruch in den Führungsgrundsätzen des Ev. Johanneswerks klar formuliert:

> „Theologisch-diakonische, fachliche und wirtschaftliche Dimensionen sind gemeinsame Grundlage des Führungshandelns."[3]

Der Begriff der „Fachlichkeit" ist dabei unscharf, durchaus vergleichbar den verschiedenen Expertise-Graden der Mitwirkenden im eben genannten Beispiel. Er umfasst unterschiedliche berufliche Fachkenntnisse bis hin zu wissenschaftlicher Reflexion. Je nach zu bearbeitendem Thema ist jedoch nur eine Auswahl vieler denkbarer Fachlichkeiten relevant. Zwei Fachlichkeiten aber sind regelmäßig bedeutsam: Die Betriebswirtschaft, weil ökonomische Fragen in unternehmerischem Handeln, auch in der Diakonie, stets eine Rolle spielen. Und die Theologie, weil in diakonischen Unternehmen alles Planen und Konzeptionieren, alles Entscheiden und Handeln auch theologisch verantwortet sein muss. Dabei geht es allerdings weder um die Theologie als Ganzes, noch lediglich um Ethik, sondern um Theologie in einer für die Diakonie notwendigen Auswahl im Sinn einer Aussage von Alfred Jäger, dass jede materiale theologische Aussage in der Diakonie einen praxisrelevanten „Bezug auf unternehmenspolitische Entscheide … durchsichtig werden"[4] lassen muss. Das beinhaltet zum Beispiel theologische Aussagen zu einem christlichen Welt- und Menschenbild, aber auch zu Fragen des Entscheidens und Verantwortens oder zum Umgang mit Grenzen und Brüchen – exemplarisch bereits an Henning Luthers Überlegungen verdeutlicht.[5]

Etwas vereinfacht, wird das beschriebene Management-Modell im Johanneswerk nicht vieldimensional, sondern dreidimensional dargestellt: mit einer theologischen, einer ökonomischen und einer dritten, alle anderen Fachlichkeiten zusammenfassenden Ecke.[6]

---

3   Führungsgrundsätze des Ev. Johanneswerks, 2010. Die Begriffsbildung „theologisch-diakonisch" ist inzwischen richtigerweise zu „theologisch" verändert; „diakonisch" ist als Begriff hier nicht stimmig. Vgl. dazu auch Anmerkung 6.

4   Nach Haas: Theologie und Ökonomie, S. 225.

5   Aus der Theologie als Ganzes kommen allerdings zugleich alle theologischen Disziplinen in je nach Thema passender Auswahl in Betracht, also z. B. Altes und Neues Testament, Kirchengeschichte, Systematische Theologie, Praktische Theologie usw.

6   Graf: Diakonische Identität, S. 47, spricht unter Bezug auf Eurich und Rüegger / Sigrist vom Dreieck zwischen „Wirtschaftlichkeit – Wertegrundlage – Fachlichkeit". Vgl. auch den Titel des Buches von Adler (2009) „Diakonie, Fachlichkeit und Ökonomie: Wie geht das zusammen?", wobei statt „Diakonie" im Sinne der hier vorliegenden

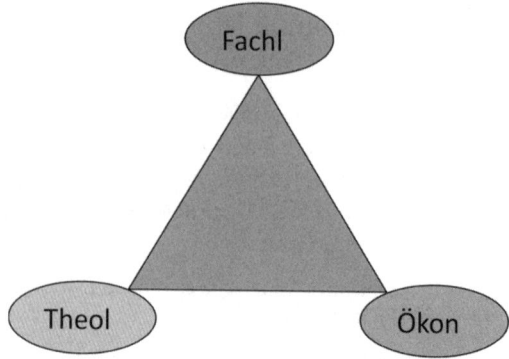

Abb.2: Managementdreieck

Alle Strategien, Konzepte und Maßnahmen, alles Handeln und Unterlassen im Johanneswerk sind also dem Anspruch nach stets drei- bzw. genauer mehrdimensional zu reflektieren und zu verantworten:

- theologisch, das heißt auf der Basis des wissenschaftlich reflektierten christlichen Glaubens in evangelischer Tradition,

- ökonomisch, das heißt beruhend auf einem tragfähigen, wissenschaftlich fundierten betriebswirtschaftlichen Konzept,

- jeweils spezifisch fachlich, das heißt durch alle weiteren Fachlichkeiten, Kenntnisse und Wissenschaften, die für den zu behandelnden Gegenstand relevant sind.[7]

3.   Eine Definition von Diakonie und der Auftrag diakonischer Unternehmen

Spätestens jetzt erhebt sich die Frage: Wozu das Ganze? Was ist Diakonie, und was ist Auftrag diakonischer Unternehmen, im vorliegenden Fall des Ev. Johanneswerks?

Der Auftrag der Diakonie ist beispielsweise in der Grundordnung der EKD formuliert: „Die Evangelische Kirche in Deutschland und die Gliedkirchen

---

Konzeption „Theologie" zu sagen wäre. Alle drei (Ökonomie, Theologie, Fachlichkeiten) bilden dann „Diakonie".

[7]   Es lässt sich zeigen, dass diese drei Dimensionen in der Nachkriegsgeschichte der Diakonie Ost- wie Westdeutschlands nacheinander ihre Hochphasen hatten: Ab 1945 die Kirchlichkeit, ab den 1970er die Fachlichkeiten, und ab ca. 1995 die Ökonomie. Derzeit befindet sich die Diakonie in einer vierten Phase, in der verstärkt die Frage nach ihrem Proprium gestellt wird. Um dieses zu konzeptionieren, gilt es, die Errungenschaften der drei vorigen Phasen gut ineinander zu integrieren. Vgl. vertiefend: Habenicht: Das Managementdreieck, S. 14.

sind gerufen, Christi Liebe in Wort und Tat zu verkündigen. (…) Diese Liebe verpflichtet alle Glieder der Kirche zum Dienst und gewinnt in besonderer Weise Gestalt im Diakonat der Kirche; demgemäß sind die diakonisch-missionarischen Werke Wesens- und Lebensäußerung der Kirche."[8]

Zu den im Gesetz genannten „Lebens- und Wesensäußerungen der Kirche" werden in theologischer Diskussion oftmals folgende vier gerechnet:

- Nächstenliebe üben (diakonia),

- Zeugnis ablegen (martyria),

- Gemeinschaft leben (koinonia),

- Gott anbeten, Gottesdienst feiern (leiturgia).

Diakonie ist demnach eine Teilfunktion von Kirche, die von den anderen drei Lebens- und Wesensäußerungen unterscheidbar ist. Auftrag und Ziel der Diakonie ist konkrete Nächstenliebe, realisiert durch hilfreiche Worte (zum Beispiel soziale Beratung) und Taten (zum Beispiel Krankenpflege). Diakonie legt dadurch zugleich Zeugnis ab von der Liebe Gottes, was nicht mit einem „Bekehrungsauftrag", also Missionsauftrag im engeren Sinn, verwechselt werden sollte.[9] Diakonie ist zudem „Dienstgemeinschaft", das heißt, sie konkretisiert sich durch die Gemeinschaft aller, die den Dienst der Nächstenliebe tun – was nicht mit einer Glaubens- oder Lebensgemeinschaft gleichzusetzen ist.[10] Schließlich ist Diakonie nicht identisch mit Anbetung, also mit Gottesdiensten und Andachten, die zwar oft in enger Verbindung mit ihr zu finden sind, aber nicht ihre Identität konstituieren.[11]

„Diakonie ist" damit, um es mit einem Bild Alfred Jägers zu sagen, eben „kein soziales Unternehmen mit angebauter Kapelle".[12] Das heißt, dass die Identität der Diakonie in ihrem Planen, Entscheiden und helfenden Handeln selbst zu finden sein muss und nicht in durchaus wichtigen, aber additiv dazu tretenden Elementen wie Gottesdienst, Seelsorge oder die Kirchenmitgliedschaft der diakonisch Tätigen.

---

8   Grundordnung der EKD, Artikel 15, Abs. 1.
9   Im Gegensatz zu manchen evangelischen Statements hat sich die katholische Kirche hier erfreulich klar geäußert. Vgl. z. B. die Enzyklika von Papst Benedict XVI, „Deus caritas est", vom 25.12.2005: „Die Liebe ist umsonst; sie wird nicht getan, um damit andere Ziele zu erreichen." (Zweiter Teil, Abschnitt 31c, über „Das spezifische Profil der kirchlichen Liebestätigkeit").
10   Eine weitreichende und für diakonische Unternehmen bedeutende Aussage, denn dieses Verständnis öffnet Möglichkeiten, auch Menschen in der Diakonie zu beschäftigen, die den christlichen Glauben nicht teilen – ohne dadurch die Identität der Diakonie zu gefährden. Vgl. z. B. Habenicht: Das Managementdreieck, S. 6f. sowie Habenicht: Diakonische Arbeit, S. 105-113.
11   Nähere Ausführungen zu dem Ganzen: Habenicht: Das Managementdreieck, S. 5-8.
12   Alfred Jäger, 1984, zitiert nach Degen: Diakonie, S. 138.

Die Gesetzestexte der EKD zur Diakonie wie der diakonische Auftrag als solcher haben letztlich biblische Wurzeln. Sowohl aus dem Alten als auch aus dem Neuen Testament lassen sich Begründungszusammenhänge für den diakonischen Auftrag theologisch ableiten.[13] Darüber hinaus finden sich vielfältige, durchaus unterschiedliche theologische Konzeptionen für Auftrag und Identität der Diakonie, die für das Selbstverständnis und die Identität der Diakonie und der diakonischen Unternehmen bedeutsam sind.[14]

Nicht allein der biblische Auftrag zur tätigen Nächstenliebe, sondern auch staatliche Gesetze bilden in Deutschland allerdings inzwischen wesentliche Rahmenbedingungen diakonischen Handelns. Die Diakonie hat sich in dieses subsidiäre System mit seinem sozialrechtlichen Hilfe-Dreieck[15] hinein begeben, was auch theologisch zu bedenken und in den Diskussionen um ihr Selbstverständnis mit zu berücksichtigen ist.

Näher konkretisiert wird der Auftrag diakonischer Unternehmen dann in deren Satzungen, Gesellschaftsverträgen und ähnlichen Dokumenten.[16]

Diakonie wird dabei im Evangelischen Johanneswerk wie folgt definiert:

„Diakonie ist die soziale Arbeit der evangelischen Kirche. "

„Soziale Arbeit" meint dabei jede Art von helfender, unterstützender Tätigkeit, also Beratung, Begleitung, Pflege, Therapie und dergleichen mehr. Ein optimaler Begriff ist hier schwer zu finden, zumal das Wort „Helfen" inzwischen kritisch hinterfragt wird. Allgemein kann Diakonie dabei als „christliche Liebestätigkeit" verstanden werden; das Adjektiv „evangelisch" verweist hier auf deren organisatorische Gestalt und Zugehörigkeit zu einem Wohlfahrtsverband, deren katholisches Pendant mit „Caritas" bezeichnet wird. Der Singular „Kirche" impliziert, dass hier die Gemeinschaft aller Glaubenden und nicht die verfasste Kirche (denn es gibt mehrere davon) gemeint ist.

Ergänzt wird diese Definition im Johanneswerk um die Selbstbestimmung der Zielgruppen:

„Diakonie ist die soziale Arbeit der evangelischen Kirche
für jede und jeden, die/der das braucht und will,
ohne Voraussetzungen und ohne Nebenzwecke. "

Damit wird die Diakonie in ihrem Selbstverständnis auch aktuellen fachlichen Konzepten sozialer Arbeit als Assistenzleistung für eine möglichst selbstbe-

---

[13]   Z. B. aus Stellen wie Lev 19,18; Jes 1,17; Mt 25, 31-46; Lk 10, 25-37 u.v.a.

[14]   Aktuell z. B.: Arnold / Bonchino-Demmler / Evers / Hußmann, / Liedke: Perspektiven diakonischer Profilbildung. Bartels: diakonisches profil und universal design. Braune-Krickau: Religion und Anerkennung. Kohl: Christi Wesen am Markt. – Auch der eingangs genannte Aufsatz von Henning Luther berührt, wenn auch indirekt, das Thema.

[15]   Was nicht zu verwechseln ist mit dem Management-Dreieck.

[16]   Im Ev. Johanneswerk enthält beispielsweise dessen gGmbH-Satzung dazu entsprechende Formulierungen in der Präambel und im § 1 zum Gesellschaftszweck.

stimmte Lebensgestaltung der Menschen gerecht, biblisch-theologisch zugleich angelehnt an die Ausgangsfrage Jesu an den Blinden Bartimäus: „Was soll ich für Dich tun?" (Mk 10, 51).

4. Der diakonische Auftrag und das Management-Dreieck

Zur bestmöglichen Umsetzung des diakonischen Auftrags sind die drei oben ausgeführten Dimensionen des Management-Dreiecks unabdingbar notwendig. Die Ökonomie verhilft zur Effizienz und damit dazu, möglichst vielen Menschen möglichst lange und möglichst nachhaltig diakonische Hilfeleistungen zur Verfügung zu stellen. Ökonomie steht daher nicht im Gegensatz zur Diakonie, sondern ist einer ihrer hilfreichen Pflichtbestandteile, gerade wenn sie im gemeinnützigen Kontext eingesetzt wird und nicht der privaten Gewinnmaximierung dient.

Dasselbe gilt für die Fachlichkeit, sowohl für Haupt- als auch für Ehrenamtliche. Sie sichert ab, dass diakonische Hilfe wirklich hilft, also effektiv ist. Im Unterschied zum spontanen, unorganisierten Hilfehandeln sind in Unternehmen, die für diakonische Hilfeleistungen geschaffen wurden, Effizienz und Effektivität unverzichtbar, und damit sowohl die Ökonomie als auch die weiteren Fachlichkeiten.

Die Theologie wiederum dient der Identitätsbildung und -vergewisserung des diakonischen Unternehmens in seinen Theorie- und Praxisvollzügen. Aus der Perspektive christlicher Theologie werden Auftrag und Ziel diakonischen Handelns reflektiert und auch das dazu erfolgende Planen, Entscheiden und Handeln verantwortet.

Diese drei Dimensionen des Dreiecks stehen sich keinesfalls grundsätzlich konflikthaft oder gegensätzlich gegenüber, sondern sind häufig sogar kongruent. Theologie wie Ökonomie teilen beispielsweise je auf ihre Weise die Ansicht, dass Mangelsituationen verantwortlich gestaltet werden müssen, weil Ressourcen und Möglichkeiten begrenzt und endlich sind. Doch geraten die verschiedenen Perspektiven sowohl theoretisch als auch praktisch auch in Konflikte und erfordern daher multirationales Management.[17]

---

[17]   Vgl. Hofmann / Büscher: Diakonische Unternehmen multirational führen.

5.   Der zirkuläre Trialog und das konstruktive Veto

Multirationales Management geschieht im Johanneswerk konkret als „zirkulärer Trialog" im Sinne des Management-Dreiecks über das jeweils anste-
hende Thema – wobei dieser Trialog durch mehrere Fachleute miteinander erfolgen, aber durchaus auch ein „innerer" sein kann, den eine Person mit sich
selbst aus verschiedenen Perspektiven führt. In diesem Trialog hat keine Dimension Priorität: Von jeder Dimension aus können Themen angestoßen werden, alle Dimensionen sind im Prozess gleich wichtig und gleich wertig.

Zudem ist aus jeder Perspektive ein „konstruktives Veto" möglich. „Veto"
bedeutet: Solange aus den Anforderungen einer bestimmten Dimension heraus
einer anstehenden Entscheidung, Konzeption oder Maßnahme noch keine Zustimmung erteilt werden kann, ist die Arbeit noch nicht beendet. Der zirkuläre
Trialog, die interdisziplinäre Debatte läuft dann weiter. „Konstruktiv" meint:
Notwendig ist der positive Wille, die relativ bestmögliche Lösung zu finden,
also keine Verweigerungshaltung oder Machtspiele auszuleben. Denn letztlich
ist nicht ein „Veto" das Ziel, sondern ein möglichst gut ausgewogenes Resultat
unter Abgleich und Ausgleich aller Perspektiven.

6.   Entscheidungsfindung im zirkulären Trialog

Damit erhebt sich die Frage, wie Entscheidungen gefällt werden und welche
Kriterien dafür bestehen. Wie beschrieben, ist in den Führungsgrundsätzen des
Johanneswerks verankert, dass die Verantwortung für die Umsetzung dieses
Management-Dreiecks bei der jeweils verantwortlichen Führungskraft liegt.
Entscheidungen werden dabei durch den oder die strukturell als Verantwortli-
che definierten Personen gefällt,[18] wobei gegebenenfalls Mitbestimmungs-
und/oder Aufsichtsgremien zu beteiligen sind.

Um im zirkulären (inneren oder mehrere Personen umfassenden) Trialog
zu Entscheidungen zu kommen, wird ein Entscheidungskriterium benötigt.
Abstrakt und allgemein formuliert ist dieses Kriterium der diakonische Auftrag und dessen bestmögliche, das heißt effektive, effiziente und theologisch
verantwortete Umsetzung. In der Praxis kann hier eine Fülle unterschiedlicher
Themen und Ansprüche zu berücksichtigen sein, deren Komplexitäten beispielsweise das St. Galler Management-Modell beschrieben hat.[19]

---

[18] Das können Einzelpersonen, Teams oder auch Gremien sein.
[19] Vgl. z. B. Rüegg-Stürm: Das neue St. Galler Management-Modell; dort vor allem die
     Grafik auf S. 22.

7.   Die Rolle der Fachleute

Das beschriebene Modell impliziert, dass es zu den verschiedenen Dimensionen Fachleute geben muss. So wie Pflegeexpertinnen und -experten für die Altenhilfe benötigt werden, so wie ohne Betriebswirte und Kaufleute ein diakonisches Unternehmen nicht zu steuern ist, so müssen auch fundierte theologische Kenntnisse und viele weitere Fachlichkeiten durch entsprechend ausgebildete und kompetente Personen vertreten sein.

Die dreiköpfige Geschäftsführung des Johanneswerks ist, vordergründig dazu passend, aus einem Sozialwissenschaftler, einem Diplom-Kaufmann und einem Theologen[20] zusammengesetzt. Doch wäre das Management-Modell missverstanden, wenn jeder dieser drei Geschäftsführer als Vertreter einer der drei Dimensionen gedacht wird. Denn zum einen wären so längst nicht alle notwendigen Fachlichkeiten repräsentiert. Und zum anderen ist der Anspruch des Management-Modells an Führungskräfte deutlich höher: *Jede* Führungskraft muss in der Lage sein, *alle* notwendigen Disziplinen und Fachlichkeiten in ihr Denken, Entscheiden und Handeln mit einzubeziehen.[21]

Damit die Führungskräfte das leisten können, hält das Johanneswerk zu deren Beratung Stabsabteilungen für die wesentlichen Fachlichkeiten vor. Neben Abteilungen wie „Altenhilfe", „Controlling", „Personalmanagement" existiert auch eine Stabsabteilung „Theologie und Diakonie". In dieser kann theologisches Wissen für alle Diskurse, Prozesse und Konzeptionen erarbeitet und in diese eingebracht werden. Diese Abteilung ist zugleich unterschieden von dem „Pastoralen Dienst", der für Gottesdienste, Andachten, Seelsorge und weitere kirchliche Handlungen im Johanneswerk zuständig ist.[22]

Darüber hinaus ist für alle Führungskräfte Fortbildung auch zu theologischen Fragen verpflichtend. Diese ist beispielsweise in die „Führungskräfte-Qualifikation" des Johanneswerks integriert, eine über rund zweieinhalb Jahre laufende und ungefähr fünfzehn, meist zweitägige Fortbildungseinheiten umfassende Maßnahme. Je nach Position und Aufgabe der Führungskraft ist diese Vermittlung theologischer Grundkenntnisse spezifisch zugeschnitten und an unternehmensrelevanten Themen und Aufgaben orientiert.[23]

---

[20]   In der Tat ist die „theologische Kompetenz" hier wesentlich. Pastorale wie z. B. auch seelsorgliche oder liturgische Kompetenzen sind hier nicht ausschlaggebend, ebenso nicht die Frage der Ordination.

[21]   Vgl. die Führungsgrundsätze des Johanneswerks; je nach Aufgabe und Position im Unternehmen aber in sehr unterschiedlichem Ausmaß. „Einbeziehen" von Dimensionen heißt zudem nicht, sie selbst tiefgehend zu beherrschen.

[22]   Theologische und pastorale Arbeit sind also klar unterschieden und i. d. R. auch auf verschiedene Personen verteilt. Insbesondere bei Führungskräften wäre es auch problematisch, wenn sie zugleich seelsorgliche Aufgaben hätten.

[23]   Dass das Aufsichtsgremium multifachlich zusammengesetzt ist, versteht sich im Johanneswerk nicht nur von den Anforderungen des Diakonischen Corporate Governance Kodex her, sondern auch aus dem Management-Modell des Werks.

8.   Konkretionen

„Diakonische Theologie ist ‚Situations-theologie' (*sic!*), sie bietet keine über-
zeitlichen Einsichten und ist sich ihrer Begrenzung auf kontextuell zentrale
Schwerpunkte bewusst."[24] An zwei Beispielen soll abschließend noch deutlicher werden, wie theologische Erwägungen in Prozesse und Entscheidungen
des Ev. Johanneswerks eingebracht werden. Dabei fällt die Auswahl schwer –
ganz andere Beispiele wären denkbar.[25] Zudem kann die Komplexität von
Konzeptions- und Entscheidungsprozessen hier nicht einmal annähernd vollständig wiedergegeben werden, so dass es sich lediglich um Beispielskizzen
handelt.

8.1   Die Schließung einer Einrichtung der stationären
Altenhilfe

2010 sollte eines der Altenheime des Johanneswerks aus baulichen Gründen
geschlossen werden. Ein Neubau am selben Ort war nicht möglich, ein Ersatz-
standort fand sich nicht. Die Bewohner sollten daher in andere Heime verlegt,
die Mitarbeitenden versetzt werden. Doch die Proteste waren erheblich: Die
Diakonie darf doch kein Altenheim schließen! „Alte Bäume", also die Bewohnerinnen und Bewohner, darf man „nicht verpflanzen", und ein Teil der Mitarbeitenden wollte seinen gewohnten Arbeitsplatz behalten.
     Die Situation wurde dreidimensional bearbeitet: *Fachlich* beurteilt ent-
sprach das alte Haus (Baujahr 1929) nicht mehr den aktuellen Anforderungen
und ein entsprechender Umbau war nicht möglich. Auch *wirtschaftlich* war
die Lage klar. Immer weniger Menschen hätten in ein solches Haus ziehen
wollen. Die Auslastung wäre kontinuierlich gesunken, die Einrichtung dauerhaft in ein Defizit gerutscht. Das Haus wäre wirtschaftlich nicht mehr tragbar
gewesen. *Theologisch* kann beispielsweise das Konzept Henning Luthers vom
Leben als Fragment herangezogen werden oder auch die Endlichkeit allen Lebens auf Erden,[26] was nicht nur für Menschen, sondern im übertragenen Sinn
auch für Institutionen und Gebäude gilt. Aus allen drei Perspektiven war die
Schließung des Heimes also mindestens akzeptabel, wenn nicht sogar notwendig. Doch beinhalten solche Maßnahmen immer auch Trauer und Schmerz
über das Zu-Ende-Gehende und berühren außerdem die Liebe zum daran lei-
denden Nächsten (vgl. wiederum Luthers Konzept). Hier war also theologisch-

---

[24]   Haas: Theologie und Ökonomie, S. 225.
[25]   Vgl. auch die Broschüre, die allen neuen Mitarbeitenden im Johanneswerk zu Dienst-
         antritt ausgehändigt wird: Habenicht: Im Spannungsfeld zwischen Fachlichkeit, Öko-
         nomie und Theologie. Hier finden sich grundlegende Ausführungen zum Manage-
         ment-Dreieck sowie drei konkrete Beispiele in einfacher Darstellung.
[26]   Vgl. Ps 90,12, der diese Erkenntnis auf knappste zusammenfasst.

ethisch zu überlegen, wie die notwendige Schließung möglichst schonend vorgenommen werden konnte, wie eine hilfreiche Begleitung der Betroffenen möglich war und welche neuen, guten Perspektiven allen Beteiligten angeboten werden konnten.

8.2   Für wen ist Diakonie da?

Eine im Johanneswerk, aber wohl auch anderswo in der Diakonie auftretende typische Situation ist folgende Klage von Mitarbeitenden: „Die Arbeitsbedingungen sind zu belastend. Nur wenn es uns gut geht, sind wir motiviert und können gut für andere da sein. Für nicht so leistungsstarke Mitarbeitende muss man doch Verständnis haben. Schließlich muss man doch auch mit uns diakonisch umgehen."

Hanns-Stephan Haas hat solche Haltungen von Mitarbeitenden als „Selbst-Klientifizierung"[27] betitelt. Ein Etikett, das im Gespräch mit Mitarbeitenden allerdings nicht gerade hilfreich ist, zumal Diakonie und Kirche die beschriebene Haltung über Jahrzehnte selbst gefördert haben, teilweise immer noch fördern. Und doch: Diese und ähnliche Auffassungen sind nicht akzeptabel. Denn auch hier gilt die konsequente Auftragsorientierung: „Das diakonische Unternehmen ist für seine Kunden da und nicht für seine Mitarbeitenden."[28] Der Satz mag manchen hart und für manche auch überraschend klingen – ist jedoch eine Selbstverständlichkeit, die auch durch den Begriff der „Dienstgemeinschaft" zum Ausdruck gebracht wird: Als Gemeinschaft all derer, die den Dienst leisten. Bis vor wenigen Jahrzehnten war ein solches altruistisches Verständnis von Diakonie zudem noch selbstverständlich und galt über rund 2.000 Jahre Diakoniegeschichte. Einen markanten Ausdruck hat es in folgenden Worten Wilhelm Löhes gefunden:

> „Was will ich? Dienen will ich. – Wem will ich dienen? Dem Herrn Jesus in seinen Elenden und Armen. – Und was ist mein Lohn? Ich diene weder um Lohn noch um Dank, sondern aus Dank und Liebe; und mein Lohn ist, dass ich dienen darf."[29]

Anders als zu Löhes Zeiten ist das heute zu Recht kein akzeptables Selbstverständnis institutionalisierter Diakonie. Angemessene tarifliche Bezahlung, Erholungszeiten sowie ein gutes Personalmanagement mit förderlicher Personalführung samt einer guten Vereinbarkeit von beruflichen und privaten Belangen für die Mitarbeitenden sind wesentliche Merkmale diakonischer Unternehmen. Doch ist das kein „diakonischer Umgang mit Mitarbeitenden", sondern gutes Personalmanagement – was zudem als Anforderung auch an jedes beliebige andere Unternehmen gerichtet werden sollte. Es bleibt also dabei:

---

27   Haas: Theologie und Ökonomie, S. 349.
28   Ebenda.
29   Hier zitiert nach Klessmann: Von der Annahme der Schatten, S. 114.

Der diakonische Auftrag richtet sich nach außen, nicht nach innen in das diakonische Unternehmen selbst.

Aufgabe der Theologinnen und Theologen im Johanneswerk ist es und sollte es überall in der Diakonie sein, in solchen und anderen Fällen Antworten auf unternehmensrelevante Fragen herauszuarbeiten und dann, in gemeinsamem Wirken mit anderen Zuständigen, in gute Kommunikation mit allen betroffenen oder daran interessierten Mitarbeitenden zu bringen.

9.   Fazit

Die vorstehenden Ausführungen verdeutlichen, welche Rolle Theologie und die theologisch ausgebildeten Berufsgruppen[30] in der Führung, Steuerung und Kommunikation (nach innen wie nach außen) des Ev. Johanneswerks innehaben. Die theologische Begründung und Reflexion des diakonischen Auftrags gehört dazu ebenso wie die Bearbeitung konkreter Fragen des Aufbaus und der Struktur des Werks aus theologischer Sicht sowie die theologische Reflexion und Verantwortung der diakonischen Arbeit und ihrer Konzepte. Aufgaben, die weder von theologischen Laien noch außerhalb des Werks für das Johanneswerk erledigt werden können. In einer Unternehmensgruppe wie dem Johanneswerk mit rund 6.800 Mitarbeitenden stellt sich die Situation im Blick auf Ressourcen und Möglichkeiten allerdings zugleich anders und vermutlich besser dar als bei wesentlich kleineren diakonischen Trägern. Im Sinne des beschriebenen Management-Dreiecks und seiner Begründung wird man jedoch auch dort weder auf betriebswirtschaftliche, noch auf theologische, noch auf weitere fachliche Expertise verzichten können – deren Absicherung gegebenenfalls auf anderen Wegen als im Johanneswerk geschehen muss.

Literaturverzeichnis

Adler, Reinhard (2009): Diakonie, Fachlichkeit und Ökonomie: Wie geht das zusammen? Grundsätze und Inhalte meiner Arbeit in den Johannes-Anstalten Mosbach. Mosbach.

Arnold, Maik / Bonchino-Demmler, Dorothy / Evers, Ralf / Hußmann, Marcus / Liedke, Ulf (2017): Perspektiven diakonischer Profilbildung. Ein Arbeitsbuch am Beispiel der Einrichtungen der Diakonie in Sachsen. Leipzig.

---

[30]   Vorrangig aufgrund ihres Studiums Theolog*innen, aber auch fachlich ähnlich Ausgebildete wie Diakon*innen, ggf. Religionspädagog*innen etc. Es geht in diesem Kontext zudem nicht um pastorale Arbeit wie Seelsorge, Gottesdienste oder Andachten, sondern eben um theologische Reflexion.

Bartels, Michael (2014): diakonisches profil und universal design. Diakonie zwischen Verkirchlichung und Verweltlichung des Christentums. Wuppertal / Bethel.

Becker, Uwe (Hg.) (2011): Perspektiven der Diakonie im gesellschaftlichen Wandel. Neukirchen-Vluyn.

Beldermann, Jutta / Heide, Bernd / Zippert, Thomas (2016): Brücken zwischen sozialer Arbeit und diakonischer Theologie. Leipzig.

Benad, Matthias (2007): Zum Wandel der religiösen Anstaltskultur in diakonischen Einrichtungen nach 1945. In: Haas, Hanns-Stephan / Krolzik, Udo (Hg.): Diakonie unternehmen. Stuttgart. S. 9-38.

Benedikt XVI (2015): Deus Caritas Est. Enzyklika. Online verfügbar: http://w2.vatican.va/content/benedict-xvi/de/encyclicals/documents/hf_ben-xvi_enc_20051225_deus-caritas-est.html [Zuletzt abgerufen am: 18.04.2018].

Braune-Krickau, Tobias (2015): Religion und Anerkennung. Tübingen.

Hofmann, Beate / Büscher, Martin (Hg.) (2017): Diakonische Unternehmen multirational führen. Grundlagen – Kontroversen – Potentiale. Baden-Baden.

Degen, Johannes (1994): Diakonie als soziale Dienstleistung. Gütersloh.

Diakonie Rheinland-Westfalen-Lippe e.V. / Evangelische Kirche im Rheinland (2015): Dehnübungen – Geistliche Leitung in der Diakonie.

Elbers-Pedrotti, Michael (2013): Zitate aus dem Johanneswerks-Flyer zum Bilderzyklus. Bielefeld.

Ev. Johanneswerk (2010): Führungsgrundsätze. Bielefeld. Online verfügbar: https://www.johanneswerk.de/fileadmin/Redaktion/Uebergreifend/Fuehrungsgrundsaetze_Johanneswerk_2010.pdf [Zuletzt abgerufen am: 18.04.2018].

Graf, Klaus (2015): Diakonische Identität und Kultur des Helfens im Kontext angewandter Ethik. In: Pastoraltheologie 104, S. 38-54.

Grundordnung der Evangelischen Kirche in Deutschland, 10. Nov. 2005 i. d. F. vom 20. Nov. 2003, zuletzt geändert durch Kirchengesetz vom 16. Nov. 2017. Online verfügbar: https://www.kirchenrecht-ekd.de/document/3435 [Zuletzt abgerufen: 18.04.2018].

Haas, Hanns-Stephan (2010): Theologie und Ökonomie. Stuttgart.

Habenicht, Ingo (2015): Das Management-Dreieck im Ev. Johanneswerk – ein Beitrag zur Identitätsbestimmung diakonischer Unternehmen. Internetquelle: https://www.johanneswerk.de/fileadmin/Redaktion/Uebergreifend/Identitaet_und_Management_in_der_Diakonie.pdf [Zuletzt abgerufen am: 18.04.2018].

Habenicht, Ingo (2015): Diakonische Arbeit in säkularem Kontext. In: Zeitschrift für evangelisches Kirchenrecht 60. S. 105-113.

Habenicht, Ingo (2013): Im Spannungsfeld zwischen Fachlichkeit, Ökonomie und Theologie. Das Evangelische Johanneswerk als diakonisches Unternehmen. Bielefeld. Online verfügbar: https://www.johanneswerk.de/fileadmin/Redaktion/Uebergreifend/Sonderdruck_Dr.Habenicht.pdf [Zuletzt abgerufen am: 18.04.2018].

Hammer, Georg-Hinrich (2013): Geschichte der Diakonie in Deutschland. Stuttgart.

Haslinger, Herbert (2009): Diakonie. Grundlagen für die soziale Arbeit der Kirche. Stuttgart.

Klessmann, Michael (1991): Von der Annahme der Schatten – Diakonie zwischen Anspruch und Wirklichkeit. In: Schibilsky, Michael (Hg): Kursbuch Diakonie. Neukirchen-Vluyn. S. 113-125.

Kohl, Klaus (2007): Christi Wesen am Markt. Eine Studie zur Rede von der Diakonie als Wesens- und Lebensäußerung der Kirche. Göttingen.

Luther, Henning (1991): Leben als Fragment. Der Mythos von der Ganzheit. In: Wege zum Menschen 43. Göttingen. S. 262-273.

Rüegg-Stürm, Johannes (2003²), Das neue St. Galler Management-Modell, Bern / Stuttgart / Wien.

Die theologische Dimension im Leitungshandeln in den v. Bodelschwinghschen Stiftungen Bethel

Johanna Will-Armstrong

„Es ist einerlei, welch ein Beruf ein Mensch ergreift und was er auf Erden tut, wenn er nur alles, was er tut, gerne tut und in Liebe gegen die Nächsten."
Friedrich von Bodelschwingh (1831-1910)[1]

Einleitung

Im Jahr 2017 wurden die Grundsätze für Zusammenarbeit und Führung in den v. Bodelschwinghschen Stiftungen Bethel in einer überarbeiteten Fassung vom Vorstand verabschiedet.[2] Sie aktualisieren das Verständnis von Leitung in Bethel und geben damit Leitlinien für das Handeln der Führungskräfte vor. Der vierte Führungsgrundsatz heißt: „Führungskräfte arbeiten zielorientiert" und wird erläutert: „Sie denken und handeln mehrdimensional, indem sie diakonische, fachliche und wirtschaftliche Anforderungen berücksichtigen." Unter einem nächsten Punkt wird dies weiter ausgeführt: Führungskräfte „setzen sich für Bethel ein und nehmen ihren diakonischen Auftrag bewusst wahr."

Führung ist damit als Prozess vorgestellt, in dem drei Dimensionen integriert und in Ausgleich bei der Entscheidungsfindung gebracht werden: Die wirtschaftliche, die fachliche und die theologische Dimension. Keine dieser drei Hinsichten ist verzichtbar, weder in der Steuerung des Unternehmens nach Innen wie in seiner Präsenz nach Außen.

Von Bethel werden Angebote erwartet, die fachlich auf dem neuesten Stand sind oder besser noch als innovative Modelle die weitere fachliche Entwicklung voranbringen. Die Umsetzung und Weiterentwicklung im Verbund wie den einzelnen Bereich soll dabei mit wirtschaftlichem Sachverstand effektiv und nachhaltig erfolgen. Schließlich steht der Name Bethel für diakonisches Profil, evangelische Erkennbarkeit und die enge Verbindung mit der Kirche.

Diese drei Dimensionen beschreiben damit eine Integrationszumutung, die nicht ohne Anstrengung gelingt. Es geht um die gemeinsame Deutung der Praxis in Bethel aus drei verschiedenen Hinsichten, für die es eine besondere

---

[1]   Kawohl: Liebe, S. 22f.
[2]   vBSB: Grundsätze, S. 1.

diakonische Sprachfähigkeit braucht. Denn nicht in der Addition der Perspektiven, sondern in ihrem Zusammenführen und Verschmelzen ihrer Horizonte werden Entscheidungen getroffen und Positionen gefunden, die dieser Mehrdimensionalität entsprechen, und damit die Unternehmensentwicklung Bethels fördern.

Drei Themen will ich im Folgenden aufnehmen als Beitrag zur Frage nach der theologischen Steuerung in diakonischen Unternehmen: Zuerst will ich darstellen, wie in Bethel die theologische Dimension im Führungshandeln über die Jahre verändert wahrgenommen wurde; danach werde ich umreißen, wie heute die theologische Dimension in der Leitung in Bethel wahrgenommen wird und welche Erwartungen und Aufgaben dies für Führungskräfte, insbesondere für die Pastorinnen, Pastoren, Diakoninnen und Diakone unter den Leitungspersonen im Unternehmen bedeutet; abschließend greife ich ein aktuelles Themenfeld exemplarisch auf, die Herausforderung der Pluralisierung.

1.   Geschichtliche Veränderungen im theologischen Führungsverständnis in Bethel

Friedrich v. Bodelschwingh teilte mit der Vielzahl der älteren Gründergeneration der Diakonie im 19. Jahrhundert den großen Abstand zur Theologie, wie sie an Universitäten gelehrt wurde und die Praxis in Kirchenleitung wie Gemeinde bestimmte.

Christian Albrecht fasst so zusammen:

> „Die diakonische Bewegung in der Mitte des 19. Jahrhunderts war von Anfang an nicht nur eine kirchenkritische, auf Reform des kirchlichen Lebens drängende Bewegung, sondern ihr war auch ein tiefer Abstand gegenüber der Theologie zu eigen. Die Gründerväter der modernen Diakonie erwarteten von der Theologie ihrer Zeit nichts mehr, sie beteiligten sich kaum an theologischen Debatten und entwarfen ihre Programme fernab von durchdringender theologischer Reflexion."[3]

Bodelschwingh teilte das kirchenreformerische Interesse nicht, wie es besonders bei Wichern hervorsticht, sondern war vielmehr von der missionarischen Aufgabe getrieben.[4] Prägend für sein Handeln waren unmittelbare, aus der

---

[3]   Albrecht: Diakonie, S. 5.

[4]   Schmuhl: Bodelschwingh, S. 30: „Im November 1854 begann Friedrich von Bodelschwingh mit dem Studium der Theologie an der Universität Basel. Er tat dies in der festen Absicht Missionar zu werden. Was er im Studium suchte, war geistliche Zurüstung für den Dienst unter den Heiden, die Verfestigung und Vertiefung seiner erwecklichen Glaubenswelt. Kritische Wissenschaft hingegen war Bodelschwinghs Sache nicht. Er legte sich gleichsam Scheuklappen an und mied die Auseinandersetzung mit

christlich erwecklichen Frömmigkeit getriebene Impulse für die Entwicklung Bethels. Sein wirtschaftlicher Sachverstand – er war ausgebildeter Landwirt und erwarb sich praktische Erfahrungen als Gutsverwalter in Hinterpommern – war deutlich ausgeprägter als die Kenntnisse der akademischen Theologie.

Das verband ihn auch mit der ersten Generation der Führungskräfte, die für Bethel gewonnen wurden: Weniger theologische Qualifikation, als vielmehr persönliche Frömmigkeit und die daraus hervortretende diakonische Handlungsfähigkeit waren entscheidend. Die beiden diakonischen Gemeinschaften, die Sarepta-Diakonissen und die Diakone Nazareths förderten dieses Selbstverständnis. Es gab bis ins 20. Jahrhundert hinein eine eigene ‚Bethel-Theologie‘, die sich z.B. in Hausnamen für Einrichtungen oder der Anlage der Ortschaft Bethel abbildete.

In der Geschichte Bethels erwuchs die erste Herausforderung dazu aus der fachlichen Entwicklung in den Arbeitsfeldern. So zeigt z.B. die Geschichte der Ärzte in Sarepta diese Dynamik auf. Hans-Walter Schmuhl spricht von einem konfliktbeladenem Professionalisierungsprozess, in dem es den Ärzten seit der Wende vom 19. zum 20. Jahrhundert schließlich gelang „das medizinische Krankheitskonzept und das ärztliche Behandlungsmonopol, feste Qualifikationsstandards und ein ‚standesgemäßes Einkommen‘ durchzusetzen".[5] Im Blick auf die Leitungskompetenz dagegen waren die Ärzte noch bis in die Zeit nach dem Zweiten Weltkrieg im Streit mit den Pastoren und Diakonissen. „Erst in den ‚langen 1960er Jahren‘– dem Zeitraum vom Ende der 1950er Jahre bis 1973 – verschoben sich die Gewichte endgültig. Spätestens seit dieser Zeit gibt die fachliche Qualifikation bei der Einstellung neuer Ärzte den Ausschlag, stehen die berufliche Autonomie der Ärzte, das ärztliche Behandlungsmonopol und das medizinische Krankheitskonzept auch im Krankenhaus Gilead außer Frage."[6]

Einen Abschluss dieses Streites um die Nachordnung der fachlichen Argumente gegenüber der tradierten Priorität von Einsichten der Frömmigkeit oder Bethel-Theologie kann man in der Entscheidung zur Epilepsiechirurgie im Jahr 1987 sehen: Der Vorstandsvorsitzende Pastor Johannes Busch folgte den fachlichen vor theologischen Argumenten, der Priorität des medizinischen Konzeptes von Heilung gegenüber dem theologischen Konzept von Heil.[7]

Ein Jahr zuvor erschien Alfred Jägers Buch „Diakonie als christliches Unternehmen". Damit verband sich die andere Herausforderung für das Leitungshandeln in Bethel. Jäger, Professor an der Kirchlichen Hochschule Bethel, beklagte die Tabuisierung ökonomischen Denkens wie Handelns in der Diakonie: „Es ist leichter und offenbar akzeptabler, über Diakonie theologisch zu sprechen als in der harten Sprache der Ökonomie. Nicht selten wird dieser

---

allen theologischen Lehrern und Lehren, die seine Frömmigkeit hätten infrage stellen können."
[5]   Schmuhl: Ärzteschaft, S. 170.
[6]   A.a.O., S 171.
[7]   Schmuhl: Mara, S. 368.

zweite Aspekt aus einer falsch verstandenen Christlichkeit heraus mit Tabus belegt und in seiner Bedeutung damit verkannt."[8]

Jägers Thesen wurden in Hinsicht aktueller Problemlagen und für eine zukünftige Ausrichtung des diakonischen Unternehmens Bethel kontrovers diskutiert. Die interne Unternehmensentwicklung beschleunigte sich in dem von Jäger beschriebenen Prozess. Bethel fand den Anschluss an die modernen Instrumente ökonomisch verantwortlichen Handelns und richtet sich daran neu aus.

Die Konturen im theologischen Führungshandeln Bethels haben sich durch die skizzierten historischen Veränderungen verschoben: Heute gilt in der Leitung ‚Augenhöhe' sowohl zur fachlichen Professionalität wie auch zum ökonomischen Sachverstand. Die theologische Dimension ist Teil der Unternehmenssteuerung und unter der Überschrift „Diakonische Identität/Werte" seit 2002 aufgenommen in das für Bethel adaptierte Modell der Balanced Scorecard. Hier liegen auch für die zukünftige Unternehmensentwicklung wichtige Herausforderungen.[9]

2.   Die theologische Dimension in der Leitungsverantwortung heute

Diakonische Praxis zu deuten, neu zu erschließen und weiterzuentwickeln, ist die Aufgabe allen Leitungshandelns in Bethel. Neben der fachlich-professionellen Sicht, insbesondere auf das jeweilige Arbeitsfeld, und der Frage nach der Wirtschaftlichkeit ist der Bezug zur theologischen Reflexion unverzichtbar. Ich folge darin Christian Albrecht:

> „Die gegenwärtige diakonische Praxis erscheint der theologischen Interpretation fähig, würdig und bedürftig. Sie lässt sich, auch in der Spezialisierung, Differenzierung und Professionalisierung ihrer Praxis, theologisch deuten und nicht nur sozialwissenschaftlich oder religiös... Und die diakonische Praxis braucht die theologische Deutung, um sich nicht nur im Zusammenhang ihrer sozialkaritativen Tätigkeit, sondern auch im Zusammenhang des kirchlichen, christlichen und zivilgesellschaftlichen Lebens der Gegenwart souverän zu bewegen."[10]

Durch den theologischen Reflexionsprozess wird das Hilfehandeln der Diakonie im Kontext von Kirche und Gemeinde profiliert, bleibt auf dem Markt der Sozial- und Gesundheitsleistungen erkennbar und wird durch den Bezug auf die christlichen Quellen solcher diakonischer Praxis innovativ weiterentwi-

---

[8]   Jäger: Diakonie, S. 22.
[9]   So hat der Vorstand es ausdrücklich festgehalten in der letzten Überarbeitung zu Leitbild und Mittelfristzielen. Vgl. vBSB: Gemeinschaft, S. 6.
[10]   Albrecht: Diakonie, S. 10f.

ckelt. Diese drei Aspekte sind in Bethel wichtig, wenn die theologische Dimension im Leitungshandeln konturiert wird. Und: Um diesen theologischen Horizont diakonischen Handelns zu erschließen, braucht es auch in der Führung des Unternehmens Personen mit der dafür ausgewiesenen Kompetenz.

Zuerst: Die theologische Reflexion profiliert diakonische Praxis im Kontext von Kirche und Diakonie. Im Zusammenhang der strategischen Unternehmensentwicklung Bethels seit den 90er Jahren des letzten Jahrhunderts hin zur Ambulantisierung und Regionalisierung der Angebote sind Kirchen und Gemeinden als Kooperationspartner im Sozialraum neu in den Blick gekommen. Bethel ist seit Gründung mit der evangelischen Kirche eng verbunden und in vielen Kirchengemeinden bekannt, erfährt durch sie auch vielerlei Unterstützung. Aber die Perspektive verändert sich, wenn es um Kooperationen vor Ort im Sozialraum geht. Hier sind viele Mut machende Beispiele zu nennen, gleichwohl braucht es immer einen gemeinsamen Prozess, der sich wesentlich auch aus theologischen Einsichten speist, zum Gelingen. So weitet sich für Gemeinden die Perspektive diakonischen Handelns, Distanzen zu Klientengruppen wie Angebotsstrukturen können überwunden werden, ohne dass Gemeinde und Kirche die volle fachliche oder wirtschaftliche Verantwortung übernehmen müssten. Gerade wenn bestimmte Angebote sich nicht von selbst verstehen, also nicht spontan angenommen werden als Ausdruck christlichen Handelns für den Nächsten, wie z.B. in der Flüchtlingshilfe in den letzten Jahren, braucht es diesen theologischen Diskurs und diakonische Führungspersonen, die sich dafür einsetzen. Dann kann Verbundenheit über gemeinsame Verkündigungsformen wie die Integration des diakonischen Angebotes in die Überlegungen zum Gemeindeaufbau wachsen.[11]

Zum Zweiten: Die klare evangelische Erkennbarkeit Bethels als Träger diakonischer Praxis über die kirchlichen Bezüge hinaus auf dem Markt der Sozial- und Gesundheitsleistungen bleibt wichtiges Ziel der Unternehmensentwicklung: „Wir sind evangelisch erkennbar und machen unsere christliche Prägung nach innen und außen erfahrbar."[12]

Solche Erkennbarkeit richtet sich nach Innen auf Klienten und Klientinnen, auf Mitarbeiterinnen und Mitarbeiter, schließlich auch auf die zahlreichen Freunde und Förderer Bethels. In der Außenperspektive sind die Partner in Politik, Wirtschaft, Gesellschaft im Blick. In der Innen- wie Außenperspektive gibt es eine breite Vielfalt auch widerstreitender Erwartungen dazu, wofür der Name Bethel steht. Theologische Leitung hat hier die Aufgabe, diakonische Praxis zu deuten und für sie einzutreten. Sie wird die Brücke schlagen zwischen dem, was heute ist, was morgen neu werden soll und den Quellen, aus denen die Vision Bethels sich speist.

---

[11] Hierzu können viele Beispiele angeführt werden, besonders aus der Region Ruhrgebiet, in der der Stiftungsbereich Bethel.regional Angebote der Behindertenhilfe und der Wohnungslosenhilfe in enger Kooperation mit Kirchengemeinden auf gute Weise in Quartiere aufbauen konnte.

[12] vBSB: Gemeinschaft, S. 31.

Besonders in der Begleitung von Menschen am Lebensende haben wir in den letzten Jahren intensiv und aus verschiedenen fachlichen Perspektiven diskutiert, welche ethischen Grundsätze in Bethel gelten über alle Arbeitsfelder und Klientengruppen hinweg.

Ergebnis sind vier Eckpunkte, die Mitarbeitenden mehr Handlungssicherheit im Alltag geben können und zugleich Klienten oder Patientinnen zeigen, worauf sie sich bis zuletzt in Bethel verlassen können. Diese Positionsbestimmung wird ergänzt durch Ethikkonsile, das heißt mehrdimensionale Beratungsprozesse unter allen Beteiligten in Konfliktsituationen. In diesen Konsilen wird in der Altenhilfe, im Krankenhaus oder im Hospiz deutlich: Wir richten „unser Handeln an den christlichen Vorstellungen von Leben, Sterben und Tod aus"[13], aber wir nehmen zugleich den Willen des Betroffenen als maßgeblich für uns an. So wird diskursiv geklärt und erkennbar, welchen Grundsätzen das Handeln in Bethel folgt und wie es zugleich den Menschen und ihrem eigenen Willen verpflichtet bleibt.

Erkennbarkeit ist also nicht nur ein „Label", sondern eng mit der Entwicklung des Aufgabenfeldes sowie der Führungskräfte und der Mitarbeitenden verbunden: Bei ihnen liegt hier entscheidende Verantwortung, wenn diakonische Identität gestaltet und prägend werden soll. Damit sind angesichts wachsender Pluralisierung große Herausforderungen verbunden, auf die ich im letzten Abschnitt eingehen will.

Schließlich der dritte Aspekt: Mit der Dimension „Diakonische Identität/Werte" erschließt sich im Leitungshandeln in Bethel auch eine wichtige Quelle für Innovationen und die Weiterentwicklung der Fachlichkeit.

Die v. Bodelschwinghschen Stiftungen sind inzwischen in zwölf Aufgabenfeldern diakonischer Praxis in acht Bundesländern tätig. Gleichwohl haben Menschen, die die unterschiedlichsten Angebote nutzen, wie Mitarbeitende ein deutliches Gespür dafür, was sie von Bethel erwarten bei aller Spannbreite, die damit umschlossen ist.

Bei der letzten unternehmensweiten Mitarbeitendenbefragung im Jahr 2016/17 wurden in 85% aller Antworten die christliche Nächstenliebe als wichtiger Grund für die Arbeit in Bethel benannt. Mit der Dauer der Beschäftigungszeit sinkt allerdings die Identifikation damit, dass diese Ursprungsmotivation sich in der diakonischen Praxis gestalten lässt.

Führung wird bei Mitarbeitenden darauf in der Dimension Diakonische Identität/Werte reagieren: Einerseits gilt es diese Motivation und Zustimmung zu christlicher Nächstenliebe zu stärken und zu fördern. Andererseits ist Führung gefordert, sich mit defizitären Erfahrungen auch theologisch auseinanderzusetzen. Denn es sind nicht alleine fehlende finanzielle oder personelle Ressourcen, weshalb diakonische Praxis hinter Erwartungen und Ansprüchen zurückbleibt. Das wäre zu einfach. Wo Erfahrungen diakonischer Praxis zur

---

[13]   vBSB: Leben, S. 8.

theologischen Auseinandersetzung führen, kann sie zugleich für Verbesserungen offen werden.

Ulrich Körtner hat für solche Innovationsprozesse die Orientierung an einer inklusiven Ethik vorgeschlagen.[14] Inklusive Ethik, die für viele Mitarbeitende in der Diakonie plausibel ist zu eigener Haltung und Motivation, speist sich aus biblischen Quellen. Sie ist aber zugleich anschlussfähig an vielfältige fachliche Entwicklungen, ob im Bundesteilhabegesetz oder im Pflegebedürftigkeitsbegriff der Altenhilfe. Inklusion wie Exklusion sind aus der Perspektive des Glaubens Treiber diakonischer Innovation. Theologische Einsichten können im Leitungshandeln, das sich dafür öffnet, zu einer Innovationskraft werden.

Diese drei unterschiedlichen Perspektiven machen deutlich, weshalb in Bethel die theologische Kompetenz im Leitungshandeln unverzichtbar bleibt. Dies macht sich auch in der personalen Besetzung vom Leitungspositionen deutlich.

Die v. Bodelschwinghschen Stiftungen werden durch einen Pastor geleitet, eine zweite Position im Vorstand ist ebenfalls durch eine ordinierte Theologin besetzt, die der Verwaltungsrat auf Grundlage des Vorschlages der beiden diakonischen Gemeinschaften beruft. Auch in den Geschäftsführungen großer Stiftungs- und Unternehmensbereiche sind Pfarrerinnen oder Pfarrer oder – so v.a. in den Stiftungen Sarepta und Nazareth – Diakone bestellt. Auf einer weiteren Führungsebene ist z.B. die theologische Direktorin des Evangelischen Klinikums Bethels oder die Leiterin der evangelischen Bildungsstätte zu nennen.

Die Aufgabe, theologische Begründungen in Entscheidungen einzubeziehen, ist, zumal nach evangelischem Verständnis, nicht auf einzelne Professionen zu begrenzen. In Bethel beziehen nicht nur Pastorinnen und Pastoren, Diakonissen oder Diakoninnen und Diakone mit biblischen, seelsorglichen oder diakoniewissenschaftlichen Gründen Position, wenn es um aktuelle Fragen geht. Auch im Vorstand kann es vorkommen, dass der Theologe auf die Wirtschaftlichkeit verweist, der Kaufmann auf die diakonische Tradition und die Juristin zitiert die Bibel. Die Evangelische Kirche wird multiprofessionell geleitet, von Laien mit ihren verschiedenen beruflichen Kompetenzen und von ordinierten Theologinnen, schließlich auch seit Luthers Zeiten durch Juristen. Das gilt umso mehr in der Diakonie. Wie in der Kirche braucht es in der Diakonie Menschen im Leitungsamt, die theologisch in besonderer Weise qualifiziert und beauftragt dazu sind, sind das Evangelium auszulegen und mitzuteilen.

---

[14] Ulrich Körtner skizziert in Anknüpfung an Martin Schnell diakonische Ethik als nicht exklusive Ethik da, „sie dem universalen Gebot der Nächstenliebe verpflichtet ist, wie es im Alten Testament formuliert und in der Jesustradition des Neuen Testaments bekräftigt wird." (Körtner: Diakonie, S. 89ff.)

3.   Pluralisierung als aktuelle Herausforderung für das theologische Leitungshandeln in Bethel

Pluralisierung wird in Bethel als eine der entscheidenden Herausforderungen beschrieben, auf die die strategischen Unternehmensziele sich auszurichten haben. Bereits im Jahr 2014 hatte der Vorstand ein Positionspapier zur religiösen und kulturellen Vielfalt verabschiedet, das auf diese Herausforderung für das Leitungshandeln reagiert.

Über die verschiedenen gesellschaftlichen Pluralisierungsdiskurse hinweg ist es für das diakonische Unternehmen entscheidend, „die christliche Identität unserer Stiftungen zu stärken und mit unseren Mitarbeiterinnen und Mitarbeitern auf der Grundlage unserer Position zur kulturellen und religiösen Vielfalt (...) einen kontinuierlichen Kommunikationsprozess zu unseren evangelisch-christlichen Werten zu führen."[15]

Dabei kommt den Führungskräften eine besondere Verantwortung zu: Neben denen, die eine strategische Aufgabe im Hinblick auf die Gestaltung der christlich-diakonischen Ausrichtung des Gesamtunternehmens haben, sind in jedem Stiftungs- und Unternehmensbereich auf den verschiedenen Ebenen Führungskräfte zu benennen, die in besonderer Weise Verantwortung übernehmen für diese Gestaltungsaufgabe. Damit ihnen das gelingt, gibt es die Vernetzung zu besonderen Bildungsangeboten, so zum Beispiel zum Institut für Diakoniewissenschaft und DiakonieManagement an der Kirchlichen Hochschule Wuppertal/ Bethel. Eigene Weiterbildungsangebote in Bethel, die dazu beitragen, dass Führungskräfte ihre Kompetenzen hier erweitern können, existieren bereits (z.B. in der Führungskräfteentwicklung in Bethel.regional) und werden derzeit weiter ausgebaut.

Seit dem Jahresanfang 2017 findet in Bethel im Rahmen der Einführung der neuen Mitarbeitenden, die verpflichtend ist, auch eine mindestens eintägige Arbeitseinheit statt, die sich ausdrücklich mit den christlichen Grundlagen sowie der Verbindung von Kirche und Diakonie befasst. In der Hoffnungstaler Stiftung Lobetal sind alle Mitarbeitenden in der Bildungsinitiative „Glauben verstehen, diakonisch handeln" mit dieser Aufgabe vertraut gemacht worden.

Hier ist ein wichtiger Ort für den oben zitierten Kommunikationsprozess: Wie verhält sich die konkrete diakonische Praxis in der Einrichtung der Jugend- oder Altenhilfe, des ambulanten Angebotes für Menschen mit psychischen Schwierigkeiten oder im Krankenhaus, in der Schule zu diesen Wurzeln und Grundlagen? Diese Themen werden in den Bildungsveranstaltungen mit Mitarbeitenden aller Verantwortungsebenen und aus den verschiedenen Aufgabenfeldern gemeinsam diskutiert. Solchen Fragen müssen sich alle Führungskräfte aber auch in ihren Einrichtungen und Diensten stellen und darauf

---

[15]   vBSB: Positionspapier, S. 13.

Antworten finden. Zum Beispiel erstellen sie zusammen mit ihrem Mitarbeitenden-Team eine Karte zu der Frage, was heißt für sie, diakonisch zu handeln. Überrascht waren manche Führungskräfte von dem hohen Interesse vieler Mitarbeitender an diesem Thema.

Aus den schriftlichen Ergebnissen lässt sich der Umriss eines gemeinsamen Verständnisses zu den Grundlagen Bethels zeichnen: Gott ist ein naher, ein menschenfreundlicher Gott. Jesus Christus ist uns ein Vorbild, wir seine Nachfolger für praktizierte Nächstenliebe. Die Vielfalt der menschlichen Gaben wie Lebenseinschränkungen treibt die Suche nach Gemeinschaft und gegenseitiger Unterstützung an. Vielfalt wird zugleich immer auch als Reichtum beschrieben.

Nicht alle Erfahrungen von Menschen in Bethel – seien sie Mitarbeitende, Klientinnen und Klienten oder andere zugehörige Personen – stimmen mit dieser aktuellen „Bethel-Theologie" zusammen. Denn nicht immer gelingt es Erfahrungen von Krankheit, Behinderung, Leiden und Sterben in dieses Deutemuster einzutragen. An diesen Bruchstellen ist die theologische Deutung umso mehr gefordert, damit Predigt wie Seelsorge die Botschaft von dem Menschenfreundlichen Gott weitersagen können. Dahinter steckt die Herausforderung, die über die Pluralisierung hinausweist: Denn der Vielfaltsdiskurs holt diese Erfahrungen eben nicht ein.

Schlusswort

Die theologische Dimension der Unternehmensführung und Leitung steht mit der fachlichen und wirtschaftlichen Dimension in einer Reihe. Führung und Leitungshandeln haben immer die Aufgabe, diese drei Dimensionen zu integrieren. Dazu braucht es einen multiprofessionellen Mix auf der Leitungsebene. Die Mitwirkung und v.a. die Unternehmensführung durch ordinierte Theologen ist in den v. Bodelschwingschen Stiftungen Bethel von zentraler Bedeutung, auch wenn sie sich historisch gewandelt hat.

Für die theologische Kompetenz heute bedeutet dies, sich auszurichten auf die theologische Erschließung diakonischer Praxis. Nach Innen wird Bethel so gestärkt als diakonisches Unternehmen, denn Mitarbeitende wie Klienten wird erkennbar, wofür Bethel steht – und sie werden selbst darin innovativ beteiligt, dies weiter zu gestalten.

Nach außen wird vermittelt wie Bethel teil hat an der Wirkung und Präsenz des evangelischen Christentums. Das stärkt Unterstützung und Anerkennung unbeschadet des je eigenen Zugangs zu Religion und Glaube, so dass auch Freunde, Förderer, Unterstützer in Gesellschaft und Politik verstehen und erkennen können: *Das ist Bethel.*

Literaturverzeichnis

Albrecht, Christian (2016): Wozu ist die Diakonie fähig? Theologische Deutungen gegenwärtiger Herausforderungen. Tübingen.

Jäger, Alfred (1986): Diakonie als christliches Unternehmen, Gütersloh.

Kawohl, Reinhard (2010): Liebe verändert die Welt. Friedrich von Bodelschwingh (1831-1910), Wesel.

Körtner, Ulrich (2017): Diakonie und öffentliche Theologie. Diakoniewissenschaftliche Studien. Göttingen.

Schmuhl, Hans-Walter Die Ärzteschaft. Ein konfliktbeladener Professionalisierungsprozess. In: Stockhecke, Kerstin / Schmuhl, Hans-Walter (Hg.) (2013): Von Anfang an evangelisch. Geschichte des Krankenhauses Gilead in Bielefeld, S. 151-177.

Schmuhl, Hans-Walter: Mara und das Epilepsiezentrum. In: Stockhecke, Kerstin / Schmuhl, Hans-Walter (Hg.) (2013): Von Anfang an evangelisch. Geschichte des Krankenhauses Gilead in Bielefeld, S. 357-374.

Schmuhl, Hans-Walter (2005): Friedrich von Bodelschwingh. Hamburg.

Stockhecke, Kerstin / Schmuhl, Hans-Walter (Hg.) (2013): Von Anfang an Evangelisch. Geschichte des Krankenhauses Gilead in Bielefeld. Bielefeld.

v. Bodelschwinghsche Stiftungen Bethel (vBSB). Pohl, Ulrich (Inhaltlich verantwortlich):

(2016) Gemeinschaft verwirklichen. Unsere Vision und unsere Entwicklungsschwerpunkte 2017 bis 2022. Online verfügbar: www.bethel.de/fileadmin/Bethel/–downloads/vision/1603042_Vision_neu_05_2016screen.pdf [Zuletzt abgerufen am: 12.05.2018].

(2017) Grundsätze für Zusammenarbeit und Führung in den v. Bodelschwinghschen Stiftungen Bethel. Online verfügbar:

www.bethel.de/fileadmin/Bethel/downloads/positionspapiere/sspb-leporello_Grundsätze_2017.pdf. [Zuletzt abgerufen am: 10.05.2018].

(2014) Kulturelle und religiöse Vielfalt in den v. Bodelschwinghschen Stiftungen Bethel. Ein Positionspapier des Vorstandes, Bethel. Online verfügbar: www.bethel.-de/fileadmin/Bethel/downloads/positionspapiere/14-12-12_-Positionspapier_Kulturelle_und_religiöse_Vielfalt [Zuletzt abgerufen am: 12.05.2018].

(2017) Leben bis zuletzt. Vier Eckpunkte zur Begleitung und Therapie im letzten Lebensabschnitt. Eine Information für Mitarbeiterinnen und Mitarbeiter der v. Bodelschwingschen Stiftungen Bethel.

Wo der Frosch die Locken hat

Christian Dopheide

Wozu braucht es überhaupt ordinierte Theologinnen und Theologen auf der Welt – präziser: ordinierte evangelische? Jedenfalls, wenn man den Schmalkaldischen Artikeln traut, nicht dafür, dass Kirche sei. „Denn es weiß gottlob ein Kind von sieben Jahren, was die Kirche sei, nämlich die heiligen Gläubigen und ‚die Schäflein, die ihres Hirten Stimme hören‘ (Joh 10, 3).“[1]

Aber die Kirche, ist sie nun schon einmal da, pflegt Ämter auszubilden. Und zwar von Anfang an. Und hat man ein Amt, dann empfiehlt es sich, dieses auch halbwegs vernünftig zu besetzen. Und so kommt es, dass die Schäflein, wiewohl sie ihren Hirten ja längst haben, einen der Ihren fortschicken, auf dass er etwas lerne und mit dem Gelernten zurückkehre. Um sodann manches, was im Grunde der Gemeinde eigenes Amt ist und bleibt, in seinem Amt zu bündeln. Teils praktischerweise. Teils aus tieferem Sinn. Denn Hören, das geht nun einmal nur in einer Konstellation des Gegenübers.

So hat denn jede ordinierte Theologin und hat jeder ordinierte Theologe einen ziemlich prekären Job. Im Grunde braucht es sie gar nicht und es gibt sie doch. Im Grunde sind sie wie alle anderen und sind doch anders als alle. Im Grunde leiten sie den Laden gar nicht und sie tun es doch. Im Grunde sind sie bloß ein Teil der Herde und stehen ihr doch meist recht einsam gegenüber. Rollenklarheit geht anders. Und da ist es ganz gleich, ob das Parkett, auf dem sie da ins Schlingern geraten, im Gemeindehaus oder auf dem Vorstandsflur gebohnert worden ist.

Und es kommt ja noch schlimmer. Nicht nur das Amt, das die Ordinierten bekleiden, stellt sich, bei Licht betrachtet, als ein prekäres dar. Sondern auch das, was sie, als sie fort waren, hoffentlich gelernt haben. Drei antike Sprachen. Die Analyse spätantiker Texte. Einige Hände voll Humanwissenschaften von Psychologie über Pädagogik und Didaktik bis hin zur Soziologie. Tausende Jahre an Theologie-, Geistes- und Realgeschichte. Hermeneutische Grundkenntnisse. Hoffentlich auch ein wenig Sprachmächtigkeit. Juristerei in homöopathischer Dosis und eine Prise Verwaltungskunde. Bei Gefallen und je nach Belieben auch ein wenig Sprecherziehung, Linguistik, Theater und liturgischer Gesang. Ist das nicht der Wahnsinn? Ich kenne keine zweite Profession auf dieser Welt, die in solcher Verwegenheit einen Kessel Buntes anrührt und das Gemenge dann als Kompetenz verkauft. Doch, ich kenne eine: die Betriebswirtschaft als die Lehre von der erfolgreichen Führung eines Unternehmens. Wenn sie das denn wirklich ist. Jedenfalls hatte – Stand 2014 –

---

[1]   Schmalkaldische Artikel Nr. 12: Von der Kirche.

nur die Hälfte aller DAX-30-Vorstände ein wirtschaftswissenschaftliches Studium absolviert und magere 9% der Vorstandsvorsitzenden waren zuvor Finanzvorstand gewesen.[2]

Zurück zu den Theologen. Mit meiner Ordination habe ich mich weiland verpflichten lassen zum öffentlichen Dienst an Wort und Sakrament. Zur Einheit der Kirche solle ich beitragen, hieß es, indem ich, soweit es in meinen Kräften steht, das Evangelium „klar" predige und die Sakramente „korrekt" verwalte. „Est autem ecclesia congregatio sanctorum, in qua evangelium pure docetur et recte administrantur sacramenta." (CA VII). Klarheit und Korrektheit wären demnach die Schlüsselqualifikationen, die ich einzubringen hätte. Ich solle also bitte erstens auf dem Schirm haben, um was es *wirklich* geht. Und ich solle zweitens wissen, wie es *richtig* geht. Soweit es um die operativen Aspekte dieser Anforderungen geht, hat mir im Studium das Fach der praktischen Theologie zur Verfügung gestanden mit folgenden klassischen Unterdisziplinen:

– *Homiletik* als die Kunst, das Evangelium zur Sprache zu bringen;

– *Katechetik* als die Kunst, den Glauben zur Raison zu bringen;

– *Poimenik* als die Kunst, das Evangelium in Erfahrung zu bringen;

– *Kybernetik* als die Kunst, Kommunikationsprozesse ins Ziel zu bringen;

– *Pastoraltheologie* als die Kunst, seinen Job ordentlich auf die Reihe, also Gottesdienste stimmig über die Bühne, Tauffamilien gelassen ans Becken, Brautpaare zünftig unter die Haube und Leichen würdig unter die Erde zu bringen.

Die Kybernetik war zu meiner Zeit leider eine vernachlässigte Disziplin. Die allermeisten Probleme der Steuerung, also der Leitung, der Administration, des Rechts und der Ökonomie musste ich später per „Trial and Error" lösen. Schade. Hätte ich schon früher die Gelegenheit gehabt, mich reflektierend zu befassen mit dem, was da auf mich zukommen würde, dann wären im Zuge der Erfolge wahrscheinlich weniger Verletzte auf der Strecke geblieben.

Als ich nun, übrigens arg früh in meiner beruflichen Vita, von der parochialen in die diakonische Kirche hinüberwechselte, da habe ich mich alsbald schwer damit getan, all das, was ich nun so den ganzen Tag machte, herzuleiten aus meinem Auftrag, das Evangelium klar zu predigen. Gefühlt richtet sich nämlich der Prediger immer irgendwie an alle Welt. Der Diakon aber richtet sich immer nur an einen Einzelnen. Und zwar an den Nächstbesten. Diese unterschiedliche Blickrichtung hat mich schon bald daran gehindert, in aller Schlichtheit zu behaupten, Diakonie sei die Verkündigung des Wortes durch die Tat.

---

[2]   manager-magazin: Werdegänge der DAX-30-Vorstände nahezu uniform.

Ich habe in dieser Hinsicht unendlich viel von meiner Frau gelernt, die, als Dipl.-Sozialarbeiterin, von der Bewährungshilfe über den Jugendknast in der Diakonie, nämlich in einem Kinderheim, gelandet war. Ihre „Nächstbesten" waren jung, meist traumatisiert und im Ergebnis oft neben der Spur unterwegs. Meine Frau hat sich – und sie hält das bis heute so – nur für diese Kinder und ihre Familien interessiert. Für sonst nichts. Mitnichten ist sie „vom Wort zur Tat" geschritten, als handele es sich beim Evangelium um das Rezeptbuch und bei der Diakonie um die Küche. Sie wollte – und sie will bis heute – mit ihrem Tun auch nicht in einer Weise der „Verkündigung des Wortes Gottes" dienen, in der es gälte, mittels Hinwendung zu einer einzelnen Person irgendwelche beistehenden Beobachter davon zu überzeugen oder auch nur darauf hinzuweisen, es sei der Herr und Heiland gekreuzigt, gestorben und begraben, niedergefahren zur Hölle und am dritten Tage auferstanden, um, sitzend zur Rechten Gottes, am jüngsten Tage wiederzukommen, zu richten die Lebenden und die Toten.

An all das hat sie weniger gedacht. Mehr hat sie gedacht an geregelte Mahlzeiten, an korrekt sitzende Windeln bei den ganz jungen und an die Hausaufgaben bei den älteren Nächstbesten. Bei ihren Kolleginnen und Kollegen in allen Organisationen der Diakonie, in denen ich seitdem tätig sein durfte, ist mir das immer wieder aufgefallen. Was für sie alle von Bedeutung ist, das ist die Hinwendung zum Klienten, zum Kunden, zum Patienten, zum Kind, zum Greis. Und zwar von ganzem Herzen, von ganzer Seele und von ganzem Gemüt. Aber doch nicht zu dem Zweck, damit irgendetwas anderes zustande zu bringen, als genau dies: Hinwendung!

Verstanden als eine Funktion der Wortverkündigung, so war mein Empfinden, wird Diakonie verzweckt, funktionalisiert und damit entweiht. Für solche Lesart braucht es immer noch etwas anderes und immer noch etwas mehr als das, was da geschieht, wenn aus Diakonie „Diakonie" werden soll. Das alles stimmt für mich aber von hinten bis vorn nicht. Ich finde auch im diakonischen Urgleichnis, dem vom barmherzigen Samariter, von irgendetwas Zusätzlichem oder von irgendetwas Besonderem: nichts. Nullo. Nada. Niente. Es ist ja gerade der Clou dieser Geschichte, dass sie auf die große Frage nach dem ewigen Leben mit nichts anderem antwortet als mit dem, was praktischerweise aus der geschilderten Hinwendung folgt. Was da geschieht, das ist *in sich* geheiligt.

Klarer wurden die Dinge für mich, als ich beim anderen Ende meiner Ordinationsverpflichtung ansetzte, nämlich beim Sakrament. Was tun wir da eigentlich im Vollzug eines Sakraments? Wir essen einen Keks. Wir trinken einen Schluck Wein, oft nicht einmal einen besonders guten und immer öfter nur einen Saft. Im andern Fall waschen wir kleinen und manchmal auch großen Menschen mit recht viel Aufwand den Kopf. Dreimal.

Diesen drei basalen Lebensvollzügen – Essen, Trinken, Waschen: denen sprechen wir dann aber eine ganz unfassbare Bedeutung zu. Wir behaupten nämlich, dass für alle, die da glauben, in diesen drei basalen Lebensvollzügen

Christus, der Heiland, *realiter* präsent sei. Die Elemente, sagt schon Augustinus, die bewirken das freilich nicht aus sich heraus. Es muss schon das deutende Wort hinzutreten, damit man in jenem „Modus des Glaubens" sich befindet, in dem die Präsenz Christi mitten im Leben auch erfahrbar wird.

Nun, mitten im Leben steht auch die Diakonie. Mit basalen Lebensvollzügen hat sie alleweil zu tun. Auch mit Hunger. Auch mit Durst. Auch mit Schmutz, Schund, Schuld und dem Wunsch, all dies möge sich als abwaschbar erweisen. Diakonie befasst sich mit sehr basalen und mit scheinbar sehr profanen Dingen. Mit Tagesstrukturierung und mit Wundmanagement. Mit gedeihlichem Stuhlgang und mit minimalinvasiver Chirurgie. Mit Gewaltprävention und Suchtprophylaxe. Mit Verwaltungsabläufen, IT-Netzwerken, Marktchancen und Prüfvorgängen.

Kann es sein, dass sich alle diese basalen und sehr profanen Dinge auf dem gleichen Relevanzlevel bewegen wie Kekse, Weinschlucke und drei Hände voll Wasser? Kann es sein, dass der Geist Gottes, der ja ganz stur da weht, wo er will und mag, dass er der realen Präsenz Jesu Christi auch da Raum verschafft, wo es, abseits der sakralen Formensprache, um ganz vergleichbare basale Lebensaspekte geht? Also etwa da, wo jemand einfach hungrig ist? Oder durstig? Fremd? Nackt? Krank? Oder gar im Knast? War uns Glaubenden nicht irgendwo, also vielleicht in Mt. 25, verheißen, dass genau hier, in der Hinwendung zu solch basalen Lebenslagen, Christus uns realiter begegnen würde? Und wie könnte man diese Hinwendung anders verstehen als sakramental, nämlich so, dass diese Hinwendung beileibe nicht bloß eine Funktion hat zu irgendeinem andern Zweck, und sei es auch nur dem der Verkündigung, sondern, indem die Hinwendung zu solch basalen Lebensbedürfnissen als die Zelebration selbst, also als die wirkmächtige Präsenz des Heiligen mitten im Profanen sich erweist? Wenn das so ist, dann legt das diakonische Handeln nicht etwa das Wort durch Taten aus. Vielmehr legt das Wort deutend aus, was geschieht, wenn Menschen anderen Menschen durch Taten lebensdienlich begegnen – von ganzem Herzen, von ganzer Seele und von ganzem Gemüt. Dann nämlich, so heißt es, sei der Auferstandene gegenwärtig. Und der Menschen Leben gelingt.

So herum wurde für mich, als Theologe in der Diakonie, ein tragbarer Schuh daraus. Nicht etwa dient das Handeln der Diakonie meiner Wortverkündigung. Vielmehr stehen meine Worte im Dienst der Diakonie, die da geschieht. Meine Worte bekommen so die sehr bescheidene Aufgabe, achtsam hinzuzutreten und aufzudecken, in welcher Klarheit, dank der lebensdienlichen Begegnung von Menschen, das Leben sich erfüllt. Mein Lohn ist, dass selbst ich, der ich doch bloß reden kann, genau dieser Aufklärung dienen darf.

All das, was ich als Theologe in der diakonischen Praxis tue, das kann ich nun, auf diesem sozusagen sakramentaltheologisch gedeuteten, ganz basalen und sehr profanen Fundament der sozialen Dienstleistungen selbst, ganz nach dem Kanon der praktisch-theologischen Subdisziplinen herunter buchstabieren. Allein die aufgewendeten Zeiteinheiten ändern sich beim Wechsel von der parochialen in die diakonische Kirche markant. Das zeig ich jetzt.

1. Kybernetik

Kybernetik beginnt ja mit der Liturgik. Das erste, was die Herde vom fortgeschickten Schäfchen, wenn es heimkehrt, zu Recht erwartet, ist, dass es den Ritus *rite* durchzuführen weiß. Es gibt unendlich viele Formate für Gottesdienste, Andachten etc. Aber nicht beliebige Formate. Ob Wochengottesdienst, Festgottesdienst, Beatmesse, Hausandacht, Reisesegen: für all das gibt es viele Weisen des „rite". Und leider noch mehr Weisen der Irritation. Kybernetik bedeutet deshalb: Steuern, wohin man will und mag. Und zur Not auch: wohin man soll und muss. *Aber richtig!*

All jene, die mit der Ordination irgendwelche exklusiven Rechte verbunden sehen, seien daran erinnert, dass auf dem „Reformationsaltar" in der Stadtkirche zu Wittenberg Taufe und Abendmahl von zwei Nichtordinierten verwaltet werden: dem Gräzisten Melanchthon und dem jüngeren Cranach, einem Kunstmaler. Überhaupt steht im protestantischen Kontext die ordinierte Theologie mit ihrer Steuerungsaufgabe nie exklusiv da. Nicht einmal den Gottesdienst leitet sie allein, wenn denn eine gewisse Grundsensibilität für die Kompetenzen der Kantorinnen, Lektorinnen und Küsterinnen vorhanden ist. Das Prinzip der grundsätzlich geteilten Leitungsfunktion setzt sich fort durch alle protestantischen Kommunikationssysteme, vom Presbyterium bis zur Kirchenleitung. Nicht, weil die Theologie zu doof ist. Sondern weil es, spätestens seit „Barmen IV", in einer Evangelischen Kirche keine Führer und schon gar keine klerikalen Führer geben kann und geben darf. Natürlich kann es Theologen geben (und es gab sie immer wieder), die charismatisch genug sind, um ein diakonisches Unternehmen ganz allein zum Fliegen zu bringen. Aus grundsätzlichen Erwägungen heraus aber soll das eigentlich nicht so sein. Was für die ganze Kirche gilt, gilt auch für ihre diakonische und deshalb unternehmerische Gestalt: die Theologie soll ihren Beitrag zur Steuerung im Kollektiv leisten. Und zwar rite. Und „rite" bedeutet in einem diakonischen Unternehmen nun einmal: unternehmerisch. Und weiter nichts.

Selbstverständlich kann und soll sich auch die Theologie in die Steuerung eines diakonischen Unternehmens einbringen. Sie soll dann aber dieser Steuerung nicht irgendetwas hinzufügen, was sich nur als mitzuschleppender Ballast auswirken würde. Sie soll auch nicht Zielkonflikte, Unschärfen und Kompromisslertum in die Unternehmensführung eintragen, was nur zu einer fortwährend Irritation führen würde. Sie soll sich zielführend, sachgerecht und nachhaltig an der Organisation des Unternehmenserfolges beteiligen. Und weiter nichts.

Die Organisation des Unternehmenserfolges ist eigentlich keine Rocket Science. Trotzdem gibt es nicht allzu viele ordinierte Theologen (und leider noch viel weniger Theologinnen), die das können oder wenigstens wollen. Das hat aus meiner Sicht folgende Gründe:

– *Mentalität.* Will man erfolgreich ein Unternehmen leiten, dann braucht es auf jeden Fall die Mentalität dafür. Vielleicht kann man auch sagen: das Talent. Jeder kann die Schritte eines Wiener Walzers lernen. Aber nicht jeder wird deshalb schon tanzen können. Dieses „Feeling", das es zur erfolgreichen Unternehmensführung einfach braucht, ist schwer zu beschreiben. Ich bin bei meinen Versuchen, es zu tun, immer wieder mal beim Begriff der „Froschperspektive" gelandet. Und hier hat der Frosch auch die Locken. Man braucht riesige Augen, geleitet von einem sehr starken Interesse. Wo sitzt die fette Beute? Wo droht der Storch? Man braucht ein Gefühl für Liquidität und für Strömungen. Man darf den Schlamm nicht fürchten. Mal muss man bereit sein zum großen Sprung. Mal aber muss man sich auch ducken. Unternehmertum ist nichts für die Großspurigen. Gutsherren sind Landbesitzer und deshalb noch lange keine Unternehmer. Es fordert eine Grundhaltung der *Demut*, wenn man die eigenen Interessen dadurch verfolgt, dass man die Interessen seiner Kundschaft bedient. Wer's mag, kann auf dicke Hose nach Feierabend machen. Den Streit mit einem Kunden jedenfalls, den hat noch kein Unternehmer gewonnen. Ganz sicher nicht von Schaden ist es, wenn man eine frühe Sozialisation hinter sich hat, in der solche Mentalität das familiäre Umfeld bereits geprägt hat. Die Herkunft aus einem Pfarrers- oder Lehrerhaushalt schließt eine unternehmerische Mentalität des Sprösslings nicht grundsätzlich aus. Sie fördert sie allerdings auch nicht besonders. So führt vielleicht die oft beklagte Milieuverengung der Kirche auch hier zu einem gewissen Engpass. Denn unter all denen, die sich fürs Studium der Ev. Theologie entscheiden, ist in den letzten Jahrzehnten die Zahl jener, die zufälligerweise auch eine unternehmerische Mentalität mitbringen, vielleicht eher kleiner als größer geworden.

– *Passion.* Die Führung eines Unternehmens fordert den zielführenden Umgang mit dem Phänomen der Knappheit. Ökonomie ist ja nichts anderes als das: Zielerreichung unter Knappheitsbedingungen. Wem das keine Freude bereitet, der sollte es lassen. Das ist wichtig! Der Umgang mit Knappheiten kann hammerhart werden. Er zwingt ja zur Triage, zum Unterscheiden und Entscheiden, oft in kurzer Frist und immer bei unzureichendem Wissen. Die Theologie muss da mitmachen! Sie muss mitmachen wollen! Sie stört, wenn sie in solchen Fällen, aus denen die Kunst der Kybernetik in unternehmerischem Kontext nun einmal im Wesentlichen besteht, nur daneben sitzt, jammert und nach „mehr" ruft – mehr Geld, mehr Zeit, mehr Kompromisse. Zur Unternehmensführung braucht es nicht Leidensbereitschaft, sondern Leidenschaft. Und das macht im

Theologenpool die Zahl derer, die zur Unternehmensführung taugen, noch einmal etwas kleiner. Wir Theologinnen und Theologen haben gelernt, ein kompaktes Ereignis, wie etwa den Tod eines lieben Menschen, hinsichtlich all seiner Facetten deutend zu entfalten. Die Ökonomen an unserer Seite haben es hingegen gelernt, sich in komplexen Situationen, etwa angesichts der prekären Lage einer chirurgischen Abteilung, bei eigentlich unzureichendem Wissen in begrenzter Zeit zu entscheiden: „Entweder wir investieren im nächsten Jahr richtig. Oder wir steigen jetzt herunter vom toten Pferd." Wer in solch binärer Codierung sich nicht entscheiden kann, trägt bloß zum Misserfolg des Unternehmens bei.

– *Rationalität.* Das können Theologen! Und wie! Aber sie müssen es dann auch tun! Denn hier können sie in die Unternehmensführung ihre eigentliche Stärke einbringen. Die Theologie kann unterschiedliche Rationalitäten. Und weil ihr Reich eigentlich nicht von dieser Welt ist, hat sie auch zu allen Rationalitäten, die für die Diakonie relevant sind, die gleiche Distanz. Man muss kein examinierter Psychiater sein, kein Altphilologe, kein Historiker, kein Schauspieler, um Pfarrerin oder Pfarrer zu werden. Aber von all dem und mehr muss man einen ausreichend intensiven Hauch mitgenommen haben. Gleiches gilt für die Betriebswirtschaft. Gefragt ist auch auf diesem Feld nicht die operative, sondern die kommunikative Kompetenz. Ergo: grad so viel nachlernen, bitte, dass man seine ökonomisch gebildeten Partner versteht. Aber nicht so viel, dass man hinterher ernstlich glaubt, man verstünde es besser!

Die Vielfalt der Kompetenzen, die in einem diakonischen Unternehmen zusammenlaufen, so zu orchestrieren, dass diakonische Musik draus wird: das ist der eigentliche kybernetische Job der Theologie in der Diakonie.

Eine Gefahr droht hier aber noch. Bloß weil überall die Ressourcen begrenzt sind, ist die Kybernetik des Unternehmens noch nicht dieselbe wie die Kybernetik der Behörde oder die des Vereins. Seit Einführung des landesherrlichen Kirchenregiments ist die Kybernetik der Behörde der Kirche vertraut. Seit Einführung der Versammlungs- und Vereinigungsfreiheit im preußischen Landrecht von 1794 ist ihr auch die Kybernetik der Politik vertraut. Seit ihrer Abkehr vom Dialog mit dem gewerblichen Mittelstand aber ist ihr die Kybernetik des Unternehmens nicht mehr vertraut. Deshalb gibt es viele Theologinnen und Theologen, die meinen, in der Unternehmensführung gelte es im Wesentlichen, wie in einer Behörde Zuständigkeiten zu definieren oder wie in einem Verein Mehrheiten zu organisieren. Sie scheitern in der Regel kläglich, weil es in der Kybernetik von Unternehmen nur darum geht, *Ergebnisse* zu erzielen. Die Geschichte diakonischer Unternehmen ist gepflastert mit den Leichen bienenfleißiger Theologinnen und Theologen, die es aufgrund solcher Verwechslungen zwar gut gemeint, aber im Ergebnis leider nicht besonders gut gemacht haben.

– *Eitelkeit.* Hier braucht es nicht viele Worte. Eitelkeit ist eine Todsünde. Sie befällt all jene, die immerfort nach ihrer Relevanz suchen. Natürlich kommt ein diakonisches Unternehmen auch ohne Theologen aus. Eine Gemeinde schafft das ja auch. Die Frage also, ob es Theologinnen und Theologen in der diakonischen Unternehmensführung braucht (natürlich braucht es sie nicht!), sollte dringend gewendet werden zur Frage, *welche* Theologinnen und Theologen dort zu gebrauchen sind. Hat es solche, dann wird man sich um sie reißen. Und alle Eitelkeiten haben sich erübrigt.

2.   Katechetik

Der zweitgrößte Teil meiner Zeit geht drauf mit Aufklärung. In allen Formaten. Mitten im Tagesgeschäft. Als Teil eines Grußwortes. Im Kontext der Weiterbildung, insbesondere für mittlere Führungskräfte. Der Missverständnisse darüber, was denn der christliche Glaube sei und wie er in der Diakonie – der individuellen, der gemeindlichen, der unternehmerischen – ins Leben kommt, sind ja so viele! Ich bin im Rheinland tätig. Hier ist, wie Konrad Beikircher einmal feststellte, jeder Mensch ein Katholik. Und zwar selbst dann, wenn er durch irgendein widriges Schicksal in eine fremde Konfession geworfen wurde. Und ich muss sagen: die Durchführung eines protestantischen Updates auf einer katholisch formatierten Festplatte kann viel anstrengender sein, als einem heidnischen Rohling gleich das richtige System aufzuspielen. Ich muss immer wieder korrigieren. Ich muss immer wieder das Missverständnis klären, der christliche Glaube sei im Grunde eine Morallehre. Ich muss immer wieder klarmachen, dass wir nicht im Auftrag der Kirche, sondern im gleichen Auftrag wie die Kirche tätig sind. Ich muss immer wieder darüber aufklären, dass die professionelle Hinwendung zum Nächsten in unserem Betrieb das christliche Ding selbst ist und nicht bloß das Instrument, mit dem irgendein christliches Anderes erreicht werden soll. Und ich darf den Mitarbeitenden immer wieder aufdecken, dass sie im Gelingen einer professionellen diakonischen Begegnung ihr eigenes Leben gewinnen. Natürlich könnte man auch daran denken, einen Katecheten zu bestellen, der ständig nebenherläuft und den Leuten erklärt, was sie da tun, während sie es tun. Bei Maßnahmen der Weiterbildung wird man das auch so machen. Was aber einem Unternehmen „von oben herab" eingegeben wird, das fließt ihm durch die Adern der Linie und entfaltet auf diese Weise eine ganz andere Wirksamkeit. Der Katechet im Unternehmen: der bin ich gern.

3.   Poimenik

Mit klassischer Seelsorge bin ich gar nicht mehr befasst. Das geht ja gar nicht, denn Seelsorge ist, wenn nichts daraus folgt. Und man kann schlecht mit dem Chef sprechen, hoffend, dass das keine Folgen hat. Seelsorge in diesem Sinn hat deshalb abseits der Linie zu erfolgen und möglichst auch abseits der Organisation.

Trotzdem aber erlebe ich mich auch als Seelsorger. Ich komme da – o Schreck – ein wenig von Eduard Thurneysen her.[3] Seelsorge ist für mich im Kern: Beichte und Absolution. Also die direkte, in existentieller Situation gewagte, verbindliche Zusage des Evangeliums als der frohen Botschaft über die Rechtfertigung des sich Verfehlenden allein aus der Gnade Gottes.

Solch eine Zusage gebe ich immerfort. Denn das Unternehmen ist ständig voll des Scheiterns, des Versagens und des Schuldigwerdens. Man richtet den Laden zugrunde, wenn man sich bemüht, bloß keine Fehler zu machen. Deshalb muss ich meine Leute immerfort dazu ermutigen, kalkulierte Risiken einzugehen, das Scheitern zu wagen und in die Schuldverstrickung einzuwilligen. Und immerfort muss ich ihnen neu Vergebung zusprechen, auf dass sie neu aus der Taufe kriechen. Es kommt überhaupt nicht darauf an, dass ich ihnen das alles so und mit diesen theologischen Formeln – schon gar nicht mit denen von Thurneysen! – erkläre. Das wäre dann ja auch Katechese. Es kommt aber darauf an, dass das Unternehmen, also ein produktives soziales System[4], als ein Ganzes, also als ein Kommunikationssystem; dass aber auch alle, die im Unternehmen Verantwortung tragen, individuell und damit als psychisches System: eine Kultur des Umgangs mit dem Scheitern entwickeln. Eine christliche Kultur. Und damit eine solche, die zwar Konsequenzen zieht, aber zugleich von Vergebungsbereitschaft und Vergebungsbedürftigkeit etwas weiß. Eine solche Kultur hat eine durch und durch spirituelle Dimension, ohne dass es dafür einer einzigen spirituellen Form bedarf. Die mag zwar hübsch anzusehen sein, taugt aber nichts, wenn sie bloß als Ornament dient und nicht aus dem realen Kommunikationsgeschehen heraus zur spirituellen Form verdichtet wurde.

4.   Homiletik

Das haben wir ja nun wirklich von der Pike auf gelernt. Das Evangelium, das sich mitten im diakonischen Unternehmensalltag und damit implizit zelebriert, öffentlich und damit explizit zu kommunizieren. Das ist das Amt, zu dem wir

---

3   Thurneysen: Seelsorge.
4   Ulrich: Die Unternehmung als produktives soziales System.

ausgebildet wurden. Theologische Kompetenz ist im Kern *Deutungskompetenz*. Sie deutet die spätantiken Texte der Heiligen Schrift im Kontext gegenwärtiger Erfahrungen. Sie deutet gegenwärtige Erfahrungen im Kontext der Heiligen Schrift Alten und Neuen Testaments. Indem sie das tut, macht sie das Leben für alle, die es hören und glauben, ineins: verstehbar und gestaltbar. So leistet das Predigtamt seinen originären Dienst am Leben. Es macht gelingendes Leben, inmitten aller Verstrickungen von Schuld und Versagen, verstehbar und darstellbar. „Verstehst du auch, was du liest?" – „Wie kann ich, wenn mich nicht jemand anleitet?" (Apg 8,30f). Wie dies im professionellen Kontext eines Unternehmens, bis hin zur spirituellen Form, verdichtet und zelebriert werden kann: das ist eine extrem spannende Aufgabe, um derer willen wir auch bei Hephata noch reichlich Neuland zu erkunden haben.

Und jedes Unternehmen, das den Erfolg sucht, vom Handwerksbetrieb bis zum Konzern, braucht an der Spitze, und zwar genau dort, immer einen, der oder die den *Markenkern* dieses Unternehmens öffentlich erklärt und glaubwürdig vertritt. Das gilt nicht nur für Apple, Steve Jobs und die Digitalmessen, die er zelebriert hat. Das gilt allemal für ein diakonisches Unternehmen. Ein solches Unternehmen erbringt, wie Apple auch, Leistungen, welche zum Teil messbar, zum Teil aber auch nicht messbar sind. Indem es das tut, stellt ein diakonisches Unternehmen zugleich etwas dar: es zelebriert gelingendes Leben unter missratenen Bedingungen. Indem es dies tut, ermutigt es dazu, hinzugehen und desgleichen zu tun. Als Mensch, Gemeinde und als Institution.

5.   Pastoraltheologie

Als ich mich zur Ordination entschloss, da wollte ich eigentlich nicht arbeiten. Ich wollte bloß ein Amt bekleiden. Mir gefiel dieses vormoderne Berufsbild, bei dem die Regelkreise zwischen Alimentation und Kasualien so herrlich entkoppelt sind. Mein Wechsel in den Kontext der Diakonie hat dem ein jähes Ende bereitet. Ich fand mich wieder im Wirtschaftssystem, dem ich ursprünglich so gern enthoben gewesen wäre. Noch heute, wenn ich einmal zur Gastpredigt eintreffe, schleiche ich nach Ankunft um den manchmal noch vorhanden Campus aus Kirche, Pfarr- und Gemeindehaus herum und denke so bei mir: „Das also wäre Dein Preis gewesen!"

Stattdessen schlage ich mich heute herum mit: „Zahlen oder nicht Zahlen!" Ohne Zweifel ist das ein Verlust. Es liegt aber auch ein großer Gewinn darin, die Kommunikation des Evangeliums im Kontext der funktionalen Systeme einer modern differenzierten Gesellschaft fortzusetzen bzw. neu zu wagen. Allein für diese Chance müssen diejenigen unter den Theologinnen und Theologen, die es wollen und können, die Arbeit im Kontext der unternehmerischen Diakonie: lieben. Von ganzem Herzen, von ganzer Seele und von ganzem Gemüt. Denn tiefer drin in der gesellschaftlichen Realität kann man als

Amtsträger der Kirche kaum sein. Das ist faszinierend. Deshalb lohnt es jede Mühe.

Literaturverzeichnis

Werdegänge der DAX-30-Vorstände nahezu uniform. In: manager magazin online v. 21.04.2014. Online verfügbar: http://www.manager-magazin.de/unternehmen/karriere/werdegaenge-der-dax-30-vorstaende-nahezu-uniform-a-965123.html. [Zuletzt abgerufen am: 01.12.2017].

Schmalkaldische Artikel Nr. 12: Von der Kirche. Zitiert nach: Glaubensstimme. Das evangelische Archiv im Internet. Online verfügbar: http://www.glaubensstimme.de/doku.php?id=autoren:l:luther:s:schmalkaldische_artikel. [Zuletzt abgerufen am: 01.12.2017].

Thurneysen, Eduard (1946): Die Lehre von der Seelsorge. Zollikon-Zürich.

Ulrich, Hans (1970): Die Unternehmung als produktives soziales System. Grundlagen der allgemeinen Unternehmungslehre. Bern.

Vom guten Hirten ...
Die Rolle von Theologen und Theologinnen in der Unternehmensführung

Birgit Heide

„Als der Hirte noch selbst über das Gelände ging...", da war die Welt noch in Ordnung, möchte man ergänzen.

Der Hirte war Pfarrer Dr. Erwin te Reh, der Gründer des Trägervereins Coenaculum, der heutigen Diakonie Michaelshoven, langjähriger Leiter des Amtes für Diakonie in Köln und Pfarrer der Kirchengemeinde in Michaelshoven.

Von der Vereinsgründung im Jahr 1950 an und noch über sein Ausscheiden aus dem Pfarrdienst 1981 hinaus hat er die Entwicklung des ‚Dorfes Michaelshoven' wesentlich geprägt.

Von 1987 bis 2005 arbeitete Pfarrer Reinhard Hackler in Michaelshoven. Auch er war zunächst Gemeindepfarrer und ehrenamtlicher Vorstand des Vereins Coenaculum. In dieser Zeit wandelte sich der Diakonieverein immer deutlicher zum Unternehmen.

Seit 2008 bin ich als Theologin Mitglied im Vorstand der Diakonie Michaelshoven. Ich bin keine ordinierte Pfarrerin, und nicht nur darum gibt es auch keinen Hirten mehr, der über das Gelände geht.

1.   Ein Dorf mit Kirche und Pfarrer

Unmittelbar nach Ende des Zweiten Weltkrieges kam Pfarrer Dr. Erwin te Reh als Kreispfarrer zunächst für Jugend und Diakonie nach Köln. Die Versorgung von Kindern, Jugendlichen, Evakuierten und Flüchtlingen war seine zentrale Aufgabe. Vor allem wollte er ihnen wieder eine Heimat bieten.

So gründete te Reh zusammen mit anderen evangelischen Christen den privaten Trägerverein „Coenaculum – Christus lädt ein". Er wählte bewusst diesen nicht einfachen Namen, mit dem der Raum bezeichnet wird, in dem Jesus seine Jünger zum letzten Abendmahl traf. Auf diese Weise wollte er von Anfang an das religiöse Moment für den Verein schon in der Überschrift festlegen. „Coenaculum", wie der Träger abgekürzt in den nächsten Jahrzehnten genannt wurde, übernahm als erste Einrichtung ein Heim für Kriegswaisen am Rande von Rösrath. Aus einem ehemaligen Kriegsgefangenenlager wurde das

Kinder- und Jugenddorf Stephansheide. Mit der Errichtung der Stephanuskapelle erhielt der Ort zügig seine sichtbare geistliche Mitte.

In Köln kümmerte sich der Kreispfarrer weiter um den Bau von Wohnhei-
men für Lehrlinge und junge Berufstätige. Aber gerade diese Unterbringungen
entsprachen nicht seinen Vorstellungen und Absichten: „Wir machten bei den
Einzeleinrichtungen, die wir hatten... die Erfahrung, dass es bei allem guten
Willen nicht möglich war, die Gemeinschaften dieser Häuser in die Pfarreien,
heute würde man sagen, zu integrieren."[1] Und weiter: „Es kommt ja nicht auf
den Raum alleine an, es kommt nicht auf die kleinen Gemeinschaften an, die
sich selber genug sind, es kommt darauf an, dass alles zusammen gefasst wird
irgendwie in der gottesdienstlichen Gemeinschaft (...). Der Gottesdienst ist für
eine christliche Gemeinde der Ausgangspunkt, der Herzschlag, da kann man
nichts dran ändern. Ob es die Caritas oder die Diakonie ist."[2] Gemeinschaft,
Gemeinde, Gottesdienst: Das sind die Begriffe, die te Rehs Entscheiden und
Handeln prägen.

Als er die Chance bekam, ein großes Grundstück am Rande von Köln-
Rodenkirchen zu erwerben, griff er 1954 zu. Weil er seine Pläne mit der Be-
zeichnung „Anstalt der Inneren Mission" beschrieb, erhielt er für die bis dahin
landwirtschaftlich genutzte Fläche eine Ausnahmegenehmigung zur Bebau-
ung: „Damals haben wir – ich wollte meiner Lebenserfahrung und meiner theologischen Überzeugung treu bleiben – zunächst den Grundstein für die Kirche gelegt, die wir zu bauen kein Geld hatten."[3]

Tatsächlich entstanden die ersten Häuser in Michaelshoven, das nie „Anstalt der Inneren Mission" hieß, zwischen 1955 und 1960. Die Kirche konnte
erst 1964 eingeweiht werden. Als einziges Gebäude liegt sie in der grünen
Mitte des parkähnlichen Geländes und wird so zu einem steinernen Symbol
des te Rehschen Ansatzes. „Wir haben dauernd Richtfeste gefeiert (...). Und
kaum standen die ersten Mauern der Kirche, mussten wir sofort dort Gottesdienst feiern", erinnert sich Magdalene te Reh, die Ehefrau von te Reh, viele
Jahre später.[4] Und immer sei die Kirche voll gewesen. Zur Lebens- und Arbeitsgemeinschaft gehörte eben ein intensives Gemeindeleben.

Bis Anfang der 80er-Jahre wurde das Coenaculum auch von außen vor
allem als Kirchengemeinde wahrgenommen, von welcher aus diakonische
Einrichtungen verwaltet und geleitet wurden. Auf diese Weise ereignete sich
nach Meinung te Rehs Diakonie als Wesens- und Lebensäußerung von Kirche,
so wie es die Grundordnung der Evangelischen Kirche bis heute formuliert.

Die Frage nach der Rolle der Theologie in der Leitung des Werkes stellte
sich nicht. Tatsächlich fand die Rede von Gott in Andachten und Gottesdiensten ebenso statt wie in Gesprächen zum christlichen Glauben in Bibelkreisen
und Mitarbeiterrunden. Kirchlichkeit und Christsein waren eins. Das helfende

---

[1]   te Reh, E.: Geschichte, S. 8f.
[2]   A.a.O.: Geschichte, S. 9.
[3]   A.a.O.: Geschichte, S. 10f.
[4]   te Reh, M.: Nichts ist beständiger, S. 15.

Handeln der Diakonie ergibt sich für den Gläubigen aus der Verkündigung des Wortes Gottes: „Zuwendung zum Mitmenschen ist Dienst. Sie ist Ausdruck des Glaubens an Gott, der sich den Menschen in Jesus Christus zugewandt hat. Diesem Gott dient seine Kirche in Liturgie (Gottesdienst), Martyria (Zeugnis), Koinonia (Gemeinschaft) und Diakonie (Dienst am Menschen)", heißt es in der Denkschrift der Evangelischen Kirche zu Grundlagen, Aufgaben und Zukunftsperspektiven der Diakonie, die 1998 erschien.[5] „Die Christen der frühen Gemeinde blieben nicht nur ‚beständig in der Lehre der Apostel, in der Gemeinschaft, im Brot brechen und im Gebet' (Apg 2,42), sie sammelten auch für die Bedürftigen und setzten Armenpfleger im Sinne einer besonderen Beauftragung ein (Apg 6). Dies alles kennzeichnete sie als Gemeinde Christi."[6] Das urgemeindliche Bild prägte das Wirken von te Reh in Michaelshoven mehr als 30 Jahre. Seine eigene Rolle eines Leitungspatriarchen kommt in der biblischen Erzählung nicht vor. Hier verband er tradierte Muster aus Diakonievereinen des 19. Jahrhunderts und ein schon zu seinen Lebzeiten überholtes autoritäres Amtsverständnis als Gemeindepfarrer.

In der Rückschau überrascht, dass sich dieses Modell über 30 Jahre lang als tragfähig erwiesen hat. Das von te Reh stark geförderte Gemeinschaftsgefühl hat viele Mitarbeitende, aber auch Freunde und Förderer, in ihrer Arbeit und ihrem Einsatz bestärkt. Begriffe wie beispielsweise Markt, Kunde, Dienstleistung waren ebenso Fremdwörter wie Teilhabe oder Transparenz. Aber sie prägten längst das sozial-politische Umfeld. Es hat nicht allen langjährigen Wegbegleitern gefallen, dass in den Folgejahren auf diese Herausforderungen umgehend reagiert werden musste.

2.   Vom Kirchenverein zum diakonischen Unternehmen

„Bereits bei meinem ersten Besuch im Pfarrhaus von Michaelshoven schien es so, als ob die Aktivitäten der Diakonie aus Gottesdienst, Seelsorge und Gebet erwüchsen", hält Pfarrer Reinhard Hackler in einer Festschrift der Diakonie Michaelshoven aus dem Jahr 2004 rückblickend fest.[7] Er gibt damit zutreffend die Realität des „Coenaculum" noch in den 80er-Jahren wieder. Hackler wurde 1987 – sechs Jahre nach Ausscheiden von Pfarrer Erwin te Reh und nach einer kurzen Übergangsphase unter Pfarrer Eberhardt Zeschnigk – zunächst zum Pfarrer der Kirchengemeinde Michaelshoven und wenige Monate später zum Vorsitzenden des Trägervereins gewählt. Er war durchaus in der

---

5   EKD: Denkschrift, S. 17.
6   Ebd.
7   Hackler: Festschrift, S. 30.

Absicht gekommen, ‚pastoral' zu wirken. Tatsächlich war er der Überzeugung, dass seine unterschiedlichen beruflichen Stationen als Studieninspektor, Gemeindepfarrer und Militärdekan eine gute, vor allem vielseitige Vorbereitung waren. Im Blick auf das nicht-kirchliche berufliche Umfeld war er allerdings durchaus selbstkritisch: „Was wissen Theologen in der Regel von Dienstabläufen, von den organisatorischen Voraussetzungen, die den Alltag großer Unternehmen und kleiner Organisationen bestimmen?"[8]

Mit dem Kommen von Reinhard Hackler änderte sich der Blick auf Verein und Kirchengemeinde. Der neue Pfarrer und Vereinsvorsitzende erkannte bald die Herausforderungen, die sich aus einer zu kleinen Kirchengemeinde mit ca. 350 Mitgliedern und einem wenig organisierten Verbund verschiedenster Einrichtungen in Köln und Umgebung ergaben. Dabei erwies sich anscheinend seine Ausbildung als nützlich. Hackler berichtete später selbst, dass ihm bei der Analyse der Situation die Anwendung der im Theologiestudium gelernten und im Pfarrberuf geübten historisch-kritischen Methode geholfen habe: „Mit ihrem Dreischritt: Kritik, Analogie und Korrelation lässt die historisch-kritische Methode Texte in ihrer Entstehungsgeschichte transparent werden. Man lernt verstehen, wie Texte entstanden sind, was sie damals bedeuteten, und man kann fragen, ob und inwieweit sie uns heute etwas zu sagen haben (...). Die Erkenntnisse aus den Überlegungen der Fragen ‚Woher komme ich?' und ‚Wo stehe ich?' zielen auf den entscheidenden dritten Schritt, der in der Frage mündet: ‚Wohin gehe ich?'"[9]

Eine Antwort auf die gestellte Frage war die zügige Umwandlung der Kirchengemeinde Michaelshoven in eine Anstaltskirchengemeinde im Jahr 1991. Damit wurde landeskirchlich eingerichtet, was von Anfang an Realität war: eine Gemeinde, der evangelische Christen angehören, die in den jeweiligen Einrichtungen leben und arbeiten. Für te Reh war noch selbstverständlich, dass Mitarbeitende sich der Kirchengemeinde Michaelshoven mindestens zugehörig fühlten und aktiv am Gemeindeleben teilnahmen. Dieser Erwartung haben allerdings schon zu seinen Lebzeiten immer weniger Mitarbeitende entsprochen.

Mit der Errichtung der Anstaltskirchengemeinde in Michaelshoven war die Schaffung einer zweiten Pfarrstelle verbunden. Die pastoralen Aufgaben des Vereinsvorsitzenden wurden stark reduziert: „Aus mir als dem hauptamtlichen Pfarrer, der im Nebenjob Vereinsvorsitzender gewesen war, wurde somit ein hauptamtlicher Vorstandsvorsitzender, der im Nebenamt seinen Tätigkeiten als Pfarrer nachging."[10]

Den regelmäßigen Sonntagsgottesdienst in der Erzengel-Michael-Kirche übernahm der neue Kollege ebenso wie die seelsorgerliche Arbeit, insbesondere in den Einrichtungen auf dem Gelände der Diakonie Michaelshoven in

---

[8]   Hackler: Festschrift, S. 29.
[9]   Ebd.
[10]   A.a.O.: S. 36.

Rodenkirchen. Hackler initiierte wesentliche und längst überfällige Veränderungen im Aufbau und in der Organisation des weiter wachsenden Vereins. Neben der Bündelung fachlich verwandter Aufgaben in Unternehmensbereichen gelang sukzessive auch der Aufbau einer professionelleren Unternehmensführung. Die heutige übliche Doppelspitze aus kaufmännischen und theologischen Vorstandsmitgliedern wurde in dem damaligen Diakoniewerk Coenaculum erst 1998 eingeführt.

Anstaltskirchengemeinde und Verein entwickelten sich in den Folgejahren unabhängig voneinander. Trotz Theologenrunden und Kamingesprächen im Pfarrhaus mit ausgewählten Mitarbeitern gab es keine gemeinsamen Angebote und Projekte. Der nebenamtliche Pfarrer im Vereinsvorsitz und der hauptamtliche Pfarrer als Vertreter der Anstaltskirchengemeinde fanden nicht zusammen. Dabei stellten sich für Gemeinde und Verein gleichermaßen die Fragen nach Zukunft und Identität. Für das Coenaculum ging es dabei nicht nur um seine innere Verfasstheit, sondern natürlich auch um seine Unterscheidbarkeit und das eigene Profil auf dem weiter expandierenden Sozialmarkt.

Das te Rehsche Modell einer frommen Lebens- und Arbeitsgemeinschaft war spätestens mit seinem Ausscheiden Anfang der 80er-Jahre obsolet. Jetzt geriet auch der Name des Vereins mehr und mehr in die Diskussion. Nicht mehr die Einladung zum gemeinsamen Abendmahl (Coenaculum), sondern die Geschichte vom Barmherzigen Samariter sollte Profil und Selbstverständnis begründen. Aus „Christus lädt ein" wurde „Dem Menschen zugewandt". „Der aus dem Liebesgebot abgeleitete Leitsatz unseres Unternehmens fordert zu einem ständigen Dialog auf. In diesem Menschenbild sind Betreuer und Betreute gleichwertig miteinander verbunden. Ziel ist es, die Menschen spüren zu lassen, dass sich Mitarbeiterinnen und Mitarbeiter aus erfahrener Gottesliebe dem anvertrauten Menschen zuwenden."[11]

Gegen erhebliche Widerstände in der Mitgliederversammlung des Vereins gelang es im Jahr 2002, 52 Jahre nach Gründung, aus dem Coenaculum die Diakonie Michaelshoven werden zu lassen.

Hackler hatte als Vorstandsvorsitzender viel Kraft in die Entwicklung einer Unternehmenskonzeption für den gemeinnützigen Verein gesteckt. Das klare Ziel war, als freier Träger dauerhaft eigenwirtschaftlich tätig bleiben zu können. Letztlich ließen ihm schon lange nicht mehr fließende kirchliche Zuschüsse, aber vor allem die Abschaffung des Kostendeckungsprinzips in den 90er-Jahren auch keine Wahl.

Hackler war aber auch klar: Wo Diakonie drauf steht, muss auch Diakonie drin sein![12] Dennoch kann man nicht sagen, dass die Entwicklung einer erneuerten religiös begründeten Unternehmensidentität ein Kernanliegen des Vereinsvorsitzenden war. Was man nicht mehr wollte, war klar, aber was man über bloße Verweise auf für die Diakonie allgemein als begründend erachtete

---

[11] A.a.O., S. 23.
[12] Vgl. A.a.O.: S. 42.

biblische Textstellen hinaus an Orientierung zu bieten hatte, blieb insbesondere für die Mitarbeitenden nebulös. Vielleicht war Hackler sich dessen durchaus bewusst. In der bereits häufiger zitierten Festschrift schreibt er: „Und im Übrigen gilt das Prinzip der protestantischen Ethik, dass sich die religiöse und moralische Qualität unserer Arbeit nicht nur an der Gesinnung und Motivation des Einzelnen bemisst, sondern auch an dem getanen Werk!"[13]

3.   Ein modernes Unternehmen mit diakonischer Identität

„Ich hatte mir eigentlich einen stattlichen Mann vorgestellt", sagte mir eine Dame, die mir zur Wahl in den Vorstand der Diakonie Michaelshoven im Jahr 2008 gratulierte. Offensichtlich wirkte das Bild vom männlichen Hirten noch lange nach.

Im Jahr 2008 hatte die Diakonie Michaelshoven den bereits 2004 beschlossenen Rechtsformwechsel abgeschlossen. Das Gerüst des Vereins wurde beibehalten, die Aufgaben der Jugend- und Behindertenhilfe, Seniorenarbeit und der beruflichen Rehabilitation in Tochtergesellschaften organisiert. Zentrale Aufgaben übernahm eine sogenannte Vereins-Holding. Im Vorstand arbeiten Theologe und Kaufmann seither gleichberechtigt zusammen. Gemeinsam mit den Geschäftsführern der Tochtergesellschaften bilden sie den Führungskreis, in dem wesentliche Projekte überlegt und diskutiert werden. Organisatorisch war der Prozess der Unternehmenswerdung also abgeschlossen. Offen geblieben war die Frage nach der Erkennbarkeit als diakonisches Unternehmen.

Für te Reh war Diakonie ein Ertrag des gemeinsamen Erlebens von Gottesdienst und Abendmahl. Liturgie und Sakrament waren kein Aditivum, sondern Voraussetzung von Diakonie.

Die geschilderten institutionellen Veränderungen der 80er- und 90er-Jahre führten insbesondere für die Mitarbeitenden zu einem getrennten Erleben von Kirche und Diakonie, in welcher Verfasstheit auch immer. Immer öfter stellten sie die Frage, was ihre Arbeit noch mit Kirche zu tun habe. Für viele war mit der Abschaffung der Anstaltskirchengemeinde im Jahr 2007 ein einfacher ‚Beweis' der kirchlichen Seite von Diakonie verschwunden – auch wenn sie selber nie Teil dieser Gemeinde waren und auch am Gemeindeleben nie teilgenommen hatten. Aber mit ihrer Frage signalisierten sie, dass sie wussten, dass da eine Verbindung sein sollte.

---

[13]   Ebd.

Neue Mitarbeiterinnen und Mitarbeiter, die angesichts des Wachstums der Diakonie Michaelshoven seit der Jahrtausendwende in größerer Zahl dazu kamen, waren und sind häufig nicht kirchlich geprägt, auch wenn sie formal eine christliche Konfession nachweisen können. Sie ahnen mehr, als dass sie wissen, dass Diakonie etwas mit Kirche zu tun haben könnte, spätestens wenn sie auf dem Gelände in Rodenkirchen die Erzengel-Michael-Kirche oder in Stephansheide die Stephanuskapelle erkennen.

Bei der Wiedergewinnung bzw. der Pflege einer auch religiös begründeten diakonischen Identität wird es jetzt und in Zukunft primär um Wissens- und Erfahrungsvermittlung gehen müssen. Wer um die Geschichte von Diakonie und Kirche weiß, wer Traditionen kennt und Rituale begreift, wird die religiöse Dimension von diakonischem Handeln mittragen können. Vor allem aber muss Gesprächsfähigkeit hergestellt werden. Es gilt auch, die Diskrepanz zu überwinden, die sich merklich zwischen den Erwartungen der Kunden und Kundinnen und den Möglichkeiten der Mitarbeitenden im Gespräch zu Fragen des Glaubens und des Christseins auftut. Allerdings wollen und können wir in der Diakonie Michaelshoven nicht Versäumnisse des Konfirmanden- oder Religionsunterrichtes nachholen. Aber ich verstand, vielleicht auch weil mein ursprüngliches Berufsziel Lehrerin für Deutsch und Religion war, dass wir unsere Mitarbeitenden, wie man in den evangelischen Kirchengemeinden früher sagte, ,zurüsten' müssen.

Im Jahr 2008 wurde das erste umfassende Leitbild der Diakonie Michaelshoven vorgestellt. Vorangegangen war ein intensiver Diskussionsprozess mit Führungskräften und Mitarbeitenden. Ich selber habe viele dieser Workshops moderiert.

Die Akzeptanz von Leitsatz, Werten und Unternehmensgrundsätzen war von Anfang an hoch. Unter der Überschrift „Die Werte" haben wir damals tatsächlich keine tradierten Begriffe aufgegriffen, sondern die wichtigsten, unser Handeln definierenden Eigenschaften genannt: Christlich, Kompetent, Kommunikativ. Die spannendsten Diskussionen führten wir zum Adjektiv ,christlich'. Dabei wurde ,christlich' als zentrale Eigenschaft nicht in Frage gestellt. Viele Mitarbeitende setzten ,christlich' einfach mit ,caritativ' und ,diakonisch' gleich. Das ist nicht ganz treffend, aber auch in Ordnung. Andere befürchteten hingegen, missioniert zu werden oder eine Missionsaufgabe zu erhalten. Es tauchten Fragen nach regelmäßigen Gebetszeiten und verpflichtenden Gottesdiensten auf. Alle diese unbegründeten Befürchtungen und alle berechtigten Fragen haben dazu beigetragen, dass wir uns über viele Wochen intensiv mit dem Thema unserer diakonischen Identität beschäftigt haben.

In diesem Diskussionsprozess habe ich ganz zu Beginn meiner Vorstandstätigkeit viel lernen können. Anders als von Vorgängern oder erfahrenen Kollegen behauptet, ist es nicht so, dass Mitarbeitende nicht auf die Themen Kirche, Glaube, Christsein oder Ähnliches angesprochen werden wollen. Nein,

viele von ihnen sprechen offen und mit großem Interesse über religiöse Fragestellungen. Ich halte es in solchen Gesprächen nicht für primär bedeutsam, ob
der richtige Kirchenbegriff verwandt wird oder die Konfessionsgrenzen schon
einmal verschwimmen. Diese Mitarbeitenden sind froh, im diakonischen
Raum auch über schwierige oder problematische Erfahrungen mit Kirche zu
sprechen.

Es ist mir aber besonders wichtig, dass die Mitarbeitenden in die Lage
versetzt werden, sicher und zutreffend über das Auskunft zu geben, was Diakonie ausmacht und unterscheidet. Daher finden sich in unseren Fortbildungs-
programmen Angebote, die biblisches und kirchlich-diakonisches Grundla-
genwissen vermitteln. Darüber hinaus wird Wissen ,kompakt' zur Verfügung
gestellt, beispielsweise über kleine Textbeiträge zu Ereignissen oder Persön-
lichkeiten der Kirchengeschichte im Intranet. Bewährt hat sich die von Mitarbeitenden so bezeichnete Diakoniebroschüre, die wir nicht nur anlässlich des
Einführungstages für neue Mitarbeitende verteilen. Sie informiert kurz und
knapp über Geschichte und Grundlagen der Diakonie im Allgemeinen und der
Diakonie Michaelshoven im Besonderen. Außerdem finden sich hier wichtige
liturgische Texte, ausgewählte Bibelstellen und Kirchenlieder. Bei der Auswahl haben wir uns leiten lassen von entsprechenden Fragen der Mitarbeitenden: Wo finde ich ein Gebet, einen passenden Psalm, etc.

Mein Wunsch ist, dass die religiöse Seite von Diakonie nicht gesetzt und
verkündet wird, sondern als gestaltbar erlebt wird. Darum werden Mitarbeitende in die Vorbereitung und Durchführung von Gottesdiensten und Andachten mit einbezogen oder sie werden ermutigt, kleine Rituale eigenständig zu
pflegen, wie etwa das gemeinsame Lesen und Hören des Losungswortes.
Wichtig ist, über alle diese Angebote und Instrumente im Gespräch zu bleiben:
An der jüngsten Überarbeitung unseres Leitbildes in 2017/2018 haben sich
fast 200 Mitarbeitende im Rahmen einer Online-Umfrage beteiligt.

Die Ausprägung und Bewahrung diakonischer Identität ist für mich wie
die Arbeit an einem Puzzle. Unterschiedslos sind alle eingeladen mitzuma-
chen. Viele kleine Teile ergeben ein schönes großes Bild – nur dass wir in der
Diakonie nie fertig werden.

4.   Organisierte Diakonie und verfasste Kirche

Ich bin sicher, dass die Herausforderung, die diakonische Identität zu bewahren, entsprechende Angebote vorzuhalten und ausreichende personelle und finanzielle Ressourcen zur Verfügung zu stellen, für diakonische Unternehmen
in den nächsten Jahren immer größer werden wird. Daher ist es umso bedau-
erlicher, dass unsere Evangelische Kirche in der erneuerten Loyalitätsrichtlinie von 2016 die Unternehmen in freier Trägerschaft vor allem an ihre Pflich-
ten und Aufgaben hinsichtlich Identitätsbildung und sogar Lebensführung von

Mitarbeitenden „erinnert", ohne dass in Zeiten abnehmender kirchlicher Akzeptanz gleichzeitig über die Möglichkeiten eines verstärkten Miteinanders mindestens gesprochen wird. Gleiches gilt für die Zuordnungsrichtlinie, die unter anderem die Berücksichtigung kirchlicher Vertreter in den Gremien der Träger als eine formale Erwartung formuliert: „Es ist ein Versuch, institutionelle Anbindung zu beschreiben, den Auftrag zur Kommunikation des Evangeliums, den verfasste Kirche und organisierte Diakonie teilen, institutionell zu materialisieren, aber theologisch hinreichend zur Gestaltung von Diakonie als Wesens- und Lebensäußerung von Kirche ist das nicht."[14]

Diakonische Unternehmen können ihre Identität aus sich heraus leben und gestalten. Zu dieser Identität aber gehören auch Angebote der Seelsorge und Verkündigung, die nicht notwendigerweise von Mitarbeitenden der diakonischen Unternehmen gemacht werden müssen. Es wäre für Kirche und Diakonie ein Gewinn, wenn mehr Pfarrer und Pfarrerinnen, Diakone und Diakoninnen oder Prädikanten und Prädikantinnen der Kirchengemeinden oder Inhaber und Inhaberinnen von Funktionspfarrstellen wenigstens hin und wieder den ein oder anderen Dienst in den ihnen durchaus bekannten Einrichtungen vor Ort übernehmen würden. Es muss ein Anliegen aller Verantwortlichen auf beiden Seiten, nicht nur der Theologen und Theologinnen, sein, in diesen Punkten mehr Verständigung zu erzielen, um ein weiteres Auseinanderdriften beider Institutionen zu verhindern. Denn verlieren werden am Ende beide: die Kirche, die einen Großteil ihrer positiven öffentlichen Wahrnehmung auch aus der Arbeit der diakonischen Werke schöpft, und die Diakonie, die in Fragen von Theologie und Glauben auf sich selbst verwiesen bleibt.

5.   Schlussbemerkung

Ich habe nicht über die Rolle der Theologie in der Steuerung diakonischer Unternehmen geschrieben. Ich habe den Begriff ‚Rolle' ernst genommen und darüber nachgedacht, welchen Einfluss Menschen, Theologen, im Laufe von über 60 Jahren auf die Ausgestaltung der besonderen Identität der Diakonie Michaelshoven genommen haben. Diese Einflussnahme hat viel mit dem historischen Bedingungsrahmen zu tun, aber auch mit der jeweiligen Persönlichkeit. Der eine verstand sich als Pfarrer und guter Hirte, der nächste wollte weniger Pfarrer sein, dafür mehr Organisationsentwickler, und ich komme mir manchmal vor wie eine Mannschaftstrainerin: Regeln aufstellen, Ziele definieren, das Team zusammenhalten, Kontakte und Kommunikation pflegen.

Auf jeden Fall aber ist die Zeit der Leitungspatriarchen lange vorbei: Die Zeit für Frauen in diakonischen Vorstandskonstellationen ist leider noch nicht wirklich gekommen. Das ist angesichts erster bescheidener Fortschritte in

---

[14]   Hofmann: Diakonisch Kirche sein, S. 166f.

Wirtschaftsunternehmen und vor allem angesichts eines sehr hohen Frauenanteils unter den Mitarbeitenden von Diakonie und Kirche unverständlich. Mehr als 25 Jahre nach der Wahl von Maria Jepsen zur weltweit ersten lutherischen Bischöfin hat sich auf den Leitungsebenen beider Institutionen nicht viel geändert. Dabei ist die Aufgabe mit ihren vielen Gestaltungsmöglichkeiten wirklich attraktiv. Vielleicht müssen wir, Frauen und Männer, häufiger positiv und vor allem wahrnehmbarer von unserer Arbeit berichten. Und vor allem sollten wir mit offenen Augen durch unsere Unternehmen gehen und Frauen, die etwas können und sich etwas zutrauen, auch ermutigen.

Auslöser für das vorliegende Buch ist sicher auch die Tatsache, dass die Notwendigkeit eines Theologen / einer Theologin im Vorstand eines diakonischen Unternehmens immer öfter in Frage gestellt zu werden scheint. Nachbesetzungen erfolgten in der letzten Zeit oftmals schleppend und erwiesen sich leider manchmal auch sehr schnell als nicht geglückt. Ein aktuell häufig zu hörender Vorschlag ist, die Sorge um die Wahrung der diakonischen Identität bzw. des diakonischen Profils beispielsweise dem Kuratorium als normativer Ebene aufzugeben. Die Arbeit im Unternehmen kann dann durch eine entsprechende Stabsstelle erledigt werden. Ganz abgesehen davon, dass sich manches Kuratorium davon überfordert sähe, bin ich überzeugt, dass es nicht funktionieren wird. Schlicht gesagt: Es ist nicht einfach, den Anliegen des diakonischen Selbstverständnisses gegenüber den vielen anderen durchaus auch berechtigten Anliegen der Organisation Gehör zu verschaffen, dazu braucht man eine einflussreiche Position: einen Theologen bzw. eine Theologin in der Steuerung eines Unternehmens.

Literaturverzeichnis

Hofmann, Beate: Diakonisch Kirche sein im Resonanzraum des Evangeliums – Überlegungen zur „Kirchlichkeit" der Diakonie aus systemischer, ekklesiologischer und juristischer Perspektive. In: Hofmann, Beate / Büscher, Martin (Hg.) (2017): Diakonische Unternehmen multirational führen. Grundlagen – Kontroversen – Potentiale. Baden-Baden, S. 155-172.

EKD (Hg.) (1998): Herz und Mund und Tat und Leben: Grundlagen, Aufgaben und Zukunftsperspektiven der Diakonie. Eine evangelische Denkschrift. Gütersloh. Online verfügbar: https://www.ekd.de/ 27456.htm [Zuletzt abgerufen am: 29.05.2018].

Te Reh, Magdalene (2000): Nichts ist beständiger als der Wandel, Aus der Geschichte des Diakoniewerkes Coenaculum Michaelshoven, Köln e.V., Köln.

Hackler, Reinhard (2004): Den Wandel gestalten – vom Diakonieverein zum diakonischen Unternehmen, Festschrift, Köln.

te Reh, Erwin: Geschichte Coenaculum. In: Kladakis-te Reh, Angela (Hg.) (2010): Privater Erinnerungsband.

Der Einfluss der Theologie auf die Steuerung des Neukirchener Erziehungsvereins

Hans-Wilhelm Fricke-Hein

1.　Nicht die Asche hüten – die Glut schüren

Der Einfluss der Theologie und die Position des theologischen Vorstands sind in vielen diakonischen Werken eine logische Konsequenz aus der Entstehungsgeschichte. So ist beispielsweise der Neukirchener Erziehungsverein (gegr. 1845) das Ergebnis eines Aufrufs des Neukirchener Pfarrers Andreas Bräm (1797-1882): „Fangt an im Namen Jesu wenigstens ein einziges Kind zu retten oder retten zu helfen." Es ging von Anfang an nicht nur um die Sorge für den Leib, sondern auch für die Seele der Kinder und es war ein Aufruf „im Namen Jesu". In dieser Sorge um von Verwahrlosung bedrohte Kinder fand der diakonisch missionarische Auftrag des Werkes seinen Ausdruck. Unterstützer wurden gefunden, indem an die christliche Verantwortung für den Mitmenschen erinnert wurde. So wurde auch die Werbung für die gute Sache mit der christlichen Botschaft verbunden. Es folgten die Herausgabe der Neukirchener Abreißkalender mit seinen Auslegungen biblischer Geschichten „Zum Besten des Erziehungsvereins" und die Ausweitung der Verlagsarbeit. So fand neben dem diakonisch-missionarischen Auftrag der literaturmissionarische Auftrag seinen Ausdruck.

Durch seine große Verbreitung wurde der Neukirchener Kalender nicht nur ein wesentliches Instrument des Spendenmarketings. Er entwickelte sich auch zur Ressource für die Mitarbeitergewinnung. Viele Mitarbeiterinnen und Mitarbeiter, die einen diakonischen Dienst tun wollten, wurden durch den Neukirchener Kalender, den sie durch ihre Familien kannten, für Neukirchen geworben. Die pastorale Betreuung einerseits und die große Zahl an Mitarbeiterinnen und Mitarbeitern, die tief im Glauben verwurzelt sind, haben das Werk geprägt. Das Mutterhaus tat sein Übriges dazu. So gehört eine lebendige christliche Spiritualität zum Alltag des Werks.

Braucht man deshalb einen Pfarrer oder eine Pfarrerin in der Leitung, nur weil es immer schon so war? Das wäre zu einfach.

Auch wenn durch das sprunghafte Anwachsen der Mitarbeiterschaft in den vergangenen 25 Jahren viele Menschen mit volkskirchlicher Prägung hinzukamen, ist die Tradition sehr lebendig. Aber sie muss weiterentwickelt werden, denn sie ist eine Ressource mit großer Motivationskraft. Weiterentwicklung heißt z.B.: Manche im Frontalkonzept praktizierte Andachtsform wird auch nicht weiter fortgeführt, weil sie weder den pädagogischen Ansprüchen noch den Bedürfnissen der Adressaten entsprach. Neue Formen sind an ihre Stelle getreten. Die interkulturelle Öffnung für Mitarbeitende, die keiner christlichen Kirche angehören, stellt eine besondere Aufgabe dar, die in theologisch verantworteter Weise begleitet werden muss. Die diakonisch soziale Arbeit bringt eine Vielzahl von ethischen Fragestellungen mit sich. Der im Werk gültige Wertekanon muss reflektiert werden. Es braucht eine angesichts modernen Herausforderungen theologisch sprachfähige Leitung. Dabei ist die theologische Tradition des Werkes ein Pfund, mit dem man wuchern kann. Dieses besteht nicht nur aus den Erzählungen, die das Werk prägen, sondern auch durch die Trägerinnen und Träger der Tradition, also die Mitarbeiterinnen und Mitarbeiter. Es geht nicht um das Hüten der Asche, nicht um das Aufhalten technischen, pädagogischen und medizinischen Fortschritts im Namen von einem so verstandenen christlichen Menschenbild, sondern um weltoffene und bodenständige Kommunikation des Evangeliums.

2.   Diakonisches Profil und theologischer Vorstand – nicht besser, aber anders

Die Geschichte der Entstehung der freien Werke der Diakonie und ihrer Mutterhäuser ist ohne den Einfluss der Theologie nicht zu schreiben. Es sind Glaubenswerke. Dazu gehört eine diakonische Kultur, die einem starken Wandel unterworfen ist. Hinter dem Begriff des diakonischen Profils verbirgt sich oft die Frage nach dem Eigentlichen, dem, was sie von den anderen Organisationen der freien Wohlfahrtspflege, abgesehen von der Caritas, unterscheidet. Da man dies oft nicht allein mit einer Andachtskultur begründen will und kann, wird das diakonische Profil häufiger gern mit der besonderen Qualität der Umgangsformen, des wertschätzenden Umgangs mit Klienten und Mitarbeitenden begründet. Solche Argumente sind schwach. Zum einen sind die Unterschiede in einer Gesellschaft, in der alle Wohlfahrtsorganisationen geschichtlich von der christlichen Hilfekultur geprägt sind, nicht so einfach zu identifizieren, nicht einmal dann, wenn wir von der Einstellung zu Krankheit, Leiden und Sterben sprechen. Zum anderen haben auch privatwirtschaftlich geführte Organisationen Leitbilder, die sich in ihrer praktischen Ausgestaltung von denen einer diakonischen Organisation kaum unterscheiden werden. Der Unterschied liegt eher darin, dass die Praxis theologisch reflektiert wird und notwendigerweise auch mit einer diakonischen Kultur, die sich in den spirituellen, ethischen und kybernetischen Vollzügen äußert. Dazu gehört auch, dass Diakonie sich nach wie vor als Wesens- und Lebensäußerung der Kirche begreift. Wir sind nicht besser, aber anders. In diesem Sinne kann die Theologie, vertreten durch leitende Pfarrerinnen und Pfarrer, positiv am diakonischen

Profil arbeiten und Teil desselben werden. Diakonie hat in der Gesellschaft meist einen guten Ruf sowohl in der Dienstleistung als auch im Arbeitsklima. Für viele personifiziert sich dieser gute Ruf in der Person des oder der leitenden Geistlichen. Aber dieser gute Ruf in der Gesellschaft sorgt auch für eine größere Fallhöhe, wenn es zu Konflikten kommt.

Abgesehen von diesen Überlegungen ist es auch theologisch zu hinterfragen, ob eine diakonische Einrichtung sich einer „besseren" Praxis rühmen sollte. Solcher Stolz hat oft mit Unwissenheit zu tun. Wer sich so rühmt, kennt häufig die Praxis der Mitbewerber nicht.

3. Das Ende des Patriarchen – Veränderungen im Rollenverständnis

Die Pastoren der ersten Stunde lebten ein patriarchalisches Führungsmodell mit Allzuständigkeit. Ob es um Personalführung, Bau, Beschaffung, Versorgung und Betreuung der Schutzbefohlenen ging, der Pastor ist ansprechbar und zuständig. Sein Eingreifen in die Arbeitsprozesse war möglich und wurde häufig auch von seiner Umgebung, ob öffentlich oder intern, erwartet.

So lassen sich die um ein Vielfaches größer gewordenen Werke nicht mehr führen. Der Patriarch ist nicht mehr allein im Vorstand. Die Rolle muss im Konzert der kaufmännischen und anderen Professionen neu definiert werden. Es gibt Extreme, die nicht tauglich und deshalb in der Diakonie verzichtbar sind. Das ist einerseits der Pfarrer, der zum Manager wird und seinen beruflichen Ursprung vergessen hat oder totschweigt. Wer sich als Pastor in der Managerrolle verliert, gerät leicht zur Karikatur. Selbst bei einem guten Kaufmann vergisst die Umgebung nämlich nicht, dass es in Wirklichkeit ein Geistlicher ist und ist irritiert, wenn er das in seiner Arbeit unterschlägt. Andererseits kann sich der Geistliche angesichts der Komplexität eines diakonischen Unternehmens nicht auf das Feld gottesdienstlicher und kirchenjahreszeitlicher Festveranstaltungen sowie einer Seelsorgetätigkeit zurückziehen. Da fehlt auf Dauer die praktisch-theologische Reflexion der Praxis. Aber geistlich-diakonisches Denken wird schließlich auch im wirtschaftlichen Handeln und in der professionellen Ausübung der sozialen Dienste erwartet. Wo dieser Bezug nicht hergestellt wird, werden dann irgendwann Gottesdienste und Andachten etc. in Frage gestellt und schließlich verschwinden.[1] Beide Rollen, den Theologen, der kein Theologe mehr sein will, und den Theologen, der nur Theologe sein will, braucht die Diakonie nicht.

---

[1]   Vgl. Hauschildt: Geistliche Leitung, S. 46f.

Für den erstgenannten Weg gibt es die betriebswirtschaftliche Ausbildung. Der zweite Weg gehört zwar mit zum Aufgabengebiet des leitenden Theologen, reicht aber nicht allein, sondern führt in den Verzicht auf theologisch reflektierte Leitung. Beides wird sich negativ auf die diakonische Kultur auswirken.

Viele Aufsichtsräte oder Kuratorien sehen in der Doppelqualifikation – Betriebswirtschaft und Theologie – die Lösung. Dabei ist aber zu beachten, dass es nicht zum Konflikt oder zum Kompetenzgerangel zwischen dem theologischen und dem kaufmännischen Vorstand kommt.

4. Verschiedene Gaben – ein Leitungsauftrag

Gabenorientierung (1.Kor 12) fängt in der Leitung selbst an. Relativ häufig ist in diakonischen Unternehmen die Doppelspitze anzutreffen. Die Kauffrau bzw. der Kaufmann und der Theologe, bzw. die Theologin bringen ihre Expertise zur Erfüllung des einen Auftrags ein. Dabei sollten beide jeweils ein hohes Interesse und Verständnis für das andere Fach mitbringen. Das ist unverzichtbar. Die jeweiligen Gesetzmäßigkeiten, nach welchen theologische oder kaufmännische Grundentscheidungen gefällt werden, müssen vom Kollegen oder der Kollegin verstanden werden. Aber es ist weder notwendig, dass der Theologe eine betriebswirtschaftliche Ausbildung mitbringt, noch dass die Kauffrau eine theologische Ausbildung hat. Viel entscheidender ist das Zusammenspiel der beiden Kompetenzen. Diese Form der Zusammenarbeit in der Leitung eines diakonischen Werkes ist schon theologisch begründet, nämlich in der Charismenlehre des Apostels Paulus.

Nach diesem Modell prägt die Theologie auch die Führungsgrundsätze unseres Werkes. Zum Beispiel:

> „Wir achten den Mitarbeitenden in seiner Sachkompetenz (…)
> Wir fördern den Mitarbeitenden in seinen Gaben (…)
> Wir beteiligen die Mitarbeitenden an der Zielentwicklung im Rahmen ihres Aufgabenbereichs (…)
> Wir geben Freiraum, in dem die Mitarbeitenden ihre kreativen Ideen einbringen können."[2]

Der gegenseitige Respekt muss auch auf der Leitungsebene gelebt werden, damit er sich positiv in der Zusammenarbeit auf allen Ebenen durchsetzt.

---

[2]   So beschlossen von Vorstand und Geschäftsführung des Neukirchener Erziehungsvereins am 4. April 2006.

5. Interne Kommunikation – pastoraler Besuchsdienst

Eine Haltung nach diesen Grundsätzen hat der theologische Vorstand auch durch Kommunikation, Wahrnehmung und schlicht durch Besuche zu leben.

> „Wie der Pastor oder die Pastorin in der Gemeinde Besuche macht, so kann ich die Mitarbeiterinnen und Mitarbeiter an ihren Arbeitsplätzen, z.B. in den stationären Einrichtungen, in Konferenzen, Klausuren o.ä. besuchen. Diese räumliche Darstellung muss sich im Inhaltlichen spiegeln. Die Mitarbeitenden tragen Verantwortung für ihren Anteil am Gesamtauftrag des Werkes. Mein Interesse an ihrer Arbeit und ihrem Einsatz ist wichtig. Wichtig ist aber auch, dass nicht Grenzen überschritten werden oder etwa Zuständigkeiten und Hierarchien außer Kraft gesetzt werden. Die Besuchsperspektive mag ungewöhnlich sein, aber sie kann etwas deutlich machen: Die Mitarbeiterinnen und Mitarbeiter haben in ihrem je eigenen Bereich die Verantwortung für die Arbeit nach den Leitlinien, die ihnen gegeben sind, und orientiert an den Zielen selber zu tragen. Es ist ihr Bereich.“[3]

Sicher gilt das nicht nur für den Theologen. Auch andere Vorstandsmitglieder sowie die Mitarbeitenden in zentralen Verwaltungen sollten in den Einrichtungen hospitieren, damit sie die Menschen und ihre Arbeit kennenlernen, für die sie die Rahmenbedingungen gewährleisten. Aber Kommunikation und wertschätzende Wahrnehmung der Mitarbeitenden und ihrer Arbeit sind wertvolle Kernkompetenzen, die in der Ausbildung und den ersten Berufsjahren eingeübt wurden. Durch die Besuche erfährt der theologische Vorstand auch, womit den Mitarbeitenden wirklich gedient ist. Dieses Wissen ist Basis zur Ausübung einer weiteren theologisch gut begründeten Führungskompetenz.

6. Dienende Führung

Entscheidend für den diakonischen Erfolg ist das Nachvollziehen eines biblisch-diakonischen Kernsatzes: „Der Größte unter euch soll euer Diener sein.“ (Mt 23,11). Dienende Führung besteht darin, dass jede Leitung gemäß ihrer Kompetenz Rahmenbedingungen schafft, in denen die Mitarbeitenden gut ihre Ziele erreichen können. Dazu gehörten einerseits die ökonomische und fachliche Unterstützung, aber auch die theologische Grundlage. Fragen zum Menschenbild, zur Menschenwürde, zur Zukunftshoffnung und zur Ethik sind nicht ein für allemal erledigt. Da wir es in der Diakonie auch immer wieder mit Menschen in schwierigsten Krisensituationen zu tun haben, sehen sich Mitarbeiter auch in ihrem eigenen Glauben gefragt und hinterfragt und brauchen Beratung. Möchte man die Führungspersönlichkeit mit einer Metapher beschreiben, dann wäre es in diesem Falle wahrscheinlich weniger der Hirte,

---

3   Fricke-Hein: Geistliche Leitung, S. 136.

sondern mehr der Gärtner. Er bereitet den Boden, die Arbeitsumgebung, in der Mitarbeitende wachsen und sich entfalten können. Er regelt Konflikte. Gute Strukturen allein genügen nicht. Ämter werden von Personen ausgefüllt und diese müssen begleitet werden. Sie sind die Hauptressource.

7.   Theologie –
nur Stabsfunktion oder Führungsangelegenheit?

Unterricht, Seelsorge, Mitarbeit in der Ethikkommission können ebenso gut auch durch eine theologische Stabsstelle gewährleistet werden. In Fällen der Mitarbeiterseelsorge kann dies sogar besser sein, weil die Vorgesetztenfunktion der Mitarbeiterseelsorge deutlich Grenzen setzt. Im Neukirchener Erziehungsverein wird deshalb das Modul der Einführungstage, in dem es um Glaubensgrundlagen der Diakonie geht, von der Pfarrerin, die Leiterin der Diakonenausbildung ist, gestaltet. Eine theologische Stabsstelle ist von unschätzbarem Vorteil. Aber wenn grundsätzlich der Raum zur theologischen Reflexion von einem Vorstandsmitglied gewährt, die Reflexion von ihm gelebt und in die strategische Planung eingebracht wird, ist dies ein deutliches Zeichen, dass diese Elemente kein Luxus, sondern wesentlicher Bestandteil des diakonischen Lebens sind. Die Führungsautorität ist hier notwendig. Theologie ist in einem diakonischen Werk ebenso wie die Öffentlichkeitsarbeit Führungsangelegenheit.

8.   Externe Kommunikation –
Theologie in der Öffentlichkeit

Das Ziel der diakonischen Arbeit im Erziehungsverein lautet: „Keiner soll verloren gehen" Diakonie hilft den Schwachen. Mit ihnen hat Jesus Christus sich identifiziert. Dass diese Botschaft kein überholtes oder vergessenes Dogma ist, hat sich gezeigt, als besonders viele Flüchtlinge ins Land kamen. Im Bundestag wurde Mt 25,35 zitiert: „Ich bin ein Fremder gewesen und ihr habt mich aufgenommen." Das kollektive Gedächtnis funktioniert. Die Botschaft ist aktuell und wird verstanden. Deshalb arbeite ich gern biblisch-theologisch in der Leitung des Werkes. Es ist auch nicht notwendig, die biblische Tradition zu verfremden, um sie bekannt oder interessant zu machen. Sie muss zum Leben und seinen Fragen in Beziehung gesetzt werden. Das ist die Aufgabe des Theologen. Im Übrigen sind die biblischen Traditionen häufig so verschüttet, dass sie den Reiz des Neuen für die Zuhörerschaft haben.

Die Weiterentwicklung der fachlichen Expertise ist eine ständige Aufgabe eines diakonischen Werkes. Dies geschieht auch im Dialog mit der Wissenschaft und mit Fachkollegen. Dazu dienen auch Fachtagungen, zu denen der Erziehungsverein einlädt. Es kommen Vertreter von Fachämtern, Verbänden und aus anderen Einrichtungen. Besucher von Fachtagen schätzen es durchaus, wenn die Organisatoren sie in ihren Grußworten noch einmal in eine andere Welt entführen oder das Thema des Tages auf eine andere Ebene heben. Ein Sprichwort, ein Goethezitat oder eine andere Weisheit werden geschätzt. Warum nicht biblische Motive aufgreifen? Darum wird der Beginn des Fachtages in der Diakonie in Neukirchen vom theologischen Vorstand als geistliches Wort gestaltet, das ein Element biblischer Tradition aufnimmt. Es darf keine platte Übertragung sein. Es muss theologisch verantwortet und zugleich ganz lebensnah sein. Eine Parallelisierung in dem Sinne, dass man zurzeit Jesu schon ganz ähnliche Probleme gehabt habe, würde nur langweilen. Aber wo es gelingt, eine lebendige Beziehung oder Spannung zwischen dem, was uns trägt und dem, womit wir uns an dem Tag beschäftigen werden, aufzubauen, da wird zugehört. Da wird auch spürbar, dass Diakonie ein Wort zu sagen hat, das lohnt, gehört zu werden. Immer wieder werden solche Eingangsimpulse auch gern von den Referenten wieder in ihrem Vortrag aufgegriffen. Der Ruf nach Niederschwelligkeit hat oft zum Verschweigen des christlichen Profils geführt. Dabei geht es doch nur darum, das Evangelium verständlich zu sagen. Wir brauchen mehr Mut zur Profilierung der Diakonie mit den Mitteln der biblischen Tradition.

9.   Theologie und diakonische Kultur

In einem Komplexträger, der so unterschiedliche Programmbereiche wie beispielsweise die Alten- und die Jugendhilfe unter seinem Dach vereinigt, sind Leitungstagungen, in denen die Leitungen und Bereichsleitungen der verschiedenen Einrichtungen zusammenkommen, sehr wichtig. Zur jährlich stattfindenden zweitägigen Leitungstagung des Erziehungsvereins gehören im Programm immer auch zwei Vorträge zur gleichen Thematik. Ein theologischer Vortrag sowie ein sozialwissenschaftlicher, pädagogischer oder juristischer Vortrag. So werden die Praxis und die Ziele immer auch theologisch bedacht. Theologie ist da ein notwendiges Element.

In diesem Zusammenhang sind auch die Andachten anlässlich von Dienstjubiläen, Mitarbeiterfesten und ähnlichen Anlässen zu nennen. Die Bereitschaft zu hören ist da. Es gehört kein besonderer Mut dazu, sondern Sorgfalt, damit keine hohlen Floskeln transportiert werden. Dabei muss man nicht lange suchen. Die biblischen Traditionen, die Erzählungen der Diakonie, bieten genug Potential. Sicher gibt die biblische Botschaft auch immer wieder ethische

Impulse. Aber die Bibel hat sich nicht dem diakonischen Zweck unterzuordnen. Wohltuende Spiritualität ist auch zweckfrei. „Wir leben aus dem Einen."
„Vivimus ex uno" steht im Logo des Erziehungsvereins. Das gilt in gleicher Weise für die Klienten wie für die Mitarbeitenden. Eine Diakonie, die keinen Sabbat mehr hält, sondern sich nur noch an ihrer Leistung messen lassen will, erweist den Mitmenschen keinen guten Dienst. Daran hat der theologischen Vorstand immer wieder zu erinnern. Und er hat es auch auszuhalten, wenn in einer Welt der Zwecke Teile seines Dienstes von anderen als nutzlos hinterfragt werden.

10.   Besondere Herausforderungen für den theologischen Vorstand

10.1   Religionssensibilität fördern[4]

Der Erziehungsverein hat in seiner fast 175jährigen Geschichte eine große Expertise in vielen fachlichen Fragen vor allem in der Jugendhilfe gesammelt. Immer wieder hat man sich auf neue Bedarfe und neue Herausforderungen eingestellt. Die Devise „Keiner soll verloren gehen" erfordert passgenaue Hilfen für den einzelnen Jugendlichen. So hat sich auch die theologische Expertise weiterentwickelt. Der theologische Vorstand hat damit umzugehen, dass früher übliche religionspädagogische Formen nicht mehr passen, manche auch nie gepasst haben. Trotzdem wäre es auch fachlich ein großer Fehler, diese Seite des Daseins und den Bedarf nach Spiritualität auszuklammern (vgl. Religionssensibilität in der sozialen Arbeit). Dass Gottesliebe und Nächstenliebe zusammengehören, war und ist, wie an verschiedenen Stellen in der Bibel nachlesbar, nicht selbstverständlich. Die Diakonie in der säkularisierten Gesellschaft ist in der Nächstenliebe zu einem beachtlichen Niveau gelangt. Aber die Spiritualität als Ressource auch bei den Klienten wurde lange Zeit übersehen und tabuisiert. Glaube wurde zur Privatsache. Ein Forschungsprojekt lenkt die Aufmerksamkeit auf diese Ressource. Auch die Sehnsucht nach Sinn, der Wunsch, vertrauen zu können angesichts der Erfahrung von vielen Beziehungsabbrüchen, die Suche nach einem Glauben, der trägt, sind Gedanken und Wünsche, die in der Diakonie Raum und Verständnis finden. Das muss durch den theologischen Vorstand gefördert werden.

---

[4]   Zu dieser Thematik Nauerth / Hahn / Tüllmann / Kösterke (Hg): Religionssensibilität.

10.2 Interkulturellen Dialog fördern

In einer zunehmend multikulturellen Gesellschaft haben wir es auch mit einer ihr entsprechenden Mitarbeiterschaft zu tun. Das Erfordernis der Zugehörigkeit zu einer christlichen Kirche oder gar ausschließlich der evangelischen Kirche ist in der Loyalitätsrichtlinie der EKD für viele Arbeitsfelder nicht mehr zwingend vorgeschrieben. Theologisch betrachtet ist dieser Schritt eher als Entlastung zu sehen. Es ist bei einem diakonischen Dienst auf Augenhöhe letztendlich nicht einzusehen, dass der Dienst zwar allen gilt, unabhängig von ihrer ethnischen und religiösen Zugehörigkeit, aber ein Miteinander in der Arbeit nicht denkbar ist. Dies gilt erst recht, wenn Gedanken der Partizipation der Klientinnen und Klienten ernst genommen und gefördert werden. Erste Erfahrungen mit der Öffnung zeigen aber, dass der Bedarf nach Gespräch und Austausch über Fragen des Glaubens, der religiösen Praxis im Alltag, der Spiritualität und auch des Miteinanders von Männern und Frauen wächst. Dieses Gespräch wird vom theologischen Vorstand gefördert und unterstützt. Die Tatsache, dass dies durch den Pfarrer oder die Pfarrerin geschieht, ermutigt verunsicherte Mitarbeiter, auch dieses Gespräch zu suchen. In einer ersten interreligiösen Werkstatt mit über 50 Teilnehmerinnen und Teilnehmern haben Mitarbeitende muslimischen Glaubens aus unterschiedlichen Kulturen in einem Worldcafé ihre Kolleginnen und Kollegen über ihren Glauben und ihren Alltag informiert. Es wurde bewusst darauf verzichtet, externe Experten hinzuzuziehen, um das Gespräch im Werk zu initiieren und die Mitarbeitenden in ihrer Expertise wertzuschätzen.

In solchen Gesprächssituationen werden christliche Mitarbeitende neu dazu herausgefordert, sich mit ihrem Glauben auseinanderzusetzen. Dazu brauchen sie die Unterstützung des Werks. Der theologische Vorstand muss auf diesen Bedarf reagieren. Die Sprachfähigkeit in Fragen des Glaubens muss gefördert werden.

10.3 Auch wenn es Ärger gibt – Repräsentant der diakonischen Arbeit

„Dass die Diakonie von einem Pfarrer/einer Pfarrerin geleitet werden soll, ist ein Symbol."[5] Die Symbolkraft ist nicht zu unterschätzen. Man erwartet von Diakonie „etwas anderes" und übrigens auch durchaus, wenn es um handfeste wirtschaftliche Interessen geht. Wer einerseits kostenpflichtige Dienstleistungen anbietet und andererseits hauptamtliche Mitarbeiter beschäftigt, muss wirtschaftlich handeln. Da kommt es auch zu wirtschaftlichen Konflikten. Klienten oder ihre Angehörigen beschweren sich beim Pastor. Das erschlagende

---

[5]   Hauschildt: Geistliche Leitung, S. 45.

Argument kommt bald: „Das hätten wir von einer christlichen Einrichtung nicht erwartet!" Man erwartet Nachgiebigkeit und Verzicht des Gegenübers, zumindest wenn es um die eigenen Interessen geht. Hier müssen im Gespräch nicht nur wirtschaftliche Fragen nüchtern geklärt werden, sondern hier ist auch zu vermitteln, dass christliches Handeln und wirtschaftliches Denken sich nicht widersprechen, sondern es geradezu gefordert und dazu auch gut biblisch ist. Das Gleiche gilt bei Beschwerden über Mitarbeitende. Sind sie berechtigt, muss damit auch offen umgegangen werden. Auch dabei hat der Mitarbeiter Anspruch auf Respekt und Schutz. Die Fehlerkultur intern und extern ist ein theologisch gut begründetes Erfordernis.

11.   Fazit

11.1 Das Amt braucht Personen mit Kompetenz

Das Maß des Einflusses der Theologie auf die Steuerung des diakonischen Unternehmens und seiner diakonischen Kultur hängt stark von der theologischen und kommunikativen Kompetenz des Amtsinhabers oder der Amtsinhaberin ab. Andererseits muss dabei auch die Rolle der Mitarbeiterinnen und Mitarbeiter berücksichtigt werden. Sie haben bei entsprechend stark geprägter Kultur auch sehr konkrete Erwartungen an den theologischen Dienst des Vorstandsmitglieds.

11.2 Die Person braucht das Amt

Wenn Konsens darüber besteht, dass die diakonische und theologische Prägung ein entscheidender Faktor für die Existenz und die Entwicklung des Werks ist, dann ist die Theologie und die diakonische Kultur Führungsangelegenheit.

Literaturverzeichnis

Fricke-Hein, Hans-Wilhelm (2015): Geistliche Leitung – die Rolle des ordinierten Vorstandsmitglieds. In: Montag, Barbara / Nötzel, Christoph (Hg.): Dehnübungen – Geistliche Leitung in der Diakonie, Zwischen wirtschaftlichen Erfordernissen und geistlichem Anspruch. Düsseldorf.

Hauschildt, Eberhard (2015): Geistliche Leitung in der Diakonie. In: Montag, Barbara / Nötzel, Christoph (Hg.): Dehnübungen –Geistliche Leitung in der Diakonie. Zwischen wirtschaftlichen Erfordernissen und geistlichem Anspruch. Düsseldorf.

Nauerth, Matthias / Hahn, Kathrin / Tüllmann, Michael / Kösterke, Sylke (Hg) (2017): Religionssensibilität in der Sozialen Arbeit. Positionen, Theorien, Praxisfelder. Stuttgart.

Führungsverantwortung im Diakonischen Tandem

Thomas Lunkenheimer

Sind sie schon einmal Tandem gefahren? Man kommt schneller vorwärts. Man muss gemeinsam das Gleichgewicht halten. Man teilt miteinander die Freude am Vorankommen. Die Diakonie Stiftung Salem in Minden besitzt eine Doppelspitze. Seit etwa sieben Jahren ist diese mit einem Kaufmann und einem Theologen besetzt. Seit zwei Jahren leite ich das Unternehmen mit rund 2.800 Mitarbeitenden mit und ohne Behinderung gemeinsam und gleichberechtigt mit meinem kaufmännischen Kollegen Christian Schultz. Als Bild für unsere Zusammenarbeit haben wir das des diakonischen Tandems gewählt. Mal sitzt der eine vorne. Mal der andere. Aber es geht immer in dieselbe Richtung.

Abb. 1: Fotos von Lunkenheimer und Schultz auf dem Tandem

Ausgehend von dieser Grundentscheidung gemeinsam verantworteten Führungshandelns möchte ich im Folgenden meine Rolle als Theologe in der Leitung eines diakonischen Unternehmens reflektieren. Dazu gehe ich zunächst auf die Schnittstellen von Kirche und Diakonie sowie von wissenschaftlicher Theologie und Diakonie ein. Anschließend skizziere ich die Bedeutung von Theologinnen und Theologen in der Führungsverantwortung.

1. Kirche braucht Diakonie

Kirchenleitendes Handeln auf allen Ebenen braucht die Erfahrungen diakonischer Arbeit vor Ort. Dies legen allein schon die Mitgliederbefragungen der evangelischen Kirche nahe, denen zufolge die Diakonie ein wesentliches Aushängeschild der evangelischen Kirche ist. Wenn also Kirche in hohem Maße durch ihr diakonisches Engagement wahrgenommen wird, sollten die leitenden Personen in Presbyterien, Kreissynodalvorständen und dem Landeskirchenamt bestens über diese Arbeitsfelder informiert sein. Dazu ist ein intensiver Austausch dringend erforderlich. In der verfassten Kirche muss präsent sein, was Menschen an der Kirche begeistert. Die Diakonie spielt dabei eine wichtige Rolle.

Auf diesem Hintergrund lässt es sich nicht verstehen, dass diakonische Unternehmen in einzelnen Kirchenkreisen überhaupt nicht mehr durch Kirchensteuermittel unterstützt werden. Gerade an den Stellen, an denen Kirchenmitglieder zentrale Stärken ihrer Kirche sehen, sollten diese ausgebaut werden. Ein enger Schulterschluss zwischen Kirche und Diakonie ist für mich die logische Konsequenz. Dies ist allerdings nicht dadurch zu erreichen, dass sich die Kirche Zugriffsrechte auf diakonische Unternehmen sichert. Es kommt darauf an, dass die diakonische Arbeit mit und am Menschen in der Kirche wahrgenommen, wertgeschätzt und nach Kräften unterstützt wird.

1.1   Diakonie ist erlebbare Kirche

Diakonie bietet eine gute Möglichkeit, Kirche zu erleben. Darum gehört es zu meinen Aufgaben als Theologischer Vorstand, die Bedeutung der Diakonie im und für den Kirchenkreis deutlich zu machen. Dies geschieht in zwei Richtungen: Presbyterien und Synode müssen zumindest grob über die Angebotspalette ihrer Diakonie informiert sein. Ebenso gilt es, dafür zu sorgen, dass Mitarbeitende, Bewohnerinnen und Bewohner, Klientinnen und Klienten, Kundinnen und Kunden unsere Angebote als Teil des kirchlichen Auftrags wahrnehmen können - auch wenn wir unsere Unterstützung allen Menschen ungeachtet ihres Glaubens oder ihrer Einstellung gegenüber der Kirche anbieten. Durch unsere Arbeit können Menschen mit dem christlichen Glauben in Berührung kommen, müssen dies aber nicht. Ein erkennbares diakonisches Profil zu entwickeln und zu fördern, ohne Menschen zu bedrängen oder in ihrem Recht auf Selbstbestimmung zu beschneiden, ist eine große Herausforderung, die ein hohes Maß an theologischer Reflexionsfähigkeit voraussetzt.

Der Evangelische Kirchenkreis Minden legt Wert darauf, dass die Diakonie Stiftung Salem als regionales Diakoniewerk diakonische Angebote für den gesamten Kirchenkreis vorhält. Unsere Diakoniestationen kümmern sich auch um Patienten, die so dezentral wohnen, dass private Pflegedienste aus wirtschaftlichen Gründen eine Betreuung ablehnen.

Alle stationären Einrichtungen pflegen einen engen Kontakt zu den jeweiligen Kirchengemeinden vor Ort. Konfirmandinnen und Konfirmanden besuchen regelmäßig unseren Bioland-Bauernhof, auf dem Menschen mit und ohne Behinderung arbeiten. Gemeindekreise laden Fachleute aus unterschiedlichen Arbeitsbereichen zu Vorträgen ein. Als Pfarrer predige ich regelmäßig in Kirchengemeinden unseres Kirchenkreises oder referiere über das notwendige

Zusammenspiel von Kirche und Diakonie angesichts der aktuellen Herausforderungen des Sozialmarktes. Diakonische Arbeit wird so als ein wichtiges kirchliches Arbeitsfeld erkennbar.

Der Kreissynodalvorstand und der Vorstand unseres Werkes pflegen einen engen Austausch. Beide Geschäftsführer sind berufene stimmberechtigte Mitglieder der Kreissynode. Mehrere Personen aus dem Kreissynodalvorstand sind Mitglieder unserer Aufsichtsgremien. Diese personelle Verflechtung garantiert noch keinen lebendigen Informations- und Erfahrungsaustausch, ist aber eine wichtige Voraussetzung dafür. Leider hat das Interesse am Amt der Diakoniepresbyterin bzw. des Diakoniepresbyters in einigen Presbyterien in den letzten Jahren nachgelassen. Hier bedarf es vermehrter Anstrengungen, die Bedeutung dieses Amtes wieder stärker in das Bewusstsein der Gemeindeleitungen zu bringen.

1.2   *Kirchliche Bindung von Mitarbeitenden und Kunden*

Empirisch lässt sich – zumindest in Teilen der Evangelischen Kirche von Westfalen – nach wie vor eine enge Verknüpfung von Kirche und Diakonie feststellen. Diakonische Arbeit geschieht in den Kirchengemeinden – auf ihrem Gebiet und durch Menschen, die zu einem großen Teil Mitglieder der Kirche sind.[1] Auch die Kundeninnen/Kunden oder Klientinnen/Klienten sind häufig – zumindest in eher ländlich geprägten Gegenden wie dem Evangelischen Kirchenkreis Minden – kirchlich gebunden. Daneben bietet die institutionelle Diakonie für junge Menschen aus den Gemeinden Ausbildungs- und Beschäftigungsmöglichkeiten, die sinnstiftend sind und fair bezahlt werden.[2]

Wohl wissend, dass sich die Situation in anderen Landesteilen anders darstellt, sollte diese besondere Chance ergriffen werden, indem die Kirche die Erfahrungen der Diakonie für ihre eigenen Aufgaben im Bereich des Gemeindeaufbaus und der Verkündigung nutzt. Entwicklungen in der Evangelischen Kirche von Westfalen, Theologinnen und Theologen eher dazu zu bewegen, Gemeindepfarrstellen zu übernehmen als sich in diakonischen Einrichtungen zu engagieren, sollten überdacht werden. Die Kirche verlöre ansonsten immer mehr den Bezug zur institutionellen Diakonie. Dieser ist aber unerlässlich, wenn auch die besonderen Möglichkeiten der Diakonie zur Erfüllung des kirchlichen Auftrags genutzt werden sollen.

---

[1]   Die Anstellung von Mitarbeitenden ohne kirchliche Bindung ist in der Diakonie Stiftung Salem nach wie vor die Ausnahme.

[2]   Ich beziehe mich an dieser Stelle auf die Tarifregelwerke des AVR und des BAT-KF mit Formen der Zusatzversorgung für kirchliche Mitarbeitende. Dass die Rahmenbedingungen insbesondere in der Pflege nicht als fair bezeichnet werden können, da der Staat schwerpunktmäßig auf eine Kostenminimierung durch Marktmechanismen setzt anstatt eine würdevolle Pflege in den Mittelpunkt aller Überlegungen zu stellen, kann an dieser Stelle nicht weiter diskutiert werden.

Dies gilt auch in Gegenden, die längst nicht mehr so kirchlich geprägt sind, wie dies im Mindener Land noch der Fall ist. Sehr hilfreich ist dabei der Austausch mit diakonischen Einrichtungen in anderen Bundesländern. Innerhalb des Kaiserswerther Verbandes deutscher Diakonissen-Mutterhäuser wird dies vorbildlich praktiziert. So profitieren wir in Minden von den Erfahrungen solcher Werke, in denen allenfalls noch 10 % der Mitarbeitenden der Kirche angehören. Gerade diese Häuser haben häufig hervorragende Modelle entwickelt, wie das diakonische Profil klar und verständlich in einem säkularen Umfeld gelebt werden kann.

1.3   Sich ergänzende Formen diakonischen Engagements

Die Diakonie Stiftung Salem ergänzt als regionales Diakoniewerk das diakonische Engagement der Kirchengemeinden. Deren durch ehrenamtliche Mitarbeitende geprägte Initiativen ließen sich in einem überwiegend mit hauptamtlichen Mitarbeitenden geführten diakonischen Unternehmen kaum abbilden. Umgekehrt sind einzelne Kirchengemeinden in der Regel nicht in der Lage, Beratungsstellen oder stationäre Einrichtungen der Kinder- und Jugendhilfe, der Alten- oder Behindertenhilfe zu betreiben. Wenn die Kirche es als ihren Auftrag ansieht, Menschen in leiblicher und seelischer Not beizustehen,[3] ist ein sich ergänzendes System von ehrenamtlicher Hilfe und Begleitung bis hin zu hoch professionellen Unterstützungsangeboten der beste Weg zur Erreichung dieses Zieles.

Als Theologischer Vorstand sehe ich mich als Bindeglied zwischen Kirche und Diakonie. Langjährige Erfahrungen als Gemeindepfarrer kommen mir dabei zugute. Persönliche Beziehungspflege ist im Kontakt mit Kirchenkreis und Kirchengemeinden von nicht zu unterschätzender Bedeutung. Die profunde Kenntnis beider Bereiche ist für einen intensiven Austausch außerordentlich dienlich.

2.   Theologie braucht Diakonie

Diakonische Arbeit bietet ein Resonanzfeld für die Frage nach der Relevanz theologischer Aussagen. Insbesondere im Blick auf die Gotteslehre, die Anthropologie, die Ethik, die Seelsorgelehre wie auch die Lehre vom Gemeindeaufbau kann die Diakonie in besonderer Weise ihre Erfahrungsfelder für die theologische Diskussion fruchtbar machen.

---

[3]   Vgl. Diakoniegesetz EKvW § 1. Online verfügbar: https://www.kirchenrecht-westfalen.de/ [Letzte Überprüfung: 16.07.2018]

Von einem Theologen in der Leitungsverantwortung eines diakonischen Unternehmens darf erwartet werden, dass er nicht nur Managementaufgaben wahrnimmt, sondern theologische Arbeit tut, also auch von Gott redet und die Rede von Gott reflektiert. Theologische Arbeit gehört zu den Kernaufgaben diakonischer Führungsverantwortung. Diese Fachlichkeit können andere Professionen nicht einfach mit einbringen. Sie muss allerdings so kommuniziert werden, dass sie auch für andere Berufsgruppen verständlich ist und zu einem wechselseitigen Austausch und Lernen beiträgt. Gegenseitige Wertschätzung ist Voraussetzung dafür. Aus einem kreativen Zusammenwirken erwächst mehr als die Summe von Einzelkompetenzen. Die theologische Ausbildung bietet gute Voraussetzungen dafür, solch einen Prozess zielführend mitzugestalten.

2.1   Diakonie und Gotteslehre

Nach Psalm 82 erweist sich das Gottsein Gottes besonders in seiner Zuwendung zu Armen und Entrechteten. Wenn dem so ist, kann von Gott nicht gesprochen werden, ohne zugleich von den Menschen zu sprechen, für die er ein Herz hat und sich einsetzt. Diesen Menschen begegnet man in der Regel aber nicht am Schreibtisch oder im Hörsaal, sondern auf der Straße, in den Gemeinden oder eben in den zahlreichen Handlungsfeldern der Diakonie.

Ein Diakoniepraktikum für Theologiestudierende bietet nicht nur einen Einblick in einen Bereich kirchlicher Praxis, sondern hinterfragt das eigene Reden von Gott. Daher sollte es nicht nur solchen Menschen empfohlen werden, die eventuell später in einer diakonischen Einrichtung arbeiten möchten. Gerade im Zusammenhang der Systematischen Theologie sehe ich eine sinnvolle Verortung solcher Praktika.

Als Theologe in der Leitung eines Komplexträgers diakonischer Arbeit vermag ich entsprechende Ausbildungsetappen fachkundig zu begleiten. Ob diese Kompetenz abgefragt und genutzt wird, müssen die theologischen Fakultäten sowie die für die Ausbildung von Theologinnen und Theologen in den Landeskirchenämtern Verantwortlichen entscheiden. Andere Landeskirchen – wie zum Beispiel die bayerische – sind meiner Erfahrung nach an dieser Stelle weiter.

Selbstverständlich ergeben sich auch im Gemeindepfarramt zahlreiche Situationen, die unser theologisches Reden von Gott in Frage stellen und zu einer intensiven Reflexion herausfordern. Die institutionelle Diakonie bietet allerdings die Gelegenheit, dies im Gespräch mit Fachleuten aus den jeweiligen Arbeitsbereichen zu tun und auf diese Weise schon während des Studiums die interdisziplinäre Zusammenarbeit einzuüben.

2.2   Diakonische Anthropologie

Die theologische Anthropologie nimmt den Menschen in dem Spannungsfeld des simul iustus et peccator in den Blick. Dieser richtige und wichtige Ansatz gewinnt an Tiefe und Bedeutung, wenn ich das ganze Spektrum menschlichen Lebens mit berücksichtige.

Es gibt den Menschen nicht als solchen. Er ist immer eingebunden in seine ganz persönliche Lebensgeschichte, mit seinen Stärken und Schwächen, mit seiner Sehnsucht und seiner Behinderung. Theologisches Nachdenken gewinnt an Bedeutung, wenn die vielfältigen Lebensbezüge von Menschen mit reflektiert werden.

Wenn von der Gottebenbildlichkeit des Menschen gesprochen wird, sind auch die besonderen Herausforderungen von Menschen mit Behinderung oder chronisch kranker Menschen zu berücksichtigen. Auch hier bietet die Diakonie ein zentrales Erfahrungsfeld für Theologinnen und Theologen.

Als Pfarrer in der Geschäftsführung ist es meine Aufgabe, die Beachtung des christlichen Menschenbildes in alle zentralen Entscheidungsprozesse mit einfließen zu lassen. Dies unterscheidet mich zunächst nicht von meinem kaufmännischen Kollegen oder den leitenden Mitarbeitenden, die dies ebenso zu berücksichtigen haben. Dennoch ergeben sich Situationen, die eine intensive theologische Durchdringung eines Sachverhaltes nötig machen, um nicht bei plakativen Aussagen zum christlichen Menschenbild stehen zu bleiben. Auch bei Stellungnahmen in der Öffentlichkeit sollten diakonische Unternehmen fundiert theologisch argumentieren können.

So sehen wir uns in der Diakonie Stiftung Salem zum Beispiel immer wieder herausgefordert, das Thema Behinderung als Teil der Geschöpflichkeit anzusprechen. Insbesondere in einigen freikirchlichen Milieus werden Behinderung und Krankheit als Strafe Gottes verstanden. Hier kann nur mit einer klaren biblischen-theologischen Argumentation Aufklärungsarbeit geleistet werden. Die theologische Wissenschaft gewinnt durch die Beschäftigung mit solchen praxisrelevanten Fragestellungen an „Alltagstauglichkeit".

2.3   Ethische Herausforderungen in der Diakonie

Diakonische Arbeitsfelder werfen zahlreiche ethische Fragen auf. In Ethik-Konsilien wird um verantwortungsvolle Verhaltensoptionen gerungen. Dabei ist das Ziel, die Betroffenen so zu unterstützen, dass eine selbst-bestimmte Entscheidung getroffen und mit deren Folgen gelebt werden kann. Theologinnen und Theologen brauchen eine entsprechende Befähigung, um in interdisziplinären Arbeitsgruppen als kompetente Gesprächspartner ernst genommen

zu werden. Die wissenschaftliche Theologie hat entsprechende Lern- und Aus-
bildungsangebote zu schaffen. Der notwendige Praxisbezug lässt sich gut
durch diakonische Einrichtungen herstellen.

Theologinnen und Theologen in der Leitung besitzen zugleich den entsprechenden Einfluss auf die Besetzung von interdisziplinären Teams. Sie haben darauf zu achten, dass ausgebildete Seelsorgerinnen und Seelsorger regel-
haft zu Beratungsprozessen hinzugezogen werden.

2.4   Diakonie in der Seelsorgelehre

Die Seelsorgelehre hat bislang Menschen mit geistiger Behinderung kaum in
den Blick genommen. Ähnlich sieht es mit Menschen aus, die nicht sprechen
können. In der Regel wird in der Seelsorgelehre davon ausgegangen, dass ein
Gespräch stattfinden kann. Was aber ist, wenn ein Gespräch im klassischen
Sinne gar nicht möglich ist? Entfällt dann der seelsorgliche Auftrag? Dies wird
niemand so sehen. Aber es finden sich nur wenige wissenschaftliche Hilfestel-
lungen und Reflektionen, wie Seelsorge in besonderen Situationen hilfreich
sein kann.[4] Eine praxistaugliche Seelsorgelehre kann nur entwickelt werden,
wenn ein lebendiger Austausch mit den Menschen erfolgt, denen die theologischen Entwürfe zugutekommen sollen.

Theologische Vorstände diakonischer Unternehmen sind in der Lage, die
wissenschaftliche Seelsorgelehre durch ihren Erfahrungshintergrund kritisch
zu hinterfragen und konstruktive Anregungen zur Weiterentwicklung zu liefern.

2.5   Diakonie und Gemeindeaufbau

Die Lehre vom Gemeindeaufbau sollte konkrete Herausforderungen der Kirchengemeinden vor Ort in den Blick nehmen, reflektieren und in eine hand-
lungsleitende Theorie überführen. Dazu drei Beispiele gemeindediakonischer
Handlungsfelder:

1. Kirchengemeinden tun gut daran, einen engen Kontakt zu Kindertages-
einrichtungen vor Ort zu pflegen. Damit muss nicht unbedingt eine Trägerschaft verbunden sein. Doch laufen alle Modelle des Gemeindeaufbaus ins
Leere, wenn sie nicht bei den Jüngsten in den Gemeinden ansetzen. Sind einzelne Kirchengemeinden mit der Unterhaltung einer Kindertageseinrichtung
überfordert, lassen sich Trägerstrukturen unter dem Dach der Diakonie entwickeln, um den Gemeinden Freiraum für die religionspädagogische Arbeit und
die Kontaktpflege mit Kindern, Eltern und Mitarbeitenden zu eröffnen.

---

[4]   Eine rühmliche Ausnahme bildet die Dissertation von Nicole Frommann.

2. In Einrichtungen der Diakonie arbeiten auch Kirchenmitglieder, die ein eher distanziertes Verhältnis zu ihrer Kirche haben. Dennoch ist es ihnen wichtig, bei der Diakonie tätig zu sein. Sie dort aufzusuchen und in ihrem Arbeitsfeld wahrzunehmen, bietet große Chancen, um den Kontakt zu den Menschen neu zu suchen. In dem Zusammenhang würde es sich lohnen, spezielle Angebote diakonischer Träger für diese Zielgruppe in ihrer Wirksamkeit wissenschaftlich zu untersuchen. In der Diakonie Stiftung Salem arbeiten wir neben verschiedenen Fortbildungseinheiten zu christlichen Themen mit Online-Glaubenskursen, die sich insbesondere an Mitarbeitende im Schichtdienst richten, die entsprechende Angebote in den Kirchengemeinden oft nur schwer wahrnehmen können.[5]

3. Wer regemäßig Gottesdienste mit Menschen mit Behinderung feiert, lernt schnell, wie segensreich einfache Sprache für alle Mitfeiernden ist. Die Beteiligung der Gemeinde an der Gestaltung des Gottesdienstes nimmt zu. Es wird dann nicht mehr nur zugehört. Auch der Predigtstil verändert sich, wenn eine bildreiche und anschauliche Sprache unumgänglich ist, um verstanden zu werden. Entsprechende Erfahrungen könnten in der Homiletik noch stärker fruchtbar gemacht werden.

3.   Zur Bedeutung von Theologinnen und Theologen in der Führungsverantwortung

3.1   Diakonisches Profil im Kontext divergierender religiöser Prägungen

Die Diakonie braucht nicht nur Theologinnen und Theologen. Die Diakonie braucht vor allem die Kirche. Ohne den Bezug zur Mission der Kirche verlöre die Diakonie ihre Mitte. Sie schnitte sich von ihren ureigensten Kraftquellen ebenso ab wie von der Hoffnungsperspektive, in der sie sich auch den Grenzen und Abgründen menschlichen Daseins zuwendet.

Indem Pfarrerinnen und Pfarrer als kirchliche Amtsträger Führungsverantwortung in diakonischen Unternehmen übernehmen, wird die enge Verbindung von Kirche und Diakonie unterstrichen. Fragen der Unternehmenskultur

---

[5]   Die hannoversche Landeskirche hat einen von mir in der Diakonie Neuendettelsau entwickelten Online-Glaubenskurs modifiziert zu einem landeskirchenweiten Angebot ausgebaut. Dies ist für mich ein Indiz, wie diakonische Impulse von der verfassten Kirche aufgenommen werden können. Eine wissenschaftliche Begleitung steht allerdings m.W. bislang aus.

sind als theologische Fragen ernst zu nehmen und daher auch mit theologischer Kompetenz zu bearbeiten.[6] Dies lässt sich nicht nebenher erledigen. Es ist eine zentrale Aufgabe der Führungsebene, die eben auch theologische Kompetenz benötigt. Das Theologiestudium bietet hierfür – möglichst ergänzt durch diakoniewissenschaftliche Ausbildungseinheiten – den nötigen wissenschaftlichen Hintergrund. Zugleich sollten Erfahrungen aus der Gemeindearbeit vorhanden sein. Kompetenzen in dieser Kombination bringen in der Regel andere Berufsgruppen nicht mit. Sie sind auch nicht durch die eine oder andere Fortbildung in ausreichendem Maße zu erwerben.

Gelegentlich geäußerte Forderungen, auf Theologinnen oder Theologen in der Leitung diakonischer Unternehmen zu verzichten, da das „Diakonische" ja ohnehin von allen Leitungsverantwortlichen mitgedacht werden müsse, werden der Bedeutung des diakonischen Profils für die Unternehmensführung nicht gerecht. Gerade an dieser Stelle liegt das Alleinstellungsmerkmal der Diakonie. Auf dem Sozialmarkt gibt es andere Anbieter, die billiger sind. Es gibt Mitbewerber, die fachlich ebenso gut arbeiten wie wir. Doch wir tun unsere Arbeit im Zeichen des Kronenkreuzes. Und das ist mehr als ein Logo. Es steht für eine klare christliche Ausrichtung unserer Dienstgemeinschaft.

Auf dem Hintergrund einer sich auch in religiöser Hinsicht immer stärker differenzierenden Gesellschaft gewinnen Fragen der interreligiösen Begegnung an Bedeutung. Es gilt die unterschiedlichen Wertevorstellungen und Bedürfnisse der Menschen, die unsere Unterstützung in Anspruch nehmen, ernst zu nehmen und entsprechende Schlüsse für die diakonische Arbeit daraus zu ziehen. In der Diakonie Stiftung Salem leite ich die Arbeitsgruppe "Interreligiöse Begegnung", die genau diese Fragestellungen bearbeitet.

Die evangelische Kirche muss ein ureigenstes Interesse daran haben, dass in diakonischen Einrichtungen Theologinnen und Theologen arbeiten. Und zwar in leitender Position. Denn so wichtig die pastorale Arbeit in den verschiedenen Arbeitsfeldern der Diakonie auch ist,[7] bleiben die Gestaltungsmöglichkeiten im Blick auf die Unternehmenskultur doch recht beschränkt, wenn theologische Fachexpertise nicht in der Unternehmensführung verortet ist.

3.2 Wahrnehmung pastoraler Aufgaben

Nach CA VII gehört zu den vornehmsten Aufgaben des Pfarramtes die Wortverkündigung und die Feier der Sakramente. Daher sollten diese Elemente unbedingt in der Wahrnehmung der Leitungsverantwortung durch Theologinnen

---

6   Vgl. dazu Hofmann: Implementierungswege, S. 170: „Leitende müssen Unternehmenskultur und ihre hilfreichen Seiten am eigenen Leib erleben; sie muss ihnen als klare Grundlage ihres Unternehmens im Handeln von Vorstand und Aufsichtsrat begegnen. Sie muss spürbar Top-Down gefördert und nicht nur gefordert werden."
7   Vgl. Lunkenheimer: Spiritualität, S. 90-100.

und Theologen eine Rolle spielen. Wohlgemerkt fasse ich die Wortverkündigung hier sehr weit. Denn auch die Seelsorge und das diakonische Engagement müsste in CA VII mitgedacht werden.

Als Theologe in der Leitungsverantwortung nehme ich auch pastorale Tätigkeiten wahr. Die Einbringung von geistlichen Impulsen im Rahmen von Sitzungen und Besprechungen, die Feier von Andachten und Gottesdiensten, die Durchführung von Fortbildungen zur Gestaltung von Andachten oder Aussegnungsfeiern, sowie die Koordinierung des geistlichen Lebens in unseren rund 80 Einrichtungen zählen für mich mit zu den zentralen Führungsaufgaben. All dies geschieht in enger Abstimmung mit meinem kaufmännischen Kollegen, der sich nicht weniger als ich für ein deutliches diakonisches Profil der Diakonie Stiftung Salem einsetzt.

3.3   Kirchliche Netzwerkarbeit

Theologinnen und Theologen sind Kommunikationsexperten. Sowohl ihre rhetorische Schulung als auch ihre seelsorglichen Fähigkeiten sind in der Personalführung von großer Bedeutung. Als Vorstand muss ich nicht Experte in allen Fachbereichen sein. Aber ich muss Mitarbeitende motivieren, ihnen als Sparringspartner zur Verfügung stehen und die inhaltliche Ausrichtung unseres Werkes durch mein eigenes Führungsverhalten veranschaulichen.

Als Geschäftsführer sind mein Kollege und ich für die Strategie unseres Unternehmens verantwortlich. Diese muss entwickelt und vermittelt werden. An dieser Stelle kommen mir viele Elemente meines Studiums und meiner praktischen Ausbildung sowie meine Erfahrungen aus dem Gemeindepfarramt zugute.

Eine Theologin oder ein Theologe bildet das Bindeglied zwischen Kirchengemeinden und regionalem Diakoniewerk. Eine gute Kenntnis kirchlicher Strukturen ist dafür unverzichtbar.

Führungskräfte in der Diakonie müssen – ganz unabhängig von ihrer Grundprofession – zu einer interdisziplinären Zusammenarbeit fähig sein. Sie müssen Einblicke in Grundkompetenzen verschiedener Berufsrichtungen haben und diese miteinander verbinden und in Austausch bringen.

Auch aus rechtlichen Gründen sollten kirchliche Amtsträger in die Führungsverantwortung diakonischer Unternehmen eingebunden werden. Insbesondere im Blick auf die europäische Rechtsprechung muss der enge Zusammenhang zwischen evangelischer Kirche und diakonischen Einrichtungen auch durch entsprechendes Personal gewährleistet bleiben, will die Diakonie nicht ihre Privilegien als Teil der Kirche verlieren.

Schwerer wiegt für mich allerdings das inhaltliche Argument, dass diakonische Arbeit als genuin kirchliche Aufgabe auch der theologischen Reflexion bedarf. Dabei ist es sinnvoll, wenn Theologinnen und Theologen in der Führungsverantwortung diakonischer Unternehmen eine diakonie-wissenschaftliche Zusatzqualifikation besitzen.

Vor allem aber kommt es darauf an, dass die unterschiedlichen Fachkompetenzen innerhalb eines mehrköpfigen Vorstands genutzt werden, um die Mission des Unternehmens als Führungsinstrument zu etablieren und zu nutzen. Sinn und Zweck der Diakonie Stiftung Salem ist es, Gottes Menschenfreundlichkeit durch Wort und Tat zu bezeugen und Menschen in unterschiedlichsten Lebenslagen dabei zu unterstützen, ein selbstbestimmtes und sinnerfülltes Leben zu führen. Dafür zu sorgen, dass dieser Auftrag innerhalb des gesamten Unternehmens ernst genommen und situationsgerecht umgesetzt wird, ist vornehmste Pflicht beider Vorstände.

4.   Zusammenfassung

Die Mission der Diakonie Stiftung Salem beschreibt, warum es dieses Werk überhaupt gibt. Von ihr ausgehend wird die Unternehmenskultur in der Weise weiterentwickelt, dass das diakonische Profil geschärft und als Alleinstellungsmerkmal im Wettbewerb des Sozialmarktes genutzt wird. Für uns als Vorstand ist das Modell des diakonischen Tandems dabei sehr hilfreich. Nur als erkennbar diakonisches Unternehmen können wir dauerhaft erfolgreich sein. Unternehmerisches Handeln und diakonisches Profil bilden dabei keine Gegensätze, sondern ergänzen sich hilfreich.

Dies gilt es durch ein enges Zusammenspiel von Kirche und Diakonie zu unterstreichen. Zugleich bietet die Diakonie zahlreiche Möglichkeiten, um den kirchlichen Auftrag lebensnah zu erfüllen.

Als Resonanzraum für die Relevanz theologischer Aussagen bietet eine enge Verzahnung von wissenschaftlicher Theologie und institutioneller Diakonie die Chance, angehende Theologinnen und Theologen bei der Bildung ihrer persönlichen Haltung zu zentralen Lebensfragen praxisnah zu unterstützen.

Sowohl innerhalb des Unternehmens als auch nach außen soll die Diakonie Stiftung Salem als christliches Unternehmen erkennbar sein. Das Miteinander von Kaufmännischem und Theologischem Vorstand hat dabei richtungsweisende Bedeutung für die Netzwerkarbeit im kirchlichen wie im gesellschaftlichen Kontext.

Literaturverzeichnis

Diakoniegesetz: Kirchengesetz über die Ordnung der diakonischen Arbeit in der Evangelischen Kirche von Westfalen (Diakoniegesetz – DiakonieG) vom 19. November 2015,

Online verfügbar: https://www.kirchenrecht-westfalen.de/document/37056. [Zuletzt abgerufen am: 04.03.2018].

Frommann, Nicole (2013): Das Verletzte stärken. Seelsorge für Menschen mit erworbenen Hirnschädigungen und für Menschen im Wachkoma. Arbeiten zur Pastoraltheologie, Liturgik und Hymnologie Bd. 73. Göttingen.

Hofmann, Beate (2010): Implementierungswege. In: Hofmann, Beate (Hg.): Diakonische Unternehmenskultur. Handbuch für Führungskräfte. Mit Beiträgen von Beberske-Krohs, Beate / Coenen-Marx, Cornelia / Haußecker, Otto / Nothnagel, Barbara / Rasch, Dörte. Rh. Diakonie: Bildung-Gestaltung-Organisation Bd.2, 2. durchgesehene und aktualisierte Auflage. Stuttgart.

Lunkenheimer, Thomas (2014): Spiritualität in einem diakonischen Unternehmen: Ein Schatz in irdenen Gefäßen. In: Armbruster, Jürgen / Frommann, Nicole / Giebel, Astrid (Hg.): Geistesgegenwärtig begleiten. Existenzielle Kommunikation, Spiritualität und Selbstsorge in der Psychiatrie und in der Behindertenhilfe. Neukirchen-Vluyn.

www.kirchenrecht-westfalen.de/ [Zuletzt abgerufen: 16.07.2018]

Theologische Leitung –
Garant des Kircheseins der Diakonie

Martin Hamburger

1. Wir sind Kirche.

> „Die Diakonie Wuppertal ist Kirche. Sie wendet sich im Vertrauen auf Gott, im Auftrag und in der Nachfolge Jesu Christi hilfesuchenden und notleidenden Menschen in christlicher Nächstenliebe zu."[1]

Mit diesen Worten beginnen die Leitlinien der Diakonie Wuppertal. Nach einer Phase großen Wachstums und anschließender Umstrukturierung des kreiskirchlichen Diakonischen Werkes wurden die Leitlinien von einer kleinen Arbeitsgruppe Mitarbeitender aus unterschiedlichen Berufsgruppen und Abteilungen erarbeitet. Im Frühjahr 2017 wurden sie anlässlich eines Mitarbeitertages der Öffentlichkeit vorgestellt.

Für die Diakonie Wuppertal als Trägerin sozialer Arbeit ist das „Kirche sein" die entscheidende Legitimation und damit auch die Klammer zwischen dem weiterhin als Körperschaft existenten kreiskirchlichen Werk, ihrer direkten „Tochter" Diakonie Wuppertal gGmbH und ihren „Enkelinnen" der ebenfalls in gGmbH's strukturierten Handlungsfelder Kinder- Jugend- und Familie, Soziale Teilhabe und Altenhilfe. In den „Enkelinnen" findet ihre gesamte unternehmerische Arbeit statt.[2] Unterscheidet sich die Diakonie Wuppertal mit ihren gut 2000 Mitarbeitenden in dieser Holdingstruktur auf den ersten Blick nicht von anderen vergleichbaren diakonischen Unternehmen, so ist sie als Kreiskirchliches Werk innerkirchlich und als örtlicher Spitzenverband der freien Wohlfahrtspflege gegenüber den Sozialpartnern in Wuppertal in einer besonderen Funktion.

Innerkirchlich ist die Diakonie Wuppertal ein Referat neben anderen kreiskirchlichen Arbeitsbereichen wie der Seelsorge in Krankenhäusern und Justizvollzugsanstalten, der Schule oder der Jugendarbeit. Durch die von der Kreissynode des Kirchenkreises Wuppertal verabschiedete Satzung des Diakonischen Werkes und den Gesellschaftsvertrag der Diakonie Wuppertal gGmbH als Holdingmutter wird diese Zugehörigkeit verankert. So bildet laut gGmbH-Satzung der Kreissynodalvorstand die Gesellschafterversammlung, beruft einen Aufsichtsrat und wählt den in eine kreiskirchliche Pfarrstelle gewählten Diakoniedirektor bzw. die Diakoniedirektorin als Geschäftsführung.

---

[1] Diakonie Wuppertal: Leitlinien.
[2] Diakonie Wuppertal: Organigramm.

Dem Aufsichtsrat gehören an: Die Superintendentin und eine weitere Pfarrerin sowie fünf andere Mandate (darunter derzeit finanz- und betriebswirtschaftlich, medizinisch sowie juristisch versierte Personen). Aufsichtsrat und Diakoniedirektor*in ist die gesamte Verantwortung für die mit der praktischen Arbeit beauftragten gGmbH's übertragen.

Galt seit der vorletzten Reform des rheinischen Diakoniegesetzes aus dem Jahre 2005 die Sprecherfunktion im Rahmen der örtlichen Arbeitsgemeinschaft aller diakonischen Träger jeweils auszuhandeln, so ist im Zuge der „Vollfusion" der Diakonie Rheinland/Westfalen/Lippe als Angleichung auch für das Gebiet der Evangelischen Kirche im Rheinland durch ein neues Diakoniegesetz 2016 festgelegt worden:

> „Das regionale Diakonische Werk kann verfasst-kirchlich oder rechtlich selbständig gebildet werden. Es nimmt als örtlicher Wohlfahrtsverband und regionale Gliederung des Spitzenverbands der freien Wohlfahrtspflege der Evangelischen Kirche im Rheinland (Diakonisches Werk RWL) in der Regel die Vertretung der Diakonie in der Region gegenüber den staatlichen, kommunalen, kirchlichen und anderen Stellen wahr." [3]

So ist die Diakonie Wuppertal als örtlicher Spitzenverband erster Ansprechpartner sowohl innerkirchlich als auch kommunal. Sie steht in der Öffentlichkeit für die Marke Diakonie und damit zugleich für die evangelische Kirche.

2. Diakoniepfarrer oder Theologischer Vorstand?

Die geschilderte kirchliche Verankerung der Diakonie Wuppertal prägt auch mein Selbstverständnis als Geschäftsführer und Diakoniedirektor. Es ist deshalb konsequent, dass ich die Fragestellung, ob es theologisch qualifizierter Vorstände in Diakonischen Unternehmen bedarf, theologisch beantworte. Dabei reicht die immer wieder gern zitierte Formulierung nicht aus, die in Anlehnung an Wichern und in der Erfahrung der Inobhutnahme der Diakonie durch die Kirche während der NS-Diktatur Eingang in die Grundordnung der EKD von 1948 gefunden hat:

> „1 Die Evangelische Kirche in Deutschland und die Gliedkirchen sind gerufen, Christi Liebe in Wort und Tat zu verkündigen. 2 Diese Liebe verpflichtet alle

---

[3]   § 6 (1) Diakoniegesetz EKiR vom 15.1.2016.

Glieder der Kirche zum Dienst und gewinnt in besonderer Weise Gestalt im Diakonat der Kirche;[4] demgemäß sind die diakonisch-missionarischen Werke Wesens- und Lebensäußerung der Kirche."[5]

Schon Alfred Jäger[6] hat im Blick auf die Formulierung „Wesens- und Lebensäußerung der Kirche" auf die zeitbedingt verständliche, aber dem ursprünglichen Gedanken Wicherns nicht entsprechende Auffassung durch die EKD hingewiesen: Verstand Wichern 100 Jahre zuvor die Innere Mission als Zwillingsschwester der Äußeren Mission und gemeinsam mit ihr als Tochter des einen Geistes, so wurde in der Grundordnung der EKD festgehalten, dass

„Diakonie nur eine „Äußerung" des Lebens der Kirche sei, äußerer Mission vergleichbar. In der Formel der EKD wird somit die Kirche des Wortes und des Sakramentes als eigentliches Seins- und Rechts-Subjekt definiert, während Diakonie und Mission nur sekundär „äußere Werke" dieses Seins sind. Die Intention der darin enthaltenen Kirchenpolitik ist deutlich. Im Verhältnis zur verfassten Kirche sollte Diakonie keine oder höchstens eine sehr relative Eigenständigkeit erhalten."[7]

Demgegenüber betont Jäger, dass Wichern die Diakonie als eine Seite des Lebens der Kirche versteht und damit gleichrangig mit der verfassten Kirche. Wichern bedient sich dabei der Metapher von Mutter und Tochter, wobei er mit Mutter den Geist, nicht die Kirche meint, und die Diakonie als eine Tochter des Geistes versteht.

Ich schließe mich dem an und gehe davon aus, dass Diakonie Kirche ist und somit auch Leitungshandeln in modernen, diakonischen Unternehmen kirchlich zu verorten ist. Im 1. Korintherbrief des Apostels Paulus (1.Kor 12,28) heißt Leitung auf griechisch Kybernesis und wird

„als „Charisma", also als eine Gabe des Heiligen Geistes an bestimmte Einzelpersonen zur Auferbauung der Gemeinde neben anderen Gaben erwähnt: Apostel, Propheten, Lehrer, Wundertäter, Heiler, Leiter, Zungenredner. Die kybernesis steht nicht an prominenter Stelle, sondern in einer langen Reihe verschiedener Charismen. Der geistliche Charakter der kybernesis besteht darin, dass es sich dabei um eine unverfügbare persönliche Gabe Gottes, nicht eine Tugend, ein Amt, eine Position, eine bestimmte Form religiöser Praxis oder Verfahrensweise handelt."[8]

---

[4] Der programmatisch gebrauchte Ausdruck „Diakonat der Kirche" ist nie sauber gefasst worden und wird von den Landeskirchen ganz unterschiedlich verstanden und umgesetzt.

[5] Art. 15 (1) Grundordnung der EKD (EKD-GO,) von 1948, Fassung vom 15.11.2017. Online verfügbar: https://kirchenrecht-ekd.de/document/3435#s1.100023 [Zuletzt abgerufen: 18.07.2018].

[6] Jäger: Diakonische Kirche, S. 350ff.

[7] A.a.O., S. 351.

[8] Beese: Dehnübungen, S. 25.

Letztlich leitet Gott seine Kirche, die „gubernatio dei" ist Grundlage und jede kirchliche Organisationsform ihr untergeordnet. Wie Gott sich dabei einzelner Menschen zur Leitung seiner Kirche bedient, hat in der zweitausendjährigen Kirchengeschichte zu immer ausdifferenzierteren Amts- und Hierarchieverständnissen geführt.[9] Aktuell lässt sich festhalten: Kirchliches Leitungshandeln ist nach evangelischem Verständnis von einer Grundskepsis gegenüber jeder dadurch ausgeübten Herrschaft geprägt. So sagt es exemplarisch die IV. These der Barmer Theologischen Erklärung:

> „Die verschiedenen Ämter in der Kirche begründen keine Herrschaft der einen über die anderen, sondern die Ausübung des der ganzen Gemeinde anvertrauten und befohlenen Dienstes."[10]

Galt dies 1934 der Abgrenzung vom Führerprinzip in der Kirche, so spiegelt Barmen IV ein bis heute zwar verbal ständig wiederholtes Selbstverständnis Evangelischer Kirche wider, das aber in selbstbewusstem Leitungshandeln auf Gemeinde-, kreis- und landeskirchlicher Ebene gerade gegenüber Pfarrerinnen und Pfarrern von hierarchischem Verhalten ergänzt wird.

Bei meinem Verständnis von der Rolle des Theologen bzw. der Theologin in der Kirche – und damit auch in der Diakonie – nehme ich den Faden bei den von der EKD in der Würzburger Konsultation 1989 genannten drei grundlegenden Kompetenzen des Pfarrberufs auf, der theologischen, der missionarischen und der kybernetischen.[11] Gibt es auch in reformierter Tradition bis heute die Haltung, dass der Theologe als Prediger eigentlich nicht zur Gemeindeleitung gehöre, so gehe ich vom Grundsatz unierter Landeskirchen aus, dass die Pfarrerin bzw. der Pfarrer an der Gemeindeleitung zumindest teilhat und demnach über die entsprechende Kompetenz verfügen muss.

Hilfreich für eine genauere Definition des Pfarramts ist der von Isolde Karle in die Diskussion gebrachte Begriff der Profession.[12] Er hilft auch, die Beziehung zu anderen, in der Leitung diakonischer Unternehmen tätigen Berufsgruppen wie Juristen oder Mediziner zu klären. Nach Karle gilt:

> „Der Arzt versucht dabei zur Gesundheit zu verhelfen, der Richter zum Recht und der Pfarrer zum Glauben. Pfarrer dürfen sich also bewußt sein, dass sie Aufgaben erfüllen, die niemand sonst zu leisten vermag, denn sie vermitteln Inhalte, die sich nur auf diese Weise vermitteln lassen."[13]

Ergänzt man diese Sicht des Pfarrberufs als Profession mit dem bereits zuvor erfolgten Neuansatz von Josuttis,[14] dass Pfarrerinnen und Pfarrer eine spiritu-

---

[9]   Siehe z.B. die Zusammenfassung bei Schneider / Lehnert: Berufen wozu?, S. 9-26.

[10]   Barmer Theologische Erklärung, http://www.ekir.de/www/ueber-uns/barmer-theolo-gische-erklaerung.php.

[11]   Vgl. Schneider / Lehnert: Berufen wozu?, S. 30.

[12]   Karle: Der Pfarrberuf.

[13]   Nach Pachmann: Pfarrer sein, S. 123.

[14]   Josuttis: Einführung in das Leben.

elle Aufgabe haben und „ins Heilige einführen", und dem Ansatz von Greth-lein,[15] letztlich sei es ihre Aufgabe, als geschulte Theologinnen und Theologen das Evangelium zu kommunizieren, so ergibt sich ein klares Stellenprofil: Die Pfarrerinnen und Pfarrer stehen in der Kirche für eine spezifische Profession, die der Dimension des Heiligen verpflichtet ist und die befähigt, das Evangelium zeitgemäß zu kommunizieren und zum Glauben einzuladen.

Doch brauchen wir solche Pfarrerinnen und Pfarrer in der Leitung Diakonischer Unternehmen? Ich greife dazu noch einmal den Begriff der Profession auf, gehe aber über die klassische Beschränkung des Begriffs auf Mediziner, Juristen und Theologen hinaus und frage im Blick auf verschiedene Berufsgruppen: Was qualifiziert einen Ökonomen, eine Ärztin oder eine Sozialwissenschaftlerin für die Leitung eines Unternehmens? Ihr Primärberuf jedenfalls nicht. Man kann das wirtschaftliche Handeln bestens im Griff haben, man kann in hoher Kompetenz Krankheiten erkennen und behandeln, man kann ausgewiesener Fachmann in allen Bereichen des Sozialgesetzbuches sein, aber für die Leitung eines Unternehmens ist man damit noch nicht geeignet. Die Qualifikation zum Leitungshandeln umfasst mehr als solide Fachkenntnisse. Jetzt trennen sich m. E. die Sichtweisen:

Geht man davon aus, dass es sich bei der Leitung diakonischer Unternehmen primär um ein innerweltliches Geschehen handelt, so ist von den Aufsichtsorganen Sorge zu tragen, dass betriebswirtschaftliches Know-how und fachliche Kompetenz den Erfolg sicherstellen. Der theologische Überbau brauche sich nicht im Alltag des Leitungshandelns niederzuschlagen, sondern wird als Grundlage des Unternehmens in der Präambel der Satzung festgestellt und vielleicht noch durch die BAT-Anwendung tariflich zum Ausdruck gebracht. Daneben können geistliche Angebote für Klienten und Mitarbeitende eine spirituelle Durchdringung der diakonischen Arbeitsgebiete gewährleisten und so sicherstellen, dass das Christliche gegenüber anderen Anbietern auf dem Sozialmarkt sichtbar ist. Pfarrerinnen und Pfarrer sind dann in der Leitung nicht vonnöten.

Ich sehe es aber anders: Diakonie ist immer Kirche, egal ob sie, wie im Falle der Diakonie Wuppertal, als kreiskirchliches Werk fest mit der verfassten Kirche verbunden ist, oder, wie zahlreiche Stiftungen, Vereinen oder gGmbH's, eine teilweise lange Tradition der Inneren Mission als Kirche in Wicherns Sinne hat. Demzufolge gelten für das Leitungshandeln in der Diakonie kirchliche Spielregeln, nicht weil sie sich der verfassten Kirche unterordnet, sondern weil sie Kirche ist. Für Leitung diakonischer Unternehmen ist deshalb ihr kirchliches Verständnis unabdingbar und sollte sich als evangelisch im oben beschriebenen Sinne der Kybernesis nachvollziehen lassen. Und da gilt: Der Geist weht, wo er will. Er stattet Menschen mit Gaben aus, ein nach 1.Kor 12 wenig spektakuläres Charisma ist die Leitung. Zugleich ist es sinnvoll, dies als geordnetes Amt, als Mandat durch entsprechende theologisch

---

15   Grethlein: Pfarrer.

Qualifizierte wahrnehmen zu lassen, sonst entsteht ein charismatischer Wild-
wuchs, der schon die frühe Christenheit beschäftigte und letztlich zum geord-
neten und hierarchischen Amt geführt hat.[16] Dass dienstrechtlich notwendige
Verantwortungsketten in größeren Unternehmen bestehen müssen, widerspricht nicht dem Grundsatz, dass Leitung in Kirche und Diakonie keine Herrschaft begründet. Im Gegenteil, man spürt es einem diakonischen Unternehmen ab, welcher Geist auf der Leitungsebene den Ton angibt. Diakonische
Unternehmen bedürfen deshalb letztlich keiner Theologischen Vorstände,
sondern Pfarrerinnen und Pfarrer, die theologisch qualifiziert Leitung im evangelischen Sinne ausüben. So verstehe ich meine Geschäftsführungsaufgabe
der Diakonie Wuppertal als Diakoniepfarramt.

Natürlich sind zur Leitung eines großen Unternehmens wie der Diakonie
Wuppertal neben dem Diakoniepfarramt weitere Qualifikationen notwendig.
Ich persönlich kann mir gut eine Doppelspitze mit einem/einer Betriebswirt*in
an der Seite vorstellen, aber die Kreissynode ist, ausgehend von Kreissynodalvorstand und Aufsichtsrat, derzeit der Meinung, dass es zur Einbindung in die
Kirche klarer ist, wenn ein Pfarrer bzw. eine Pfarrerin in einer kreiskirchlichen
Pfarrstelle dem Werk allein vorsteht. So sei die Gefahr, dass sich Diakonie von
verfasster Kirche wegbewegt, geringer und die dienstrechtliche Verortung
klar. Unter diesen Bedingungen ist es sinnvoll, dass die Geschäftsführungen
der operativ tätigen gGmbH's in einer durch eine eigene Satzung klar definierten Geschäftsleitungskonferenz (GLK) die Gesamtverantwortung mittragen.
Dies beginnt damit, dass sie als Mitarbeiter*nnen der Holdingmutter angestellt
werden und dann mit den Geschäftsführungen der Töchter beauftragt werden.[17] Des Weiteren werden alle Entscheidungen der Töchter von grundsätz-
licher Relevanz in der GLK besprochen, und ein Schwerpunkt liegt auf den
gemeinsamen Aktivitäten als Diakonie Wuppertal, intern wie extern. In diesem Konstrukt wird erwartet, dass alle nicht nur ihre jeweilige gGmbH im
Blick haben, sondern letztlich für alles mitverantwortlich sind. Die Erfahrung
zeigt, dass ein solch großes Gremium mit insgesamt acht Verantwortungsträ-
gern zwar „sportlich ambitioniert" ist, wie ein Berater sagte, aber es funktioniert derzeit gut und verhindert das Auseinanderdriften der jeweiligen Arbeitsfelder. Jährliche auswärtige Klausurtage tragen zum Zusammenhalt bei.

---

[16]   Das freie Wechselspiel der charismatischen Kräfte wurde bereits in der Urgemeinde
       „eingefangen", damit die Kirche Jesu Christi nicht in religiösem Chaos endet. Und
       Luther spricht sich zwar gegen den sich daraus entwickelten monarchischen Episkopat
       und dem Primat des Papstes aus, betont zugleich aber die Notwendigkeit der kirchli-
       chen Ordnung und überträgt aus der Not heraus den Landesherren die entsprechende
       Aufgabe.
[17]   Diakonie Wuppertal: Organigramm.

3.   Diakonie als kirchlicher Ort[18]

Im Zuge der Neukonzeptionierung der Diakonie Wuppertal in den Jahren 2015 bis 2017 wurde das „Evangelische Profil" als wichtigstes Querschnittthema (neben Inklusion und Gemeinwesenorientierung) per Synodenbeschluss verankert.[19] Die Verantwortung für die Umsetzung des Konzeptes, besonders des Querschnittthemas „Evangelisches Profil" trägt der Diakoniepfarrer. Doch wie wird das Evangelische Profil in der Diakonie Wuppertal gelebt?

Zunächst: Mittwoch Morgens werden regelmäßig 15-Minuten-Andachten im Besprechungsraum der Zentralverwaltung angeboten.

Ein Blick in die einrichtungsbezogenen Gottesdienst- und Seelsorgeangebote zeigt große Vielfalt: So verbindet im Bereich der Kindertagesstätten eine Vereinbarung zwischen dem diakonischen Träger Ekita gGmbH und der jeweiligen Gemeinde das Engagement der Kita-Mitarbeiter*innen bei gemeindlichen Aktivitäten mit der religionspädagogischen Begleitung der Kinder durch die Kirchengemeinde. Im Bereich der stationären Wohnungslosenhilfe ist ein Pfarrer hauptamtlich fest ins Team eingebunden und als Seelsorger sowohl für die Klienten als auch für die Mitarbeitenden sehr gefragt. Bei der Krisenbewältigung ist er unabdingbar bis hin zu Beerdigungen Verstorbener aus dem Langzeitwohnbereich. Im Bereich der Altenhilfe ist zum einen der ambulante und stationäre Hospizdienst zu nennen, der von Beginn an als christliches Hospiz von den Grundsätzen evangelischer Begleitung am Lebensende durchdrungen wurde. Ein Team von eigens dazu beauftragten Diakoninnen und Diakonen, Pfarrerinnen und Pfarrern sowie Ehrenamtlichen ist regelmäßig in den stationären Altenheimen im Besuchsdienst sowie seelsorglich unterwegs und pflegt eine einrichtungsbezogene Gottesdienstkultur.

Doch sind diese Angebote wirklich spezifischer Ausdruck des Evangelischen Profils der jeweiligen diakonischen Einrichtung? Pfarrerinnen und Pfarrer sind auch in „weltlichen" Kindergärten häufig gern gesehen, Altenheimseelsorge und Gottesdienste werden auch in privaten oder kommunalen Häusern angeboten. Welche Bedeutung hat das Evangelische Profil für das Gesamtwerk Diakonie Wuppertal? Jedes Jahr entwickeln wir mehrere, ganz unterschiedliche Angebote für alle der Diakonie Wuppertal zugehörigen Gesellschaften, die eines gemeinsam haben: Sie zeigen und stärken das Evangelische Profil, ja mehr noch, das „Kirche sein" der Diakonie.

---

[18]   Ich nehme den Gedanken der kirchlichen Orte von Uta Pohl-Patalong: Ortskirche auf, ohne in allem ihren theologischen Implikationen zu folgen. Wichtig ist m. E. zu erkennen, dass sich neben dem klassischen Gemeindeleben in der Parochie, in Kirchgebäuden und Gemeinderäumen, mittlerweile an vielen Orten Kirche vollzieht, nicht zuletzt in der Diakonie.

[19]   http://www.evangelisch-wtal.de/index.php/sommersynode-2015-1374.html. Tagungsunterlagen 15-02-1-1 Diakonie Wuppertal Entwicklung und Kooperation. [Zuletzt abgerufen am 10.01.2018].

Zu Jahresbeginn wird in einer gemeinsamen Feierstunde den Mitarbeitenden, die 25 Jahre im Diakonischen Dienst stehen, das Kronenkreuz in Gold verliehen. Dabei beziehe ich die jeweiligen Geschäftsführungen der Tochterunternehmen bewusst mit ein, um ihre Verantwortung nicht nur als Arbeitgeber, sondern auch im geistlichen Sinn zum Ausdruck zu bringen. Jede der über zwanzig in 2017 geehrten Mitarbeitenden wurde mit einer kurzen Laudatio persönlich und öffentlich gewürdigt. Beim anschließenden Festessen saßen dann Sozialarbeiterinnen neben Altenpflegern, Küchenmitarbeiter neben Erzieherinnen und Hausmeistern. Alle verband die 25-jährige Treue zur Diakonie, es war eine für alle bewegende Begegnung.

Diakonietage als Mitarbeitertage haben im kreiskirchlichen Diakonischen Werk Wuppertal Tradition. Nach der Umstrukturierung nutzen wir dieses Format, um jährlich mit mehreren hundert interessierten Mitarbeitenden einen besonderen Event zu gestalten. Wir begannen den Diakonietag im Juni 2017 mit einem Gottesdienst und einem Einstiegsreferat zu unserem Unternehmensmotto „Diakonie Wuppertal – vielfältig wie das Leben". Höhepunkt waren Kreativworkshops, die das Thema musikalisch, bildnerisch und auf andere Weise gestalteten. Neben der inhaltlichen Arbeit am Thema „Diakonie" war auch hier das Kennenlernen von Kolleginnen und Kollegen aus anderen Arbeitsfeldern ein Haupteffekt. Ein durchgängig positives Echo hat uns bewogen, auch für 2018 einen Diakonietag zu planen.

200 bis 300 Ehrenamtliche sind schwerpunktmäßig in der Altenhilfe, aber auch im Migrationsdienst, den Kindergärten und den Beratungsstellen der Diakonie tätig. Als gemeinsames „Dankeschön" laden wir sie seit mehreren Jahren zu einem professionell vorbereiteten und festlich gestalteten Brunch an einem Sonntag im Sommer ein. Nach einem Kurzgottesdienst ist Zeit für Essen und Gespräche und zum Abschluss sorgt eine Künstler- oder Kabarettvorstellung für entsprechende fröhliche Stimmung.

Besonders bewegend war für mich die Resonanz auf den im November 2017 erstmals gefeierten Segnungsgottesdienst für neue Mitarbeitende und solche, die in Abteilungen Leitungsaufgaben übernommen haben. Im Zuge einer agendarischen Einführung mit Schriftlesung, Verpflichtung und Gebet wurden die Mitarbeitenden persönlich vor den Altar gerufenen, bildeten analog zu den Abendmahlsfeiern einen Kreis, wir fassten uns an den Händen und ich sprach ein Segenswort. Die Präsenz des Diakoniedirektors als Pfarrer im Talar trug wesentlich dazu bei, dass dies als geistlichen Akt erlebt werden konnte. Ein langjähriger Mitarbeiter fragte nachher leicht vorwurfsvoll, warum er damals bei Dienstantritt nicht gesegnet worden sei.

Den Jahresabschluss, und für manche der gemeinsame Höhepunkt, bildet die schon zur Institution gewordene Adpa, Adventsparty für alle Mitarbeitenden in einer großen Wuppertaler Location. Sie startet mit dem sich dafür extra etablierten Werkschor, einer Andacht und dem kurzen Jahresbericht des Direktors, dann kann man sich am Essensbüffet reichlich bedienen und eine Disco open end sorgt für die Stimmung.

Neben diesen, für alle in der Diakonie Wuppertal angebotenen, gibt es weitere, auf die jeweilige gGmbH bezogene Veranstaltungen, so z.B. jährliche Begrüßungstage für neue Mitarbeitende und Auszubildende. Bei diesen dezentralen Treffen achte ich sehr darauf, selbst anwesend zu sein, hier übernehme ich den Grundsatzvortrag zur Diakonie.

Diese Angebote und Veranstaltungen haben eine theologisch nicht zu unterschätzende Bedeutung: Über das gemeinsame Arbeiten und Feiern wird die Identität der Diakonie als Kirche mehr gefestigt als über Statements.

Enger Kontakt der Diakonie Wuppertal zu den Kirchengemeinden wird über den Kreissdiakonieausschuss gesucht. Mehrere gemeinsame Quartiersprojekte sind so entstanden.

Ein Weiteres kommt zum evangelischen Profil der Diakonie Wuppertal hinzu: Meine biblisch-theologische Verankerung bringt es mit sich, dass nicht nur bei Andachten, sondern auch in öffentlichen Grußworten und bei anderen „weltlichen" Anlässen immer ein Bibelwort oder eine biblische Geschichte Ausgangspunkt meiner Ausführungen sind. Rückmeldungen gerade aus dem kommunalen Bereich zeigen, dass dies zumeist als positiver Überraschungseffekt wahrgenommen wird und dazu beiträgt, dass die Diakonie Wuppertal als Kirche verstanden wird. Hier gilt das Verständnis vom Pfarramt, dass die Person die Sache trägt. Es wird als Signal innen wie außen wahrgenommen und ich werde trotz meiner Managementaufgaben auch als Seelsorger sowohl Diakonie-intern als auch von außen wahr- und in Anspruch genommen.[20]

Ein/e, lediglich vom „weltlichen" Betriebsmanagement beauftragte/r, Pfarrer*in kann eine derart identitätsstiftende Wirkung m.E. nicht erzielen, da ohne die klare Verortung der Theologie in der Leitung des diakonischen Unternehmens die evangelische Grundorientierung als Basis des sozialen Handelns weder für die Mitarbeitenden noch für die Öffentlichkeit ersichtlich ist. Das Kirchesein der Diakonie bedarf nach innen wie nach aussen klar erkennbarer Personen und Strukturen.

4.   Fazit

Bei „weltlich" orientierten Unternehmen ist das Ziel klar. Sie sollen wirtschaftlich erfolgreich ein gutes Produkt liefern. Doch was ist das Ziel diakonischer Unternehmen? Sie sollen Kirche sein. Eben nicht nur als theologischer Überbau und wegen der seit den 1920er Jahren erfolgten Zuordnung als staatlich anerkannter evangelischer Wohlfahrtsverband, sondern selbstverständlich, von Innen heraus. Ohne es zu überhöhen, aber generell gilt: Die Mitar-

---

[20]   Hilfreich ist es, die Bibel ins Gespräch zu bringen. Siehe dazu das Büchlein von Bukowski: Die Bibel ins Gespräch bringen.

beitenden der Diakonie Wuppertal verstehen sich als Kirche. Und der langjährige Konkurrenzkampf zwischen verfasster Kirche und Diakonie ist im letzten
Jahrzehnt deutlich zurückgetreten. Lange hatte ich den Eindruck, zwischen
den Stühlen zu sitzen, wenn einerseits die verfasste Kirche ihre Hoheit über
Diakonie betonte und andererseits Vertreter der Diakonie ihre erfolgreiche Arbeit auf dem Wachstumskurs als die „wahre Kirche" definierten und den Mit-
glieder- und Bedeutungsschwund der Kirchengemeinden als Beleg dafür an-
führten. Diese Zeiten sind hoffentlich vorbei. Sicher ist es noch ein weiter
Weg, bis der kirchliche Ort „Diakonie" vollwertig von den Landeskirchen an-
erkannt wird und zum Beispiel auch in der Kirchensteuerzuweisung adäquate
Berücksichtigung findet. Die Kirchenmitglieder sehen das jedenfalls so, wie
bereits die letzte EKD Studie zur Kirchenmitgliedschaft gezeigt hat.[21] Ein
wichtiges Signal ist es deshalb, wenn sich diakonische Unternehmen zu ihrem
„Kirche sein" auch institutionell bekennen und theologische Leitung nicht in
Frage stellen, sondern eine solche als konstitutiv für den Erfolg als Diakonie
verstehen.

Literaturverzeichnis

Barmer Theologische Erklärung. http://www.ekir.de/www/ueber-uns/barmer -theologi-
sche-erklaerung.php. [Zuletzt abgerufen am: 08.01.2018].

Beese, Dieter (2015): "Geistliche" Leitung? Ein kritischer Essay. In: Diakonie Rheinland-
Westfalen-Lippe (Hg.): Dehnübungen – Geistliche Leitung in der Diakonie. Zwischen
wirtschaftlichen Erfordernissen und geistlichem Anspruch. Düsseldorf.

Bukowski, Peter (1994): Die Bibel ins Gespräch bringen. Erwägungen zu einer Grundfrage
der Seelsorge. Neukirchen-Vluyn.

Diakonie Wuppertal: Leitlinien. https://www.diakoniewuppertal.de/ueber-uns/ueber-uns/.
[Zuletzt abgerufen am: 08.01.2018].

Diakonie Wuppertal: Organigramm. https://www.diakoniewuppertal.de /ueber-uns/ueber-
uns/. [Zuletzt abgerufen am 08.01.2018].

Diakoniegesetz der EKiR (EKiR Diakoniegesetz) vom 15.1.2016. https://www.kirchen-
recht-ekir.de/document/2881. [Zuletzt abgerufen am: 08.01.2018].

Evangelische Kirche in Deutschland (2014): Engagement und Indifferenz. Kirchenmitgliedschaft als soziale Praxis V. EKD-Erhebung über Kirchenmitgliedschaft. Hanno-
ver.

Evangelischer Kirchenkreis Wuppertal: Homepage http://www.evangelisch-wtal.de/in-
dex.php/sommersynode-2015-1374.html. Tagungsunterlagen 15-02-1-1 Diakonie
Wuppertal Entwicklung und Kooperation. [Zuletzt abgerufen am 10.01.2018].

Grethlein, Christian (2009): Pfarrer - ein theologischer Beruf! Frankfurt.

Grundordnung der EKD (EKD-GO) von 1948, Fassung vom 15.11.2017. Online verfügbar:
https:// www.kirchenrecht-ekd.de/document/3435. [Zuletzt abgerufen am 08.01.2018].

---

[21]   Vgl. EKD, Engagement und Indifferenz, S. 93ff.

Jäger, Alfred (2004): Diakonische Kirche und neues Management. Diakonie ist Kirche. In: Schiblisky, Michael / Zitt, Renate (Hg.): Theologie und Diakonie. Gütersloh.

Josuttis, Manfred (1996): Die Einführung in das Leben. Pastoraltheologie zwischen Phänomenologie und Spiritualität. Gütersloh.

Karle, Isolde (2001): Der Pfarrberuf als Profession. Eine Berufstheorie im Kontext der modernen Gesellschaft. Gütersloh.

Pachmann, Herbert (2011): Pfarrer sein. Ein Beruf und eine Berufung im Wandel. Göttingen.

Pohl-Patalong, Uta (2004): Von der Ortskirche zu kirchlichen Orten. Ein Zukunftsmodell. Göttingen.

Schneider, Nikolaus / Lehnert, Volker A. (2011): Berufen wozu? Zur gegenwärtigen Diskussion um das Pfarrbild in der Evangelischen Kirche. Neukirchen-Vluyn. 2. Auflage.

Leitung theologisch gestalten

Bartolt Haase

Einleitung: Theologie im Wandel

In der Stiftung Eben-Ezer begrüßt mich ein Mann im Rollstuhl mit den Worten: „Guten Morgen, Herr Direktor!" Er besteht auf dieser Begrüßung, denn „das bin ich so gewohnt." Seit mehreren Jahrzehnten lebt dieser ältere Herr in Eben-Ezer. Als Kind hat er in Schlafsälen geschlafen. In den 70er Jahren gab es Zimmer mit zunächst vier, dann zwei Betten. Seit einigen Jahren lebt der Mann in seinem eigenen Appartement auf dem Stiftungsgelände. Trotzdem ist bei ihm – nicht allein in der morgendlichen Begrüßung – die Prägung durch die hierarchisch-patriarchale Struktur einer Komplexeinrichtung deutlich wahrzunehmen. Das Bild vom „Theologischen Direktor" ist dabei sehr ambivalent. Zum einen waren die Direktoren Identifikationsfiguren, die Sicherheit ausstrahlten und Orientierung gaben. Zum anderen waren sie in früheren Jahrzehnten gefürchtet, weil sie für eine teils starre Disziplin, für Distanz und ein deutliches Gefälle von Leitung gegenüber Mitarbeiterinnen und Mitarbeitern sowie von Mitarbeiterinnen und Mitarbeitern gegenüber den Menschen mit Behinderung in Eben-Ezer standen.

Dieses Bild ist im Wandel. Eine zentrale Herausforderung besteht darin, Theologie im Unternehmen nicht von der Funktion oder gar einer vermeintlichen ‚Aura' des Theologischen Vorstands her zu definieren. Die Aufgabe ist heute, von Inhalten her die Relevanz theologischer Kompetenz für die Leitung eines diakonischen Unternehmens zu begründen. Im folgenden Beitrag versuche ich, eine solche Begründung auf der Grundlage des neuen Leitbildes der Stiftung Eben-Ezer zu entwickeln.[1] Ich werde meine persönliche theologische Prägung einbringen und einige Beispiele benennen, in denen dezidiert theologische Kompetenz von mir gefordert wird und ich erkennbar pastoral tätig bin.

---

[1] Vgl. https://www.eben-ezer.de/ueber-uns.html: 7 Sätze für ein Leben in Vielfalt.

1.   Theologie im Leitbild –
     Leitungsverständnis in Eben-Ezer

Die Stiftung Eben-Ezer hat seit Ende 2017 ein neues Leitbild. In direkter An-bindung an den Vorstand wurde zuvor ein auf umfassende Beteiligung ange-legter Prozess zur Überarbeitung des Leitbildes entwickelt. Innerhalb von zwei Jahren sind „7 Sätze für ein Leben in Vielfalt" entstanden. Mehr als 250 Men-schen waren an verschiedenen Stellen in den Prozess eingebunden. Ein we-sentlicher Arbeitsschritt lag darin, im ‚Büro für Leichte Sprache' die Leitsätze von der Alltagssprache in Leichte Sprache zu übertragen. Der Aufsichtsrat hat schließlich Ende 2017 beide sprachlichen Varianten als gleichwertige Versio-nen verabschiedet.

Die neuen Leitsätze sind theologisch geprägt. Von der Bedeutung des Na-mens Eben-Ezer (Stein der Hilfe) über das christliche Menschenbild bis hin zur Nächstenliebe machen sie den christlich-diakonischen Hintergrund Eben-Ezers deutlich. Sie benennen in prägnanten Worten, welchen Werten sich Eben-Ezer als Stiftung verpflichtet fühlt: „Eben-Ezer heißt ‚Stein der Hilfe'. In der Bibel ist Eben-Ezer ein Ort, an dem Gott Leben schützt und bewahrt (1. Samuel 7,12). Die Stiftung Eben-Ezer hat demnach den Auftrag, Leben zu schützen und zu bewahren."

Erste Rückmeldungen zu den neuen Leitsätzen ergaben sowohl bei der Befragung von Mitarbeiterinnen und Mitarbeitern wie auch Klientinnen und Klienten ein einheitliches Bild. Übereinstimmend wurde geurteilt, dass die ‚wichtigsten' Sätze des Leitbildes die zu den Themen Nächstenliebe und Men-schenbild sind. Sie bilden die Grundlage dessen, was sich in den anderen Sät-zen als konkrete Ausgestaltung des diakonischen Auftrags der Stiftung Eben-Ezer darstellt:

Menschenbild: Gott liebt jeden Menschen. Diese Liebe gibt jedem Men-schen eine unantastbare Würde. Deshalb hat jeder Mensch das Recht, über sein Leben selbst zu bestimmen. Eben-Ezer ist diesem Recht verpflichtet. Die Stif-tung ermöglicht Selbstbestimmung und Eigenverantwortung.

Nächstenliebe: Gott gibt den Auftrag, Liebe zu teilen. Deshalb begegnen sich Menschen in Eben-Ezer mit Offenheit und Wertschätzung. Jeder Mensch wird in seiner Einzigartigkeit angenommen. Mittelpunkt des Handelns in Eben-Ezer ist die Entwicklung persönlicher Lebensentwürfe und die Beglei-tung der Menschen auf ihren Lebenswegen.

Zur konkreten Ausgestaltung des diakonischen Auftrags in Eben-Ezer ma-chen Sätze zu den Themen Gemeinschaft, Transparenz, Fachlichkeit und Res-sourcenbewusstsein Aussagen.

Außerdem gibt es folgenden Satz zum *Leitungsverständnis*:

„Achtsamkeit und Wertschätzung bestimmen das kollegiale Miteinander der Dienstgemeinschaft in Eben-Ezer. Leitungskräfte praktizieren einen kooperativen Führungsstil. Sie begründen Entscheidungen und treffen klare Vereinbarungen.

Das Leitungsverständnis in Eben-Ezer basiert auf Verlässlichkeit und Vertrauen in das verantwortungsvolle Handeln aller Mitarbeiterinnen und Mitarbeiter."

In der Übertragung in Leichte Sprache heißt das:

„In Eben-Ezer sind wir freundlich zueinander.
Man schätzt sich gegenseitig.
Die Leitungs-Kräfte arbeiten mit allen zusammen.
Sie setzen sich für ein gutes Miteinander ein.
Sie können sich auf die Mitarbeiter verlassen.
Und vertrauen ihnen.
Das nennt man Leitungs-Verständnis."

Leitungsfunktionen haben nach dem Verständnis der Leitsätze in der Stiftung Eben-Ezer eine theologische Grundlegung. Das gilt für alle Leitungsaufgaben, nicht allein für dezidiert theologisch oder diakonisch qualifizierte Leitungskräfte. Deshalb werden alle Leitungskräfte in Workshops geschult, in einer auf den Aussagen des Leitbildes aufbauenden Haltung ihre Mitarbeiterinnen und Mitarbeiter zu führen. Kollegialität, Teamarbeit und eine aufeinander abgestimmte Kommunikation sind Elemente, die besonders im Fokus stehen. Gegenseitiges Vertrauen, Kritikfähigkeit und Fairness sind weitere grundlegende Aspekte, die thematisiert und als Haltung von allen Leitungskräften eingefordert werden.

Gleichwohl wird – verständlicher Weise – der Vorstand in besonderer Art und Weise an dem Anspruch der Leitsätze gemessen. Das gilt für beide Mitglieder des Vorstands, also den theologischen wie den kaufmännischen Vorstand. Im Unternehmen wird sehr aufmerksam wahrgenommen, wie die Zusammenarbeit im Vorstand gestaltet wird. Außerdem wird die Zusammenarbeit von Vorstand und den unmittelbar zugeordneten Leitenden Mitarbeiterinnen und Mitarbeitern als exemplarisch für die Stiftung gewertet. Die besondere Erwartung an den theologischen Vorstand besteht darin, dass er die benannten Grundlagen in Worte fassen und theologisch zu begründen hat. Sprachfähigkeit für ein theologisch begründetes Leitungsverständnis herzustellen, zu fördern und authentisch zu leben – das ist ein Kern dessen, was der Theologische Vorstand mit seiner fachlichen Qualifikation einzubringen hat.

Theologische Kompetenz in der Leitung eines diakonischen Unternehmens ist so verstanden kein Randaspekt, sondern Grundlegung. Von dieser Grundlegung aus entfaltet sich vieles von dem, was das diakonische Profil eines Unternehmens ausmacht. Theologie formuliert die ,Mission', also den bleibenden Grundauftrag. Sie stellt den Transfer in die Gegenwart mit ihren aktuellen Herausforderungen her und reflektiert die Geschichte einer Organisation vor dem Hintergrund ihres christlich-diakonischen Auftrages.

2.   (Reformierte) Theologie als Grundlage meines persönlichen Leitungsverständnisses

Als Theologischer Vorstand in einem diakonischen Unternehmen ist es unerlässlich, sein persönliches theologisches Profil und auch seine persönliche
Glaubens- bzw. Frömmigkeitsprägung einzubringen. Dazu einige Gedanken:

2.1   Ekklesiologie nach Johannes Calvin

Die Lippische Landeskirche ist eine überwiegend reformiert geprägte Landeskirche. Auch ich bin reformiert ordiniert. Reformierte Ansätze für kirchliches
Leitungshandeln sind deshalb für mein theologisches Leitungsverständnis prägend. Als grundlegendes ekklesiologisches Modell betrachte ich das Gemein-
deverständnis Johannes Calvins, wie es exemplarisch in der Genfer Kirchen-
ordnung von 1561 abgebildet ist.[2] Den Ansatz eines gleichberechtigten Miteinanders verschiedener kirchlicher Ämter in der Leitung und Gestaltung kirchlichen Lebens ist für mich überzeugend. Die selbstverständliche Einbindung
von Diakonie als unverzichtbarem Bestandteil kirchlicher (Leitungs-)Struktur
ist dabei ein zentraler Aspekt. Dieser Ansatz hilft, mühsame Diskussionen
über eine Vor- oder Nachrangigkeit von Kirche/Gemeinde und Diakonie zu
überwinden. Das Grundmodell Calvins eröffnet eine Perspektive für ein heute
zeitgemäßes Verständnis vom Miteinander von Kirche und Diakonie. So lässt
sich Calvin in dem Sinne interpretieren, dass Diakonie einen Knotenpunkt im
Netzt kirchlicher Orte wie Gemeinde, kirchlicher Verwaltung, übergemeind-
licher Dienste oder anderer Ausdrucksformen kirchlichen Handelns bietet.
Diese verschiedenen Orte sind – sichtbar oder unsichtbar, primär durch das
Wirken des Heiligen Geistes – zu einem Netz verbunden. Diakonie ist ein unverzichtbarer Teil dieses ,Netzes kirchlicher Orte'. Das gilt ganz allgemein.
Das gilt auf der regionalen Ebene demnach auch für die Stiftung Eben-Ezer,
die Gemeinden der Lippischen Landeskirche und im Verbund der Diakonie
Rheinland-Westfalen-Lippe. Das ist ein ekklesiologisches Grundmodell, das
meinem Verständnis von Diakonie entspricht und auf dessen Grundlage ich
mein Leitungshandeln als Theologe verstehe.

2.2   Zusammenwirken stärken und Beteiligung ermöglichen

Ein zweiter grundlegender Gedanke für kirchlich-diakonisches Leitungsverständnis nach reformierter Prägung ist die Selbstverständlichkeit von Beteiligung. Nach Calvin lebt Gemeinde vom aktiven Zusammenwirken möglichst

---

[2]   Vgl. Calvin: Ordonnances ecclésiastiques, S. 256-259.

aller Gemeindeglieder. Von ihnen aus baut sich Gemeinde auf. Deshalb beschreibt der langjährige Moderator des Reformierten Bundes, Peter Bukowski, die reformierte Kirche auch als „eine *bottom up* Bewegung",[3] eine Bewegung von unten.

Ein diakonisches Unternehmen ist anders organisiert. Klar definierte Hierarchien und Leitungsstrukturen definieren feste Verantwortlichkeiten. Innerhalb dieses Rahmens ein vertrauensvolles Zusammenwirken und Beteiligung an Entscheidungsprozessen zu ermöglichen, ist Ansatz des Leitungsverständnisses in Eben-Ezer und Kernaufgabe des Theologischen Vorstands.

Das bedeutet, dass die zu treffenden Entscheidungen auf eine möglichst breite Basis gestellt werden. Die Entscheidungsbefugnis liegt dabei zumeist in den Gremien, letztlich beim Vorstand. In die Entscheidungsfindung werden aber viele Menschen eingebunden. Das geschieht in verschiedenen Beteiligungsformen, vor allem über projektbezogene Arbeit. Nahezu alle strategisch bedeutsamen Entwicklungen werden heute in Projektform bearbeitet. Die Projekte werden ‚von der Linie' beauftragt, dann aber in einer eigenen Projektstruktur bearbeitet. Das sind mal kleine Projekte mit kurzer Dauer. Das sind aber auch lang angelegte Projekte wie der über mehrere Jahre dauernde Strategieprozess „Eben-Ezer 2020". Alle Projekte zeichnen sich dadurch aus, dass Mitarbeiterinnen und Mitarbeiter sowie Menschen, die unsere Angebote nutzen, zur aktiven Mitarbeit in Projektteams eingeladen werden. Diese Einladung erfolgt entweder in direkter Ansprache oder in einer stiftungsinternen Ausschreibung. Mitarbeiterinnen und Mitarbeiter aus allen Stiftungsbereichen und auf allen Arbeitsebenen haben die Möglichkeit, sich nach ihren Interessen und Fachkenntnissen einzubringen. Diese Form des Zusammenwirkens öffnet Raum für Ideen und Innovationen. Sie bringt Verbesserungsvorschläge hervor und lädt ein zu Kritik. Eine solch offene Form des Zusammenwirkens muss jedoch eingeübt und aktiv gepflegt werden. Das hat der Vorstand an erster Stelle zu verantworten. Immer wieder neu sind Mitarbeiterinnen und Mitarbeiter sowie die Menschen, die unsere Angebote nutzen, zu ermutigen, sich auch gegenüber Leitungskräften offen und kritisch zu äußern. Gleichzeitig müssen Leitungskräfte in der Projektarbeit bereit sein, als Teamplayer zu agieren und sich ggf. den Regeln der Projektleitung unterzuordnen. Das ist für alle Beteiligten keine Selbstverständlichkeit. Vielmehr erlebt Eben-Ezer gerade an dieser Stelle einen Kulturwandel, der über einen langen Zeitraum verankert werden muss. In diesem Kulturwandel sehe ich für mich einen mittel- und langfristig angelegten Auftrag an den Theologischen Vorstand.

Eine wesentliche Grundlage für das Gelingen des beteiligungsorientierten Zusammenwirkens ist eine immer wieder neu herzustellende Transparenz. Deshalb heißt es in den Leitsätzen der Stiftung Eben-Ezer:

Transparenz: Reden und Handeln in Eben-Ezer sind nachvollziehbar und transparent. Das fördert ein faires Miteinander und ermöglicht Beteiligung.

---

[3]   Bukowski: Christsein, S. 7.

Bei der Förderung und Herstellung einer solchen Transparenz kommt wiederum dem Vorstand und hier besonders dem Theologischen Vorstand eine Schlüsselrolle zu. Zum einen ist es Aufgabe des Vorstands, über vielfältige Kommunikationsformen, in Gremien und persönlichen Gesprächen transparent die Herausforderungen und Entwicklungen des Unternehmens zu benennen. Eine gut aufeinander abgestimmte Kommunikation wird dabei immer wichtiger. Digitale Medien und soziale Netzwerke fördern heute ein immenses Tempo in der Kommunikation. Außerdem lässt sich die Verbreitung unternehmerischer Statements deutlich schwerer steuern als das noch vor einigen Jahren auf den klassischen Wegen der internen und externen Öffentlichkeitsarbeit möglich war.

Für die Stiftung Eben-Ezer bedeutet das, bei allen relevanten Themen einen Kommunikationsplan zu erstellen und die Schrittfolge der Kommunikationswege so genau wie möglich abzustimmen. Die Verantwortung für die Unternehmenskommunikation liegt dabei letztlich beim Theologischen Vorstand. Ihm ist die Stabsstelle Öffentlichkeitsarbeit / Fundraising zugeordnet. Über diese Stabsstelle steuert die Stiftung ihre interne und externe Kommunikation. Der Theologische Vorstand hat durch die Stabsstelle die unmittelbare Möglichkeit, Inhalt, Gestaltung und Wortwahl der Stiftungskommunikation zu steuern.

Wie oben beschrieben, besteht die Kernaufgabe des Theologischen Vorstands eines diakonischen Unternehmens darin, Sprachfähigkeit zum kirchlich-diakonischen Auftrag des Unternehmens herzustellen, Positionen zu aktuellen Themen entsprechend zu platzieren und dadurch maßgeblich die Kultur einer Einrichtung zu prägen. Die unmittelbare Steuerung der Öffentlichkeitsarbeit bzw. der Unternehmenskommunikation ist dazu das zentrale Werkzeug. Insofern ist die vertrauensvolle, enge Zusammenarbeit zwischen Theologischem Vorstand und dem Team der Öffentlichkeitsarbeit so etwas wie das ‚Herzstück‘ der Tätigkeit eines Theologischen Vorstands in einem diakonischen Unternehmen.

Für meine Arbeitssituation in Eben-Ezer bedeutet das konkret, dass ich regelmäßig an den Teambesprechungen der Öffentlichkeitsarbeit teilnehme und alle öffentlichkeitsrelevanten Arbeitsschritte eng mit der Stabsstellenleitung bzw. der Pressesprecherin abstimme. Außerdem liegen die Büros von Theologischem Vorstand und Öffentlichkeitsarbeit direkt nebeneinander, sodass auch außerhalb offizieller Teambesprechungen jederzeit enge und kurzfristige Absprachen möglich sind.

2.3   Leitung als Team stärken

Eine weitere Konsequenz des reformiert-theologisch geprägten Leitungsverständnisses ist eine konsequente Weiterentwicklung von Teamleitung. In Eben-Ezer arbeiten der Theologische und der Kaufmännische Vorstand laut

Satzung gleichberechtigt zusammen. Entscheidungen sind einmütig zu treffen. Die Satzung regelt ferner, dass der Theologische Vorstand der Sprecher des Vorstands ist und die Stiftung nach außen repräsentiert. Alle weiteren Fragen der Zusammenarbeit regelt eine eigene Geschäftsordnung, die der Aufsichtsrat genehmigt. Dieses auf Vorstandsebene festgeschriebene Modell der Teamleitung wird innerhalb der Stiftung Eben-Ezer auch in den Stiftungsbereichen zunehmend eingeführt. War es in den vergangenen Jahren Regel, dass jeder Bereich von einem einzelnen Bereichsleiter bzw. einer Bereichsleiterin geleitet wurde, wird die Leitungsverantwortung mehr und mehr auf eine breitere Basis gestellt. Zum Beispiel gibt es seit Sommer 2017 nicht mehr einen einzelnen Bereichsleiter für den größten Stiftungsbereich, den Geschäftsbereich Wohnen. Die Aufgaben des langjährigen Stelleninhabers sind an ein Team aus derzeit fünf Personen mit unterschiedlichen Zuständigkeitsbereichen übergegangen. Mit externer Begleitung wurde das neue Leitungsgremium auf seine Aufgaben vorbereitet. Eine Geschäftsordnung, die primär Regeln zu Entscheidungsfindung und Kommunikation benennt, wurde gemeinsam erarbeitet. Grundlage ist auch hier ein am Leitbild orientiertes kommunikatives, vertrauensvolles und transparentes Leitungsverständnis. Die ersten Erfahrungen zeigen einen sehr positiven Effekt dieser neuen Leitungsstruktur. Durch eine klare Ressortzuteilung sind inhaltliche Abstimmungen deutlich schneller möglich als früher. Die Diskussionen in der Teamleitung führen zu ausgewogenen und qualitativ überzeugenden Ergebnissen. Die gemeinsam zu tragende Verantwortung für den Gesamtbereich Wohnen lenkt den Blick weg von Partikularinteressen einzelner Teilbereiche bzw. Regionen. Für Krisensituationen sind klare Kommunikations- und Entscheidungswege vereinbart. Eine Sprecherin des Gremiums wurde vom Vorstand benannt, sodass auch die Kommunikation zum Vorstand und in die Stiftung hinein geregelt ist. Die Erfahrungen mit dem Leitungsmodell ermutigen dazu, weitere Schritte in Richtung Teamleitung im Bereich Wohnen wie auch in der ganzen Stiftung zu gehen.

Ein anderes Beispiel für den Übergang zu teamorientierten Leitungsmodellen sind Strategieworkshops, die in den vergangenen Jahren stattgefunden haben. In früheren Jahren war es üblich, dass der jeweils zuständige Vorstand mit dem einzelnen Bereichsleiter ein Zielvereinbarungsgespräch für ein Kalenderjahr geführt hat. Das war im Sinne einer auf Einzelpersonen zugeschnittenen Leitungshierarchie sinnvoll. Es passte aber nicht mehr zu dem Gedanken von Teamleitung. Deshalb wurde das Modell der Zielvereinbarungsgespräche durch Strategieworkshops abgelöst.

Das heißt, dass der gesamte Vorstand mit dem gesamten Leitungsteam der jeweiligen Bereiche strategische Ziele für jeweils zwei Jahre vereinbart. Die Strategieworkshops werden extern moderiert und dokumentiert. Das fördert einen offenen Austausch und hilft, Hierarchiegefälle zu überwinden. Die strategische Entwicklung der Bereiche ist dadurch auf eine breitere Basis gestellt. Die Erfahrung aus den Strategieworkshops ist, dass die Kommunikation der Ergebnisse in die Bereiche besser gelingt. Ziel ist, das im Leitbild formulierte und im Vorstandsteam abgebildete Verständnis von gemeinsam getragener Verantwortung Schritt für Schritt in der gesamten Stiftung zu etablieren.

3.   Theologie als Teil des interdisziplinären Miteinanders

3.1   Das Verständnis von Fachlichkeit

In Eben-Ezer arbeiten – wie überall in der Diakonie – viele verschiedene Berufsgruppen zusammen. Das ist ein besonderer Reiz, aber auch eine spezielle Herausforderung. Auch hier muss Theologie ihren Platz definieren. Im Leitbild heißt es:

Fachlichkeit: In Eben-Ezer greifen diakonische Ausrichtung und berufliche Fachlichkeit ineinander. Beides wird stetig überprüft und weiterentwickelt.

In der Übertragung in Leichte Sprache:

> In Eben-Ezer arbeiten viele Menschen mit ganz unterschiedlichen Berufen.
> Sie wurden gut ausgebildet und verstehen ihr Fach.
> Sie haben eine gute Fachlichkeit.
> Diakonie ist der Dienst für hilfe-bedürftige Menschen.
> Die evangelischen Kirchen nennen ihre soziale Arbeit Diakonie.
> Die Diakonie gehört zur Arbeit in Eben-Ezer dazu.
> Fachlichkeit und Diakonie gehören in Eben-Ezer zusammen.

Der Leitsatz beschreibt zunächst, dass die Erfüllung des diakonischen Auftrags der Grundkonsens ist, der alle Berufsgruppen verbindet. Insofern steht eine theologische Aussage am Anfang. Von dieser Grundlegung aus gibt es eine klar definierte Aufgabenverteilung zwischen den verschiedenen Fachlichkeiten. Am deutlichsten ist diese Aufteilung an den Stellen zu erkennen, an denen nach externen Vorgaben bestimmte Qualifikationen für definierte Aufgaben benannt werden: nur pflegerisch qualifizierte Mitarbeiterinnen und Mitarbeitern dürfen Medikamente stellen; nur ärztliche Kolleginnen und Kollegen dürfen Diagnosen stellen und Rezepte schreiben; nur Elektriker und Elektrikerinnen dürfen elektrische Leitungen legen oder bestimmte Geräte anschließen; nur entsprechend theologisch qualifizierte Kolleginnen und Kollegen dürfen Gottesdienst halten und die Sakramente verwalten u.v.m.

Erfolg für die Stiftung Eben-Ezer stellt sich dann ein, wenn diese vielen verschiedenen Berufsgruppen gut zusammenarbeiten. Es ist also eine zentrale Managementaufgabe für alle Leitungskräfte, das Zusammenwirken der verschiedenen Berufsgruppen immer wieder neu zu optimieren. Die Schnittstellen zwischen den verschiedenen Berufsgruppen sind vielfältig. Qualitative Ansprüche, inhaltliche Vorgaben und fachliche Themen müssen in den Dialog gebracht, miteinander abgestimmt und schließlich entschieden werden. Für diesen Prozess ist das Bewusstsein des gemeinsam zu erfüllenden diakonischen Auftrags von zentraler Bedeutung. Der Grundkonsens, dass letztlich alle Kolleginnen und Kollegen in der Stiftung Eben-Ezer die diakonische Ausrichtung als verbindende Grundlage haben, ist der Schlüssel für ein gutes Miteinander. Die Leitungskräfte und in besonderer Art und Weise der Vorstand haben die Aufgabe, immer wieder an diesen Grundkonsens zu erinnern, ihn zu stärken und sich selbst an ihm auszurichten. Auch da gilt für den Theologischen Vorstand in besonderer Art und Weise, sprachfähig zu sein.

3.2   Das sichtbare Einbringen theologisch-pastoraler Fachlichkeit

In der Stiftung Eben-Ezer gibt es verschiedene Anlässe und Situationen, in denen dezidiert theologische Kompetenz gefordert ist und sichtbar in Erscheinung tritt. Diese Aufgaben gestalte ich als Theologischer Vorstand zum Teil bewusst selbst. Andere Aufgaben liegen primär beim Pfarrer der evangelisch-lutherischen Stiftungsgemeinde. Zum pastoralen Team gehören derzeit außerdem mit jeweils einem kleinen Stellenanteil eine Vikarin und ein auch als Prädikant tätiger Diakon, der in Aufgaben wie Gottesdienstgestaltung, Andachten und Seelsorge eingebunden ist. Dazu einige Beispiele:

Sonntagsgottesdienste
An jedem Sonntag und auch an den evangelischen Feiertagen wird in der Kirchengemeinde Eben-Ezer Gottesdienst gefeiert. Die Stiftung hat auf dem Stiftungsgelände Neu Eben-Ezer ein Kirchliches Zentrum und auf dem Gelände Alt Eben-Ezer eine Kapelle. Im wöchentlichen Wechsel wird an den beiden Orten Gottesdienst gefeiert, regelmäßig mit der Feier des Heiligen Abendmahls, ab und zu auch mit einer Taufe. Das oben genannte Team deckt den Gottesdienstplan ab. Der Theologische Vorstand hält in der Regel einmal pro Monat einen Gottesdienst, zuzüglich der Gottesdienste an Feiertagen oder zu besonderen Anlässen.

Montagsandachten
Einen ähnlich hohen Stellenwert wie die Sonntagsgottesdienste haben in der Stiftung Eben-Ezer die Montagsandachten. Jede Arbeitswoche beginnt mit einer Andachtsreihe am Montagmorgen – um 8 Uhr in der Kirche Neu Eben-Ezer, um 9 Uhr in Alt Eben-Ezer, um 10 Uhr bei eeWerk im Industriegebiet in Lemgo. Diese Andachten werden ebenfalls von dem genannten Team gestaltet. Hinzu kommen noch einige weitere Kolleginnen und Kollegen, die gelegentlich die Andacht gestalten. Auch hier gilt, dass der Theologische Vorstand ungefähr einmal pro Monat die Montagsandachten hält.

Sterbebegleitung / Sterbefälle
In Eben-Ezer gibt es pro Jahr ca. 20 Sterbefälle. Unabhängig von ihrer Religion oder Konfession werden die Menschen, sofern sie es wünschen, seelsorglich auf ihrem letzten Weg begleitet. Als Ausdruck des diakonischen Hintergrunds der Stiftung Eben-Ezer gibt es Aussegnungsfeiern und in den meisten Fällen auch eine von der Stiftung begleitete oder organisierte Trauerfeier. Eben-Ezer stellt sicher, dass jeder Bewohner und jede Bewohnerin eine würdevolle Trauerfeier mit Begräbnis erhält – auch dann, wenn die finanzielle Situation der bzw. des Verstorbenen und der Angehörigen nur eine anonyme Bestattung ermöglichen würde. Die Stiftung setzt hier in nicht unerheblichem Maß Spendengelder ein, um gerade an dieser Stelle das diakonische Profil erkennbar zu machen. Die weitaus meisten Trauerfälle begleitet dabei der Gemeindepfarrer. Der Theologische Vorstand ist aber auch in diese Tätigkeit eingebunden, entweder, wenn es der ausdrückliche Wunsch ist, oder in Vertretungssituationen.

Ethikgespräche
Regelmäßig finden in den Wohngruppen oder der Klinischen Abteilung der Stiftung Ethische Fallgespräche statt. Diese Gespräche werden nach einem internen Leitfaden mal mit, mal ohne externe Moderation geführt. Grundregel ist, dass die Gesprächsrunden immer interdisziplinär zusammengesetzt sind. Neben pflegerischer, pädagogischer, ärztlicher und psychologischer Kompetenz ist auch immer ein theologisch qualifizierter Gesprächspartner gesetzt. Auch diese Aufgabe teilt das oben genannte Team unter sich auf. In der Regel nimmt entweder der Gemeindepfarrer oder der Theologische Vorstand an den Gesprächen teil. Für den Theologischen Vorstand besteht die besondere Herausforderung darin, Leitungsaufgabe und pastorale Tätigkeit zu reflektieren und sensibel zu berücksichtigen, respektive zu unterscheiden. Die Erfahrungen mit der Doppelrolle sind ambivalent. Mal ist es gut und hilfreich, als Leitungskraft an den Fallgesprächen teilzunehmen. Mal ist es besser, wenn die theologische Kompetenz nicht vom Vorstand, sondern bewusst vom Gemeindepfarrer eingebracht wird – einem Seelsorger, der in der Hierarchie nicht als Vorgesetzter agiert.

Historisches Bewusstsein stärken / Gedenkkultur
Ein weiterer Bereich, in dem theologische Kompetenz als Vorstand aktiv einzubringen ist, ist die Förderung eines Bewusstseins für die Geschichte der Stiftung Eben-Ezer. In der mittlerweile über 150-jährigen Stiftungsgeschichte gibt es viele Facetten, Ereignisse und Entwicklungen, mit denen sich die Stiftung offen und zum Teil kritisch auseinanderzusetzen hat. Neben vielen positiven Ereignissen und Entwicklungen gibt es in der Vergangenheit Eben-Ezers auch belastende und bedrückende Momente. Vieles, aber bei weitem noch nicht alles davon ist bisher aufgearbeitet. Aus Anlass des 150-jährigen Bestehens der Stiftung im Jahr 2012 wurde eine umfassende Festschrift erstellt, in der vor

allem die Gründungszeit und die ersten Jahrzehnte des 20. Jahrhunderts abgebildet sind. Im Jahr 2017 wurde in besonderer Art und Weise an das Schicksal von Menschen aus Eben-Ezer gedacht, die Opfer der nationalsozialistischen Euthanasie geworden sind. Neben Fachveröffentlichungen und einer Fachtagung wurde ein Gedenkort geschaffen, an dem dieser Menschen fortan gedacht und an ihr Schicksal erinnert wird. Dieses Gedenken beruht auf neuen Erkenntnissen der historischen Forschung. Es ist Aufgabe des Theologischen Vorstands, eine solche Aufarbeitung der Stiftungsgeschichte zu fördern.

Vernetzung mit Kirche und Gemeinden
Der Theologische Vorstand der Stiftung ist als Pastor enger als alle anderen Leitungskräfte mit der Lippischen Landeskirche und ihren Gemeinden vernetzt. Als berufenes Mitglied der Landessynode, Vorsitzender der synodalen Kammer für Diakonie und dem Förderverein der Diakonie Lippe wird diese Vernetzung in den Gremien der Landeskirche sichtbar. Auf der persönlichen Ebene gibt es gute Kontakte zum Landessssuperintendenten, dem Pfarrkonvent der Klasse Nord und dem dortigen Superintendenten.[4]

Internationale Partnerschaften
Die Stiftung Eben-Ezer hat zwei langjährige internationale Partnerschaften. Seit mehr als 25 Jahren gibt es enge Verbindungen zur Schlesischen Diakonie in Tschechien. Ähnlich lang sind die Verbindungen zu Alpha Omega in Indonesien, einer Einrichtung der Behindertenhilfe der Evangelischen Kirche auf Sumatra. Beide Partnerschaften leben durch den fachlichen Austausch auf der Arbeitsebene. Es gibt gemeinsame Schulungen, Begegnungen und Besuche in alle Richtungen. Die Hauptverantwortung für die Pflege dieser partnerschaftlichen Kontakte liegt jedoch beim Theologischen Vorstand. Mit einem kleinen Team in den Partnerschaftskreisen bildet er die offizielle Klammer in den Partnerschaften. In besonderer Art und Weise wird das sichtbar, wenn Theologinnen und Theologen der jeweiligen Partnereinrichtung in den Gottesdiensten predigen bzw. an den Gottesdiensten mitwirken.[5]

---

4   Gemeinsam mit der Lemgoer Kirchengemeinde St. Johann findet 2018 eine inklusive Studienfahrt in das Heilige Land statt. Die Fahrt wird gemeinsam von dem Lemgoer Gemeindepfarrer und mir geleitet. Auch das ist ein Zeichen innerkirchlicher Vernetzung.

5   Der Direktor von Alpha Omega war zuletzt 2014 in Eben-Ezer zu Gast. Zum Jahresfest 2018 erwarten wir den Bischof der Evangelisch-Lutherischen Kirche Schlesiens als Gastprediger. 2017 durfte ich bei einem Gottesdienst bei Alpha Omega auf Sumatra die Predigt halten.

4.   Schlussbemerkung

Der vorliegende Text soll einen Einblick in die vielfältige Tätigkeit als Theologischer Vorstand der Stiftung Eben-Ezer vermitteln. Es ließe sich dazu noch mehr schreiben und ausführlicher darstellen. Hauptanliegen ist jedoch, deutlich zu machen, dass Theologie und theologische Kompetenz in Eben-Ezer einen wesentlichen Teil von Leitung ausmachen. Das wird vom Aufsichtsrat gestärkt und gemeinsam mit dem kaufmännischen Vorstand in einem guten Miteinander gestaltet. Über viele Jahre – lange vor dem Beginn meiner Tätigkeit in Eben-Ezer – wurde eine große Selbstverständlichkeit verankert, mit der theologische Argumentation, pastorales Handeln und theologische Leitung wahr- und angenommen werden. Ich erlebe nicht, dass diese Kompetenz infrage gestellt wird. Im Gegenteil: in allen genannten Punkten und Aspekten meines Handelns in Eben-Ezer wird theologische Kompetenz gehört und als elementarer Teil des diakonischen Handelns eingefordert. Trotzdem ist es eine bleibende Herausforderung, Theologie aktuell, verständlich und lebendig einzubringen. Das mache ich, indem ich auf der Grundlage des genannten theologischen Verständnisses meine Leitungsaufgabe wahrnehme. Das heißt: Theologie ist kein Sonderaspekt neben anderen Fachlichkeiten. Erst recht steht sie nicht über anderen Fachlichkeiten im Sinne einer dem patriarchalisch agierenden Direktor zugesprochenen Deutungshoheit. Theologie ist vielmehr dann ein unverzichtbarer Teil diakonischer Leitung, wenn sie im konstruktiven Dialog mit anderen Fachlichkeiten steht. Dabei hat Theologie – und da eben der Theologische Vorstand an erster Stelle – immer wieder neu und aktuell in Worte zu fassen, was Grundauftrag und Grundausrichtung von Diakonie bzw. dem jeweiligen diakonischen Unternehmen sind. Außerdem muss Theologie immer wieder sichtbar in Erscheinung treten, zum Beispiel in Gottesdienst und Ritualen, bei der Gestaltung von Festen und im pastoralen Handeln. Ich bin überzeugt, dass wir in diesem Sinne in Eben-Ezer auf einem guten Weg sind. Theologie wird hier auch in Zukunft ihren festen Platz in der Leitung und vor allem in der Erfüllung des diakonischen Stiftungsauftrages haben. Dafür bin ich sehr dankbar!

Literaturverzeichnis

Bukowski, Peter (2017): Evangelisches Christsein heute – aus reformierter Perspektive, Göttingen. Veröffentlicht unter: www.reformiert-info.de/daten/File/Upload/doc-17885-1.pdf, [Zuletzt abgerufen am: 19.02.2018].

Calvin, Johannes: Die Ordonnances ecclésiastiques 1561. In: Busch, Eberhard (Hg.) (1997): Gestalt und Ordnung der Kirche. Calvin-Studienausgabe Bd. 2. Neukirchen-Vluyn.

Stiftung Eben-Ezer: 7 Sätze für ein Leben in Vielfalt. Online verfügbar: https://www.eben-ezer.de/ueber-uns.html. [Zuletzt abgerufen am: 09. Juli 2018].

Hauschildt, Eberhardt / Pohl-Patalong, Uta (Hg.) (2013): Kirche. Lehrbuch Praktische Theologie Bd. 4. Gütersloh.

Geht doch!
Zur Rolle der Theologie in einem diakonischen Unternehmen

Thorsten Nolting

Jedes Unternehmen hat ein Selbstbild. Das kann sich in der Marke bündeln, im Leitbild, in historischen Gebäuden, im Geschäftsbericht - drückt sich aber strukturell am stärksten im Organigramm aus, weil hier Gewichtungen ablesbar sind. Außerdem zeigt es die zentralen Zuordnungen der wesentlichen produktiven Einheiten und die Art, wie das Unternehmen gesteuert und geprägt wird oder werden soll und es spiegelt die reale oder beabsichtigte symbolische Ordnung wider.

Das Selbstbild im Organigramm eines diakonischen Unternehmens wird sehr unterschiedlich gelesen: Banken wünschen sich starke Finanzvorstände, die sich im Kern der Logik der Optimierung und Skalierung verpflichtet sehen. Gemeinden bestehen auf christlicher Repräsentation, möchten das Evangelische profilieren und empfinden bei theologischen Vorstandsvorsitzenden so etwas wie evangelische Sicherheit. Kunden/Klienten und Spender*innen wünschen sich soziale Fachleute in wichtiger Funktion, die hochidentifiziert mit ihrer Aufgabe nur das Wohl der Betroffenen im Blick haben und da ist es eher suspekt, wenn ein Finanzvorstand, dem Gewinnmaximierung unterstellt wird, das Sagen hat.

Da die Anspruchsgruppen nicht von einander zu isolieren sind, gibt es nicht selten Irritationen über eine rein fachliche Ausrichtung einer Diakonie bei Kirchenvertretern, über die finanzielle Stärke diakonischer Unternehmen bei Spendern, über den Vorsitz eines Theologen bei Banken, Bau- und Kostenträgern.

Die klügeren Selbstbild-Organigramme bilden meist eine Ausgewogenheit ab. Kann die Theologie die Überschriften zu einer solchen Abgestimmtheit der Funktionen und Akteure liefern?

1.   „Habe nun ach …"

Theologie ist als hermeneutische Wissenschaft auf das Verstehen und Auslegen religiöser Welt- und Selbstdeutung bezogen. Insofern ist die Theologie geeignet, eine diakonische Einrichtung auf der Basis der Erfahrung permanent einer Interpretation und Deutung zu unterziehen, die sie als christlich bestätigt oder negiert und damit die Entwicklung der Unternehmenskultur durch Kommentierung prägt. Der Beitrag der Theologie kann also der einer Reflektion des eigenen Selbstbildes möglichst im Einklang mit einem durch Befragung erhobenen Fremdbild sein. Eine Deutung wird Kriterien benennen, die theologisch überprüfbar sein wollen, und ein Gesamtbild entwerfen, das ein stimmiges Urteil und kontinuierliche Verbesserung generiert.

So gesehen könnte jemandem, der selbst als Theologe eine Aufgabe in einem diakonischen Unternehmen wahrnimmt, die nötige wissenschaftliche Distanz zum Gegenstand fehlen. Die Frage nach der Rolle der Theologie in einem diakonischen Unternehmen – von einem Betroffenen beantwortet – wird sich wahrscheinlich stark an der erlebten und mitgestalteten Praxis und mit etwas gewähltem Abstand – an der Positionierung theologischer Funktionen im Organigramm und der konkreten Ausgestaltung ausrichten. Diese Erwartung wird in diesem Beitrag bestätigt.

Andererseits kann Theologie auch ganz anders verstanden werden: als Mitwirkung an Gottes Werk der Befreiung (Dorothee Sölle) und damit als Anspruch sozialpolitisch und konkret-praktisch wesentliche Glaubensinhalte realisieren zu helfen. „Voraussetzung der Theologie ist, dass sie vom Glauben getrieben wird (…) Glaube vollzieht sich auch als singender, tanzender, als schweigender, als kämpfender Glaube."[1] Theologie ist der Weg dieser Praxis in die Reflexion, um erneut Praxis hervorzubringen. Theologie ist das kritische Innehalten und Vergewissern, die Klärung die nötig ist, um wieder aktiv zu werden. Als solche hätte sie eine gestaltende Aufgabe in der Diakonie.

2.   Selbstdeutungsmaßnahmen in der Diakonie Düsseldorf

Diakonische Unternehmen haben oft eine Gründungsgeschichte, die einen starken christlichen Anfangsimpuls aufweist und fortwirkt. Dies gilt auch für kirchenkreisbezogene Werke. Die Diakonie Düsseldorf wurde 1916 als Evangelisches Jugend- und Wohlfahrtsamt gegründet und mit einem Pfarrer und drei Jugendpflegern ausgestattet[2]. Es ging der Kirchengemeinde um verwahrloste Kinder und Jugendliche, die der Fürsorge bedurften. Zu der Zeit gab es viele Initiativen und Vereine, die der Jugendfürsorge der Gemeinde dienten und bezuschusst wurden. Neben den haupt- gab es immer schon zahlreiche ehrenamtlich Tätige, die unterstützten und bereit waren, Verantwortung für die christlich-moralische Bildung zu übernehmen. „Mit dem Jugendpfarramt

---

[1]   Sölle: Gott Denken, S. 13.
[2]   Kaminsky: Hilfe und Kontrolle, S. 19.

sollte nicht mehr die Konkurrenz verschiedener Vereine gegeneinander, sondern das systematische Aufgreifen deren „Großstadtjugendfragen" stattfinden, die Vereinigung von Jugendfürsorge und Jugendpflege".[3]

Theologisch wird aus den Jahresberichten des Jugendpfarrers deutlich, dass diakonisches Handeln als Rettungshandeln interpretiert wird, das zu einem selbstbestimmten und sinnerfüllten Leben im Glauben oder zumindest nach allgemeinen moralischen Maßstäben führen soll.

Mit dem Zuwachs an Aufgaben, die von den Kirchengemeinden oder evangelischen Initiativen übernommen wurden, verschwand das ursprüngliche Profil schon früh. Um die Jahrtausendwende schließlich zeigt das Organigramm drei Säulen: Jugendhilfe, Gesundheit und Soziales und die Altenhilfe. 1998 wurde ein vierköpfiger hauptamtlicher Vorstand mit einem Theologen als Vorsitzendem, einem Finanz- und zwei operativen Vorständen eingesetzt. Gleichzeitig wurde Luthers Apfelbäumchen als Sinnbild der Haltung gewählt – offensichtlich unter dem Eindruck erstmals rückläufiger Kirchensteuermittel und schwankender öffentlicher Haushalte – dennoch zuversichtlich in die Zukunft zu investieren.

Der nächste Prozess einer theologisch begründeten Selbstdeutung begann 2003, wo mit allen Arbeitsgebieten und unter Einbeziehung aller Mitarbeitenden ein Gesamtbild erhoben wurde. Das hat zunächst nur deutlich gemacht, wie divers die Prägungen und Interpretationen der eigenen Motivation und die Beschreibung des eigenen Tuns als christliches Handeln sind. Teams und Einzelne hatten sich geäußert. Sehr eindrücklich war der Leitbildentwurf eines Kochs, der startete mit „Wir sind das Salz in der Suppe". Aus den Rückmeldungen wurde anschließend mit einer gewissen interpretatorischen Willkür von einer Arbeitsgruppe „das Ergebnis" gebündelt. Ein Abschlussworkshop mit 100 Teilnehmenden aller Hierarchieebenen hat weitere Fokussierungen gebracht. Schließlich bestand Einigkeit darin, nur zwei Sätze zu wählen und diese nachvollziehbar zu erläutern. „Wir leben Nächstenliebe. Wir gestalten Zukunft".

So einfach es klingt, so umstritten war der Begriff der Nächstenliebe: zu wenig fachlich, zu emotional, zu antiquiert. Es bedurfte da einer Intervention des/der Theologen, um hier nicht der Fachlichkeit das komplette Feld zu überlassen. Allerdings zeigten sich anschließend viele erleichtert, dass es nicht nur implizit um christliche Inhalte ging, sondern diese auch Ausdruck fanden. Die traditionelle Vokabel war auch die Brücke zu den Kirchengemeinden, die als Eigentümer der Diakonie mit über das Leitbild zu entscheiden hatten. Seither gilt dieses Leitbild.

Ein weiterer Prozess der Deutung wurde 2010 angestoßen. Wieder viel Beteiligung, wieder enorme Identifikation und ein Ringen darum, was mit dem Leitbild in der alltäglichen Praxis gemeint ist. Die Diskussion, die auch einen

---

3   A.a.O., S. 21.

Synodaltag mit einschloss, wurde durch eine kleine Publikation „Genau so anders. Zum Evangelischen Profil der Diakonie" vorbereitet.[4]

Spätestens hier ist zu merken, dass mittlerweile die Theologie interpretatorischen Zugriff auf das Gesamtgefüge und alle Arbeitsfelder beanspruchte. Sie deutete das erzieherische, soziale und pflegerische Handeln als Nächstenliebe und stellte sich einem Dialog mit der Fachlichkeit, der sowohl durch den theologischen wie auch den Fachvorstand bei Fachtagen und Veranstaltungen[5] angeregt und in Grußworten und Andachten exemplifiziert wurde. Mit der Übernahme von 48 Kindertagesstätten wurde es zudem selbstverständlicher, religionspädagogische und theologische Angebote für die Fachbereiche durchzuführen.

Alle drei Jahre wird in den Mitarbeitendenbefragungen das Commitment überprüft. Auf die Frage: „Mit dem Leitbild und den christlichen Werten der Diakonie kann ich mich sehr gut/gut identifizieren" antworteten 2017 90 % mit Ja, der Wert lag in der vorherigen Befragung bei 87 %. Die Setzung der Nächstenliebe als zentralem Element des Selbstverständnisses entspricht offensichtlich der Erwartung und der Haltung der Mitarbeitenden. Es scheint also gelungen, die unternehmerische Diakonie Düsseldorf, die in 15 Jahren von 1200 auf 2700 Mitarbeitende gewachsen ist, auf den Begriff „Nächstenliebe" zu fokussieren und damit in eine christliche Deutungsperspektive zu rücken. Ein Blick auf das Organigramm zeigt, dass sich in den Stabsfunktionen wesentliche Neuerungen ergeben haben: es findet sich eine Pfarrstelle „Kirchengemeinden und Diakonie", die das Verhältnis der Diakonie Düsseldorf zu den 19 Gemeinden gestaltet und an der Stadtkirche einen wichtigen Akzent diakonischer Kirche setzt.

Außerdem wird mit einer Stelle für Mitarbeitendenseelsorge die kirchliche Sorge um das Personal und die Notwendigkeit eines Angebots, das sich sowohl auf die Arbeit wie auch auf den privaten Bereich bezieht, zum Ausdruck gebracht. Ein Arbeitskreis Kultur des Sterbens wird genauso von der Seelsorgerin verantwortet wie ein Ethikkomitee.

Derzeit ist die Stelle „Evangelisches Profil" ausgeschrieben, die den Mitarbeitenden ein schnelles Ankommen in kirchlichen Strukturen und eine frühzeitige Auseinandersetzung mit dem Leitbild, der Haltung und christlichen Werten ermöglichen soll.

Diese starke Präsenz von Theolog*innen im Organigramm weist darauf hin, dass die Deutung der alltäglichen Arbeit als Nächstenliebe sich etabliert hat. Mit der Zuständigkeit des Diakoniepfarrers für den operativen Bereich „Gesundheit und Soziales" kommt aber auch noch eine andere Dimension der Theologie im Unternehmen ins Spiel.

---

[4]   Nolting (Hg): Genau so anders.
[5]   Krebs: Ein notwendiger Dialog, S. 32-43.

3.   Die Zukunft des Sozialen mitgestalten

Ein konstantes Merkmal der Diakonie Düsseldorf und der Aktivität einzelner Mitarbeiter*innen ist ihr Einsatz für eine gerechte Gesellschaft, die auf eine Konkretion von Bildungschancen, Teilhabe an der Arbeitswelt und der Inklusion von Marginalisierten zielt.[6]

Dies korrespondiert mit der gesellschaftlichen Erwartung, dass die Kirche auf der Seite der Schwachen steht und sich besonders einsetzt für die, die keine Stimme haben. Hier kann eine Theologie ansetzen, die christliches Handeln als gerechte Praxis versteht. Theologie liefert Bestärkung, indem sie geistlichen Angebote macht, die die Motivation zum Einsatz für Marginalisierte stärkt, indem die Impulse der Mitarbeitenden, zur Verbesserung des sozialen Gefüges einer Großstadt aufgegriffen und als christlicher Anspruch formuliert werden. Außerdem kann die eigene Praxis mit Vorbildern der Bibel oder Kirchengeschichte verknüpft werden. Sie kann die Praxis Jesu selbst aufrufen, der die Menschen, die es nach Gerechtigkeit „hungert und dürstet", selig preist. An ihm stellt die Liebe zu den Menschen sich als entscheidendes Motiv einer gerechten Praxis in seinem alltäglichen Tun dar. Sein eigener Weg macht deutlich, dass Akteure der Gerechtigkeit im christlichen Sinn auch zum Opfer bereit sein müssen und klar ist, dass dem eigenen Einsatz häufig nicht der Lohn der Durchsetzung der eigenen/christlichen Position oder eines dauerhaft glücklichen Lebens gegenübersteht.

Dieser Dialektik standzuhalten, erfordert ein differenziertes Glaubensgefüge oder etwas volkstümlicher gesagt: einen starken Glauben an die Liebe Gottes, die der Ungerechtigkeit trotzt und den Glaubenden motiviert und stärkt. Christliche Akteure unterscheiden sich also in ihrem Tun möglicherweise nicht von anderen, sicher aber in ihrer Motivation und im Umgang mit dem Scheitern.

Theologie kann dazu ermutigen, Gottes Segen zu beanspruchen und die Kraft, die im Glauben liegt, für die Errichtung gerechter Strukturen zu nutzen.

Es gibt in der Diakonie Düsseldorf viele, die ihre Begabung im sozialpolitischen Einsatz für Menschen oder Gruppen, die ausgegrenzt sind oder gesellschaftlich abgeschrieben sind, erweisen. Lebensmittelausgaben, Engagement für Senioren im Quartier, Bekämpfung der Altersarmut sind oft unspektakulärer Ausdruck dieser christlichen Praxis.

---

[6]   Nolting: Akteure der Gerechtigkeit, S. 65f.

4.   Keine Ideologie, keine Selbstgerechtigkeit

Trotz dieser wichtigen und produktiven Doppelrolle muss Theologie auf der Hut sein. Es gibt einige Fallen, in die die Theologietreibenden und alle Freundinnen einer evangelischen Unternehmenskultur geraten können.

Eine unkritische Nähe zum Unternehmerischen der Diakonie kann zu einer Gerechtsprechung von Maßnahmen im Sinne der höheren Sache führen, die sowohl der Fairness im Wettbewerb wie auch einem angemessenen Umgang mit den Mitarbeitenden widersprechen.

Diakonie als Unternehmen hat ein hohes Interesse an einer guten Selbstdarstellung. Das hilft, Kostenträger zu überzeugen, Kunden und Spender zu gewinnen, Mitarbeitende zu binden. Eine altbekannte Falle ist die, Erfolg allein aus den guten Werken zu verstehen und damit die Dimension der Gnade und der Unverfügbarkeit zu leugnen. Bescheidenheit bleibt eine Zier und Werbesprüche sind durch ihre Bekanntheit noch nicht richtig („Tue Gutes und rede darüber").

So bewegt Theologie sich in einem Umfeld falscher Affirmation und sowohl die Nächstenliebe wie auch der Einsatz für soziale Gerechtigkeit laufen Gefahr, diesem Bild zu dienen.

Die Inkulturation christlicher Formen und Vokabeln in ein Sozialunternehmen kann dazu führen, etwas zu verklären, was nicht oder nur teilweise durch eine christliche oder humane Motivation gedeckt ist, noch fachlichen Ansprüchen genügt. Hier ist Theologie in der kritischen Funktion gefragt, die verhindert, das eigene Handeln zu überhöhen und über die eigenen Schwächen zugunsten eines eindrucksvollen Gesamtbildes hinwegzugehen.

Diakonie als Unternehmen muss daran liegen, in gewisser Weise Prozesse zu optimieren (Digitalisierung), Fachlichkeit in höchstmöglicher Qualität und Effizienz zu erzielen. So wird sortiert und es sind phasenweise Härten nötig, die den künftigen Bestand durch eine Neuausrichtung sichern. Außerdem kann es eine Zumutung für Mitarbeitende bedeuten, dass Diakonie als Arbeitgeber die vorgesehenen Personalschlüssel in den Kindertagesstätten oder in der Altenpflege akzeptiert, obwohl daraus eine erhebliche Belastung entsteht. Auch hier ist Ehrlichkeit im Umgang gefragt, kein scheinheiliges Beschwören der Dienstgemeinschaft zur Verschleierung von Hierarchiekonflikten.

Das beste Mittel ist ein transparenter Umgang mit Bedingungen, Finanzen und eigenen Absichten. Information und rechtzeitige Gespräche mit der Mitarbeitendenvertretung können das bestätigen, was im Leitbild behauptet wird: „Wir begegnen allen Menschen offen". Kontinuierliche Beteiligung an den Entwicklungen im jeweils eigenen Arbeitsfeld ermöglicht einerseits eine Mitgestaltung der Arbeitsvollzüge und andererseits eine Einschätzung der eigenen Leistungsfähigkeit in Bezug auf die bestehenden Anforderungen. Theologie konnte sich noch nie mit einer schlicht positiven Deutung einer Praxis begnügen, wenn sie nicht in eine Überhöhung – Heiligsprechung – abrutschen wollte, sondern musste immer auch kritisch rückmelden, wo die Darstellung eigener Praxis mißlingt oder täuscht, um einem Bild äußerlich gerecht zu werden, dem die inneren Vollzüge nicht entsprechen oder gar nicht entsprechen können.

Maßstab einer solchen Kritik ist in der Partnerschaft mit anderen Wohlfahrtsverbänden oder Trägern die Goldene Regel, im Klientenbezug die Wirksamkeit des konzeptionell begründeten Handelns wie auch der jeweils konkreten persönlichen Umsetzung, die auf Entwicklungschancen, Hilfebedarf oder Teilhabe zielt. Für diese Kritik muss Platz in Teamgesprächen sein. Es muss aber auch möglich sein, den Vorstand für Entscheidungen zu kritisieren und auf der Basis des Leitbildes eine Umsteuerung der Unternehmenspolitik zu fordern. Theologie hat die Rolle in Seelsorge und Deutung, dafür Räume zu öffnen, die so gestaltet sind, dass so wenig Beschädigung künftiger Zusammenarbeit wie möglich und so viel kritische Offenheit wie möglich entsteht. Theologie kann auch nach außen Fehler (Heimerziehung), die eigene Begrenztheit und Machtlosigkeit thematisieren und damit zur Glaubwürdigkeit des Gesamtbildes beitragen.

Eine solche nötige Kritik steht aber nicht dem Anspruch auf Gestaltung entgegen, fördert diesen vielmehr. Deshalb sollte theologische Kritik nie vernichtend und abwertend, sondern korrigierend und aufbauend sein, um der befreienden Entlastung des Einzelnen die Befähigung zum Engagement zur Seite zu stellen. Theologie kann eine starke Rolle in einem diakonischen Unternehmen beanspruchen, die aber gerade nicht der Selbstgerechtigkeit dienen darf, sondern der Entwicklung klarer Positionen, stärkender Formate, produktiver Deutungen und entlastender Zusagen.

Literaturverzeichnis

Kaminsky, Uwe (2016): Hilfe und Kontrolle. Zur Geschichte des evangelischen Wohlfahrtsverbandes und des evangelischen Jugendpfarramtes in Düsseldorf. Düsseldorf.

Krebs, Adolf-Leopold: Ein notwendiger Dialog. Zur Gestaltung der Schnittstellen zwischen sozialer Arbeit, Pflege und Diakonie. In: Thorsten Nolting, Thorsten (Hg.) (2011): Genau so anders. Zum Evangelischen Profil der Diakonie. Düsseldorf, S. 32-43.

Nolting, Thorsten (Hg.) (2011): Genau so anders. Zum Evangelischen Profil der Diakonie. Düsseldorf.

Nolting, Thorsten, Akteure der Gerechtigkeit. Zur Rolle christlichen Engagements in der modernen Stadtgesellschaft. In: Nolting, Thorsten (Hg.): Gerne schon heute. Soziale Gerechtigkeit christlich betrachtet. Düsseldorf.

Sölle, Dorothee (2002): Gott Denken. Einführung in die Theologie. München: Piper.

Regionale DiakonieWerke als evangelische Sozialunternehmen

Martin Wehn

Der folgende Beitrag ist in der Reflexion eines konkreten Regionalen DiakonieWerkes entstanden, nämlich der Diakonie Mark-Ruhr gem. GmbH mit Sitz in Hagen/Westfalen als einem evangelischen gemeinnützigen Sozialunternehmen.

Die Diakonie Mark-Ruhr nimmt drei grundlegende Funktionen wahr: Im kirchlichen Kontext ist sie das Regionale DiakonieWerk der vier Evangelischen Kirchenkreise Hagen, Hattingen-Witten, Iserlohn und Schwelm in der Evangelischen Kirche von Westfalen; im staatlichen Kontext ist sie Wohlfahrtsverband und regionale Gliederung ihres Spitzenverbandes Diakonie Rheinland-Westfalen-Lippe e.V. und im Kontext des Sozialmarktes ist sie ein Unternehmensverbund mit einer Holdingstruktur, der seine Fachressorts in derzeit elf Tochter- und Enkelgesellschaften gliedert.

Ihre mehr als 3.000 Mitarbeiter*innen beraten, pflegen, unterstützen und fördern Menschen aus dem Ennepe-Ruhr-Kreis, dem Märkischen Kreis, der kreisfreien Stadt Hagen und den Städten Fröndenberg-Frömern und Schwerte im Kreis Unna.

Die wesentlichen Geschäftsfelder sind Beratung, Begleitung und Förderung von Menschen in prekären Lebenssituationen, von Menschen mit geistigen oder psychischen Einschränkungen, von Menschen mit Pflegebedarf sowie von Kindern, Jugendlichen und Eltern in Erziehung und Ausbildung.

Nach dem Zusammenschluss der beiden benachbarten kreiskirchlichen DiakonieWerke Ennepe-Ruhr/Hagen und Iserlohn im Jahr 2011, die ihrerseits innerhalb der zurückliegenden Jahrzehnte mehrfach im Rahmen von Überführungen aus eigenständigen Einrichtungen der öffentlich-rechtlich verfassten Kirche in größere privatrechtliche Organisationsformen der Diakonie entstanden sind, war die Verständigung der Gesamtorganisation vor allem über die identischen Werte grundlegend für die Unternehmensentwicklung als evangelisches Sozialunternehmen.

Gemeinsam mit einem kaufmännischen Geschäftsführer leitet der Autor als evangelischer Pfarrer und theologischer Geschäftsführer den oben beschriebenen Unternehmensverbund seit gut zehn Jahren. Beide werden dabei unterstützt durch aktuell acht Tochtergeschäftsführer*innen / Prokurist*innen sowie weitere Stabstellen und leitende Verwaltungsmitarbeiter*innen.

1.   Theologische Verantwortung im Management regionaler diakonischer Unternehmen

Regionale DiakonieWerke im Bereich des Spitzenverbandes des Diakonie Rheinland-Westfalen-Lippe e.V. können gemäß den Diakoniegesetzen ihrer Landeskirchen als kreiskirchliche oder als rechtlich selbstständige Einrichtungen gebildet werden. Ungeachtet der Rechtsform nehmen sie in einem oder mehreren Evangelischen Kirchenkreisen als regionale Gliederung des Spitzenverbandes Diakonie Rheinland-Westfalen-Lippe e.V. in der Regel die Vertretung der Diakonie in der Region gegenüber den staatlichen, kommunalen, kirchlichen und anderen Stellen wahr.

Zu den Aufgaben der Regionalen DiakonieWerke gehören gemäß der Geschäftsordnung[1] ihres Verbundes Regionaler Diakonischer Werke VRDW

– die Gestaltung diakonischer Arbeit im Namen und Auftrag der evangelischen Kirchen (Kirchengemeinden und Kirchenkreise),
– die maßgebliche Koordination diakonischer Arbeit in den Evangelischen Kirchenkreisen und die Kooperation mit anderen diakonischen Trägern,
– die Mitwirkung bei der Gestaltung und Koordination der sozialen Arbeit in der Region,
– die Vertretung diakonischer Anliegen und Interessen im Sinne des diakonischen Auftrags der Kirche innerhalb der kirchlichen Gremien und in der Öffentlichkeit sowie
– die Abgabe von Stellungnahmen zu aktuellen sozialpolitischen Themen.

Insofern ist die institutionelle Rückbindung Regionaler DiakonieWerke an einen oder mehrere Evangelische Kirchenkreise konstitutiv. Dementsprechend sind damit auch die geltenden kirchenrechtlichen Rahmenbedingungen und ihre theologischen Prämissen für Regionale DiakonieWerke bindend. Dazu zählen bspw. Rechtssetzungen der Evangelischen Kirche in Deutschland auf Empfehlung der Bundesdiakonie (Diakonischer Corporate Governance Kodex DCGK, Arbeitsrechtsregelungsgrundsätzegesetz ARGG-EKD), der jeweiligen Evangelischen Landeskirchen (Diakoniegesetz, Arbeitsrechtsregelungsgesetz ARRG, Loyalitätsrichtlinie) oder der Evangelischen Kirchenkreise (Satzungen, Gesellschaftsverträge) und damit auch der Aufsichtsorgane diakonischer Unternehmen.

An dieser letztgenannten Schnittstelle kreiskirchlich zu verantwortender Rechtssetzungen ergeben sich bereits theologische Gestaltungsmöglichkeiten des Managements Regionaler DiakonieWerke in normativer Hinsicht. Eine

---

[1]   Geschäftsordnung VRDW.

auch theologisch verantwortete Struktur diakonischer Unternehmen ist grundlegend für deren Entwicklungsmöglichkeiten und strategische Entscheidungsspielräume.[2]

Die theologische Steuerung in strategischer Hinsicht wird auf Vorschlag des Theologischen Geschäftsführers gemeinsam von der gesamten Geschäftsführung, also Holding- und Tochtergeschäftsführer*innen, verantwortet und ist in einem gemeinsamen Managementmodell verankert.[3] Damit war es möglich, eine Gesamtstrategie zu entwickeln, die die Teilstrategien des derzeit aus elf Tochterunternehmen bestehenden Unternehmensverbundes integriert und weiterentwickelt.

Die Gesamtstrategie – auch in theologischer Verantwortung – findet ihre Konkretion in den gemeinsam mit Führungskräften entwickelten Leitsätzen wie Leitbildern, Grundsätzen der Zusammenarbeit, Führungsgrundsätzen[4], Regelungen zur Beschäftigung von Mitarbeiter*innen ohne Zugehörigkeit zu einer der Kirchen der Christlichen Arbeitsgemeinschaft Christlicher Kirchen in Deutschland e.V. ACK, Stellenbeschreibungen, Qualitätsmanagement-Systemen, Dienstvereinbarungen, Grundsätzen zur ökofairen Textilbeschaffung, etc.

Diese sind eingebettet in eine Beschreibung der Unternehmensmission und -vision, in die Entwicklung der mittelfristigen strategischen Ziele sowie die Verabredung operativer Ziele in jährlichen Jahreszielvereinbarungsgesprächen auf der Führungsebene und Mitarbeiterjahresgesprächen auf den nachgeordneten Ebenen.

Ergänzt wird die Gesamtstrategie durch ein abgestimmtes Corporate Design, das eine theologisch verantwortete und von gemeinsamen Werten getragene Unternehmensidentität und -kultur erst möglich macht.

---

[2]   Im vorliegenden Fall geschieht dies auch im Rückgriff auf kirchliche Bekenntnisse wie die Beschlüsse der Bekenntnissynode von Barmen 1934, hier insbesondere These III: „Sie [die Kirche] hat mit ihrem Glauben wie mit ihrem Gehorsam, mit ihrer Botschaft wie mit ihrer Ordnung mitten in der Welt der Sünde als die Kirche der begnadigten Sünder zu bezeugen, dass sie allein sein Eigentum ist, allein von seinem Trost und von seiner Weisung in Erwartung seiner Erscheinung lebt und leben möchte". https://www.ekd.de/Barmer-Theologische-Erklarung-11292.htm.

[3]   Die Geschäftsführung der Diakonie Mark-Ruhr hat sich im Jahr 2013 für das EFQM Excellence Modell entschieden. „Um erfolgreich zu sein, benötigen alle Organisationen – ganz unabhängig von ihrer Branche, Grösse, Struktur und ihrem Reifegrad – ein geeignetes Managementsystem. Das EFQM Excellence Modell bietet dafür eine offene, praxisorientierte Grundstruktur. Mit Hilfe des EFQM Excellence Modells kann eine Organisation ihren Standort auf dem Weg zu Excellence bestimmen, eine ihr eigene Sprache und Denkweise entwickeln, die im Innen- und Aussenkontakt die Kommunikation erleichtern, bestehende und geplante Initiativen klar positionieren [und] eine Grundstruktur für das Managementsystem der Organisation erstellen." http://www.efqm.de/index.html.

[4]   Siehe unten Kapitel 5.

2.   Theologie und religiöse Praxis in regionalen diakonischen Unternehmen

Strukturelle und ordnungstheologische Prämissen bilden nach Barmen III aber nur die eine – und zwar nachgeordnete[5] – Gestaltungsebene evangelisch verantworteter Organisationen. In gleicher Weise sind auch Elemente religiöser Praxis in diakonischen Unternehmen zu gestalten. Das ist umso mehr erforderlich, als diakonische Unternehmen typische „kirchliche Orte"[6] sind, die nicht klassisch parochial organisiert sind und deswegen ihre je eigene Formen- und Symbolsprache (weiter-)entwickeln müssen. Dabei ist auf die jeweilige Zielgruppe der Klient*innen, Ratsuchenden, Bewohner*innen etc. und die Historie der eigenen Unternehmensentwicklung zu achten.

In der Diakonie Mark-Ruhr und ihren Unternehmungen zählen Geschichten der biblischen und kirchlichen Überlieferung (als Lesung, Meditation oder Auslegung) sowie alte und neue Kirchenlieder oder vertraute und neue Gebete dazu, um nur einige exemplarisch zu nennen.

Ergänzt werden diese durch wiederkehrende Rituale wie die Einführung oder Verabschiedung leitender Mitarbeiter*innen (Gottesdienst mit Segenshandlung in Kirchengemeinden oder in eigenen Einrichtungen), Ehrungen von Mitarbeiter*innen für langjährige Mitarbeit (Verleihung des Kronenkreuzes in Gold), aber auch Routinen wie bspw. das Zitieren von Losung und Lehrtext vor Sitzungen oder die monatliche Andacht in der zentralen Verwaltung. Ebenso zählen jährlich wiederkehrende Veranstaltungen wie Begrüßungstage für neue Mitarbeiter*innen, der „Basistag Diakonie" für Mitarbeiter*innen ohne Zugehörigkeit zu einer der Kirchen der Arbeitsgemeinschaft Christlicher Kirchen in Deutschland e. V. ACK, Führungskräftetagungen, „AusZeit-Tage" mit Musik, Tanz und Meditation zur religiösen Praxis in der Diakonie Mark-Ruhr, bei denen regelmäßig theologische Positionen wie liturgische Formen integriert sind. Gedenkgottesdienste für verstorbene Klienten und Bewohner*innen oder der zentrale Adventsgottesdienst unter Beteiligung von Mitarbeiter*innen sind selbstverständliche Bestandteile der religiösen Praxis im Unternehmen.

---

[5]   Karl Barths systematisch-theologisches Grundverständnis der Nachordnung des Gesetztes nach dem Evangelium („Evangelium und Gesetz") geht auf die Bekenntnisse der reformierten Kirchen und damit auf Johannes Calvin zurück. Barth versteht Jesus Christus als das in der Heiligen Schrift bezeugte eine Wort Gottes, das den Menschen zuerst im Evangelium erreicht, um ihn dann als Christenmensch auch auf die guten Weisungen und Gebote Gottes hin zu verpflichten (tertius usus legis). Dieses Grundverständnis wurde, anders als bei Luther und später in der lutherischen Orthodoxie, das mit einer lediglich zweifachen Aufgabe des göttlichen Gesetzes einen andern Schwerpunkt legt („Gesetz und Evangelium"), grundlegend auch für die Thesen der Bekenntnissynode von Barmen.

[6]   Vgl. Pohl-Patalong: Kirchliche Orte.

In einigen Bereichen werden durch hauptberufliche theologische Mitarbeiter*innen Angebote der Seelsorge und Beratung für Bewohner*innen und Mitarbeiter*innen vorgehalten (Eingliederungshilfe mit Wohnen und Arbeiten sowie Altenhilfe), die stark nachgefragt werden. Diese sind ebenfalls eingebunden in Ethik-Komitees.

3. Grundlegende Dimensionen theologischer Reflexion und ihre Relevanz für das Management diakonischer Unternehmen

Legt man den Fächerkanon der Hochschulausbildung evangelischer Theologie zugrunde und bezieht auch noch die praktischen Tätigkeitsfelder des klassischen Gemeindepfarramtes mit ein, lassen sich mindestens acht grundlegende Dimensionen theologischer Reflexion auch in Diakonischen Unternehmen beschreiben.[7]

Dies bedeutet nicht notwendiger Weise, dass der Theologische Geschäftsführer als leitender Theologe alle theologischen Inhalte und Entscheidungen vorgibt,[8] wohl aber häufig vorbereitet oder entsprechende Diskussionen auf der Führungsebene initiiert. Erinnert sei in diesem Zusammenhang an die vierte These der Bekenntnissynode von Barmen: „Die verschiedenen Ämter in der Kirche begründen keine Herrschaft der einen über die anderen, sondern die Ausübung des der ganzen Gemeinde anvertrauten und befohlenen Dienstes. Wir verwerfen die falsche Lehre, als könne und dürfe sich die Kirche abseits von diesem Dienst besondere, mit Herrschaftsbefugnissen ausgestattete Führer geben und geben lassen."[9]

---

[7]   Vgl. dazu Abb. 1: Theologische Dimensionen in diakonischen Unternehmen
[8]   Vgl. dazu unten Kapitel 5.
[9]   Vgl. Barmer Theologische Erklärung, https://www.ek .de/Barmer-Theologische- Erklarung-Thesen-11296.htm [Zuletzt abgerufen am 24.6.2018].
      Der Vor- und Nachordnung von Mitarbeiter*innen und Führungskräften in der Unternehmenshierarchie liegen keine theologischen Prämissen, sondern Managementtheorien zugrunde. Auf Ebene der Gesamtgeschäftsführung finden diese in der Praxis ihren Niederschlag in organschaftlichen Regelungen zwischen Holding- und Tochtergeschäftsführer*innen bzw. in Arbeits- und Dienstverträgen.

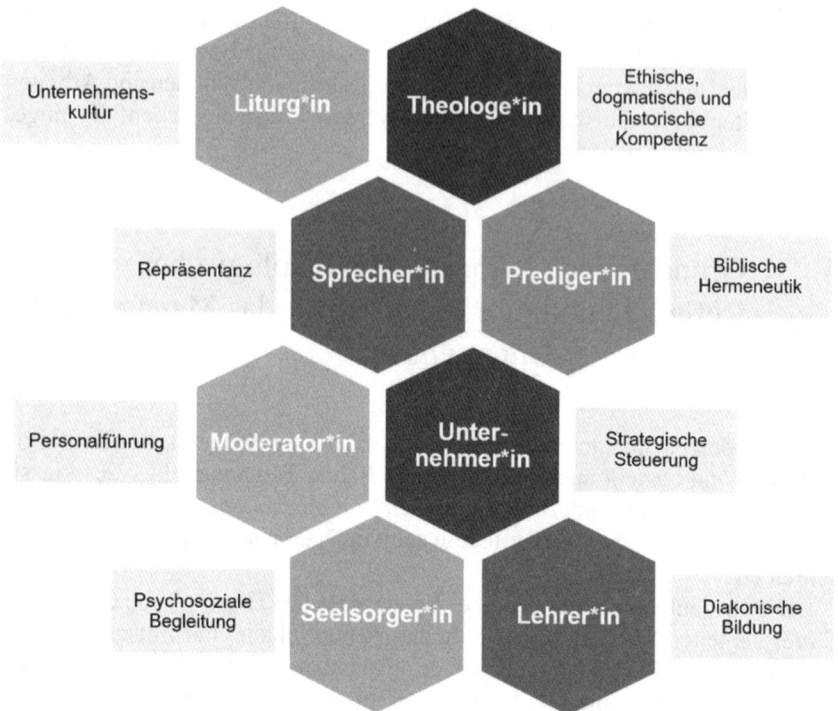

Abb. 1: Theologische Dimensionen in diakonischen Unternehmen

In der Diakonie Mark-Ruhr ist jedes Mitglied der Geschäftsführung in Holding und Tochterunternehmen *Sprecher*in* nach außen und repräsentiert damit das DiakonieWerk mit seinen Organisationseinheiten als eine Unternehmung der vier Evangelischen Kirchenkreise. Eine Unterstützung durch entsprechende Stabstellen in Presse- und Öffentlichkeitsarbeit ist dabei unabdingbar.

Ebenso ist jedes Mitglied der Geschäftsführung in Holding und Tochterunternehmen *Moderator*in* und damit Sprecher nach innen. Es führt das ihm unmittelbar nachgeordnete Personal und organisiert das interdisziplinäre Gespräch in Führungskräfte-Meetings sowie auf Fachtagungen und Mitarbeiterseminaren. Kompetenzen zur Steuerung gruppendynamischer Prozesse sowie in der Personalführung sind dazu unerlässlich.

Um Mitarbeiter*innen zu motivieren und zu orientieren, stellen die Mitglieder der Geschäftsführung aktuelle Entwicklungen im Unternehmen regelmäßig in den gesellschaftlichen und fachlichen Kontext. Theologisch qualifizierte Mitglieder der Geschäftsführung tragen darüber hinaus Grundlinien der biblischen Überlieferungen ein und deuten und bewerten Unternehmensentwicklungen im Rahmen systematisch-theologischer Reflexion ähnlich einer*m *Prediger*in* in der christlichen Gemeinde. Damit wird der Diskurs der theologischen mit der betriebswirtschaftlichen Kompetenz und den weiteren Kompetenzen im Unternehmen sichergestellt.

Als *Unternehmer*in* und im jeweiligen Handelsregister eingetragene*r Geschäftsführer*in steuert und verantwortet jedes Mitglied der Geschäftsführung in Holding und Tochterunternehmen die strategische Ausrichtung des jeweiligen Unternehmens, indem es operative Herausforderungen bewertet und Entscheidungen trifft, bzw. in strategischen Grundsatzfragen Beschlussvorlagen entwickelt und nach erfolgter Abstimmung und Genehmigung die erforderlichen Beschlüsse umsetzt.

Um eine dem diakonischen Selbstverständnis entsprechende Kultur im eigenen Unternehmen aber auch in der Holding zu etablieren, verantwortet jedes Mitglied der Geschäftsführung in Holding und Tochterunternehmen auch die Entwicklung einer angemessenen Unternehmenskultur. Formen, Corporate Identity, wiederkehrende Symbolhandlungen, ritualisierte Abläufe strukturieren ähnlich der gottesdienstlichen *Liturgie* Abläufe und Prozesse in Unternehmen, und sorgen so für Wiedererkennbarkeit, Identifikation (Employer-Branding) und emotionale Stabilität.

Evangelische *Seelsorge* setzt ähnlich der Supervision als Setting einen gesonderten geschützten Rahmen voraus (Schweigepflicht, Beichtgeheimnis). In der Regel wird sie als vertrauliches Gespräch oder Gesprächsreihe zwischen zwei Personen vereinbart. Daher kann diese Dimension theologischen Handelns in diakonischen Unternehmen ausschließlich durch Personen wahrgenommen werden, die entweder in einer Stabsfunktion tätig sind oder denen keine weiteren Mitarbeiter*innen nachgeordnet sind. Leitungskräfte können nicht gleichzeitig Seelsorger*innen ihrer nachgeordneten Mitarbeiter*innen sein. Analoges gilt für Supervision oder Beratung.

Hinsichtlich der Fachkräftegewinnung, -ausbildung und -entwicklung trägt jedes Mitglied der Geschäftsführung in Holding und Tochterunternehmen Verantwortung für ein bestmögliches Qualifizierungsniveau seiner Mitarbeiter*innen. Das Thema der *diakonischen Bildung* wird in der Diakonie Mark-Ruhr zum einen durch ein eigenes Berufskolleg[10] mit dem Schwerpunkt Gesundheits- und Erziehungswissenschaften, zum anderen durch eine Unternehmensbeteiligung an einer bundesweit tätigen Fortbildungsgesellschaft[11] sichergestellt. Hier besteht zusätzlich die Möglichkeit für spezialisierte eigene Mitarbeiter*innen, über eine begrenzte Honorartätigkeit ihr Fachwissen in Inhouse-Seminaren weiteren Mitarbeiterteams in andern Fachbereichen oder Einrichtungen der Diakonie Mark-Ruhr zur Verfügung stellen. Hinzu kommt eine abgestimmte Zusammenarbeit mit den in Frage kommenden Fachseminaren, Fachhochschulen und Universitäten, aber auch der Fort- und Weiterbildungsinstitute sowie selbständig tätiger Fachreferent*innen.

Mindestens ebenso entscheidend wie ein gut abgestimmter Mix fachlichen Knowhows für den Erfolg eines diakonischen Unternehmens ist die Haltung,

---

[10]   Friederike-Fliedner-Berufskolleg, Brüderweg 20, 58636 Iserlohn.
[11]   Fachpool gGmbH, Overwegstr. 31, 44625 Herne.

mit der Führungskräfte ihren Mitarbeiter*innen begegnen und ihr Unternehmen gestalten. Im Rahmen des EFQM-Managementmodells sind seitens der
gesamten Geschäftsführung der Diakonie Mark-Ruhr 2017 folgende Grundsätze für Führungskräfte verbindlich vereinbart worden:

- Wir führen beteiligungsorientiert, kooperativ und am Führungsbedarf aus-
  gerichtet.
- Wir sind im Dialog mit unseren Mitarbeiterinnen und Mitarbeitern.
- Wir übernehmen Verantwortung und sind Vorbild.
- Wir führen und unterstützen unsere Mitarbeiterinnen und Mitarbeiter,
  auch mit dem Ziel der kontinuierlichen Weiterentwicklung.
- Wir legen unsere Entscheidungskriterien transparent und nachvollziehbar
  dar.
- Wir erkennen die persönliche Leistung der Mitarbeiterinnen und Mitarbei-
  ter an und stehen ihnen in kritischen Situationen verlässlich zur Seite.
- Wir fördern die Identifikation unserer Mitarbeiterinnen und Mitarbeiter
  mit dem Unternehmen.

4. Theologische Reflexion als integraler Bestandteil diakonischer Unternehmenssteuerung

Derzeit stehen nahezu alle diakonischen Unternehmen im deutschsprachigen
Raum vor der theologischen Herausforderung, sich in einer säkularisierten
postmodernen „Gesellschaft der Singularitäten"[12] als evangelisch-konfessionell geprägte Dienstleister im Gesundheits- und Sozialmarkt zu behaupten.
Fragen der Organisationsentwicklung, mehr noch die Herausforderungen zu-
künftiger Personalentwicklung drängen auf schlüssige und anschlussfähige
theologische Konzepte.

Aktuell steht m.E. eine Auseinandersetzung mit dem Phänomen der von
Andreas Reckwitz beobachteten „Explosion des Besonderen"[13] aus. Der aus
Witten stammende Soziologe und Kulturwissenschaftler kommt in seiner eher
phänomenologisch angelegten Praxeologie zu dem Schluss: „Die Kulturökonomisierung mit ihren Aufmerksamkeits- und Valorisierungsmärkten für kulturelle Singularitätsgüter ist die dominante Form des Sozialen in der Spätmo-
derne: Dinge und Dienstleistungen werden hier ebenso zu Einzigartigkeitsgü-
tern, die um Sichtbarkeit und Wertzuschreibung kämpfen, wie Subjekte auf
der Suche nach Arbeitsplätzen, Partnern oder allgemeiner Anerkennung.
Städte und Regionen ebenso wie Schulen, Religionsgemeinschaften oder aber
eben auch Terrorgruppen. Heterogene Kollaborationen, etwa Projekte und

---

[12]   Vgl. Reckwitz: Singularitäten.
[13]   A.a.O., S. 7.

Netzwerke, und Neogemeinschaften religiöser, ethnischer oder politischer Art sind die beiden alternativen Formen, die das Soziale im Rahmen einer singularistischen Logik annehmen kann und die sich teilweise mit der Kulturökonomisierung verquicken, teilweise mit ihr konkurrieren."[14] Eine Adaption seiner Thesen in die theologische Reflexion gerade diakonischer Unternehmen steht nach meiner Kenntnis noch aus.[15]

Ob im Nachgang zu den 500-Jahr-Feierlichkeiten des Reformationsjubiläums 2017 die Spannungspole „Freiheit und Verantwortung" zukünftig hilfreiche und vor allem kommunikable Kategorien sein werden, wird sich zeigen müssen.

Hilfreicher für ein Regionales DiakonieWerk auf dem Gebiet der ehemaligen Grafschaft Mark, in der seit den Reformationen[16] ab 1521 über Generationen sowohl lutherische als auch reformierte Synoden tagten[17], scheint die durch Karl Barth initiierte Würdigung auch außerchristlicher Positionen zu sein, wie er sie in seiner Versöhnungslehre der Kirchlichen Dogmatik mit der sog. „Lichterlehre"[18] skizziert. Dieser Ansatz ist von seinen Schülern Otto Weber[19] und Hans-Joachim Kraus[20] redigiert und weiterentwickelt worden. Jürgen Moltmann[21], Walter Hollenweger[22] und Michael Welker[23] haben dann jeweils eigene Versuche unternommen, die dialektische Theologie Karl Barths im Sinne einer Theologie des dritten Glaubensartikels in das Zeitalter der Postmoderne zu führen.

Gegenwärtig liefert der mittlerweile emeritierte Marburger evangelischlutherische Professor Hans-Martin Barth[24] mit seinem trinitarischen Ansatz in einem multireligiösen Kontext sehr gute systematisch-theologische Grundlagen, „die Christenheit gesprächsfähiger [zu] machen, ihren Glauben einerseits [zu] bereichern, andererseits schärfer [zu] profilieren und ihm im interreligiösen Kontext insgesamt eine stärkere Kommunikabilität [zu] verleihen".[25]

---

[14] A.a.O., S. 430f.

[15] Sieht man von Ulrich Lilie, Präsident der Diakonie Deutschland in seinem Blog vom 07.12.2017 einmal ab: „Ich lese es [das Buch „Gesellschaft der Singularitäten"] gerade und bin fasziniert von dieser klugen soziologischen Analyse, die mir hilft, manche Verwerfung in unserer Gesellschaft besser zu verstehen: Phänomene wie Pegida oder Castingshows, Barcelona-Hype und Prenzlauerberg-Chic, Entsolidarisierung oder Aggressivität in den Sozialen Medien gewinnen einen Zusammenhang." in: Lilie, Blogg.

[16] Vgl. Berg: Reformationsgeschichte.

[17] Vgl. Gesamt-Synode Grafschaft Mark.

[18] Barth: Kirchliche Dogmatik. Die „Prophetie des Herrn Jesus Christus" besitzt die Allmacht, „auch extra muros ecclesiae solche wahren Worte hervorzubringen." A.a.O., S. 153.

[19] Weber: Barths Kirchliche Dogmatik.

[20] Kraus: Systematische Theologie.

[21] Moltmann: Theologie der Hoffnung.

[22] Hollenweger: Geist und Materie.

[23] Welker: Gottes Geist.

[24] Barth, H.-M.: Dogmatik.

[25] A.a.O., S. 65.

Seine Öffnung kommt diakonischen Unternehmen, die ihre evangelische Identität in einer multikulturellen Umwelt durch Arbeitsvollzüge, geistliche Angebote und auch mit ihren Organisationsformen –gemeinsam auch mit nichtchristlichen Mitarbeiter*innen – selbst zu gestalten haben,[26] sehr entgegen.

Im 6. Kapitel „Heiliger Geist" seiner Dogmatik formuliert Hans-Martin Barth abschließend in der These 2.: „Das je und je gegenwärtige, auf Vollendung bezogene Wirken des Heiligen Geistes läßt sich nicht auf den Binnenraum der Kirche, seine Wirkungsweisen nicht auf den Vollzug von Wort und Sakrament, ja nicht einmal auf den Bereich menschlicher Existenz begrenzen."[27]

Im Rahmen seiner ekklesiologischen Überlegungen kommt er zu dem Schluss: „1. Die eine, heilige, katholische und apostolische Kirche begegnet nicht anders als in einer Vielzahl christlicher Kirchen und Denominationen."[28] – und weiter: „5. Das in der Kirche sich vermittelnde Heil hat Konsequenzen im Blick auf den Lebensstil der Glaubenden, die ihr angehören, und auf die Verfaßtheit, nach der diese ihre Gemeinschaft ordnen, ohne daß eine bestimmte Gestalt der Kirchenzucht oder der äußeren Organisationsstruktur damit ein für allemal festgelegt wäre. 6. Die Kirche ist als verborgene pneumatische Wirklichkeit zugleich eine sichtbare, an ihren spirituellen und diakonischen Diensten erkennbare soziologische Größe."[29]

Schlussendlich formuliert er im Epilog seine Vision vom Auftrag der Christen in einer säkularisierten postmodernen multireligiösen und multiethnischen Gesellschaft: „Christen und Christinnen, umgeben von Gläubigen nichtchristlicher Religionen, von Atheisten, Agnostikern und Materialisten, sind in der Regel zurückhaltend. Sie wollen nicht elitär sein und als Besserwisser auftreten. Wenn sie ihren Glauben ernst nehmen, werden sie aber den Mut gewinnen, in echter Demut vor dem dreieinigen Gott das Wort zu ergreifen."[30] Welche Inhalte dann entscheidend zu Wort kommen, hängt wesentlich vom jeweiligen Gesprächspartner ab:

> Einander haben sie „die Weite und Tiefe ihres Glaubens an den dreieinigen Gott zu bezeugen [...]. In sein Handeln wissen sie alle Menschen einbezogen, welchen Weltanschauungen und Religionen diese auch zugehören oder zuneigen. Deswegen begegnen sie auch den ihnen fremden Auffassungen mit Neugier, um zu erfahren, wo überall Gottes Stimme vernehmbar sein könnte, und in der Freiheit, alles zu prüfen und das Gute zu behalten.
> Sodann haben sie denjenigen Menschen etwas zu sagen, die sich für areligiös, für Atheisten oder Materialisten halten. Sie haben daran zu erinnern, daß ein Leben, das die Religion ausklammert, sich selbst reduziert und um wichtige Entfaltungsmöglichkeiten bringt [...]. In den Traditionen der Weltreligionen liegen [...] Erfahrungsschätze verborgen, deren die auf Technik und Konsum konzentrierte

---

[26] Vgl. Richtlinie EKD.
[27] Barth: Dogmatik, S. 438.
[28] A.a.O., S. 713.
[29] A.a.O., S. 714.
[30] A.a.O., S. 817.

Menschheit dringend bedarf, wenn sie sich nicht selbst sterilisieren oder gar zerstören will. [...]

Schließlich haben Christen und Christinnen denjenigen Menschen etwas zu sagen, die anderen Religionen angehören. Sie haben dankbar zu würdigen, daß sie ihre religiösen Traditionen nicht haben verwahrlosen lassen, daß sie sie gepflegt und weiterentwickelt haben [...] Christen fordern [...] sie [...] aber zugleich dazu auf, sich ebenfalls zu öffnen [...] und sich mit anderen Positionen in Relation zu setzen. [...] [Christen] haben zu bekennen, daß sie auch hinter deren Sein, Denken und Verhalten [...] das verborgene Walten des dreieinigen Gottes wissen. [...] Auch areligiöse Menschen und Anhänger nichtchristlicher Religionen stehen nicht außerhalb des Einflußbereiches des Heiligen Geistes. Es ist daher davon auszugehen, daß sie der Heilige Geist dazu bringen kann, ihre eigene Sicht zu klären und weiterzuentwickeln oder sich dem Zeugnis von Jesus Christus zu öffnen. [...]

Freilich läßt sich durch Worte allein nicht zum Ausdruck bringen, was Christinnen und Christen zu »sagen« haben. Es will vermittelt sein wie die Liebe, die es bei bloßen Worten nicht belassen kann."[31]

Deshalb wurden den neun Leitsätzen des Leitbildes[32] der Diakonie Mark-Ruhr die theologische Basis vorangestellt: „Wir wollen das Evangelium von Jesus Christus leben: „Gott ist die Liebe, und wer in der Liebe bleibt, bleibt in Gott und Gott in ihm." (1.Joh.4,16) Wir leben aus der Liebe Gottes. Wir nehmen Menschen in ihrer Stärke und Einzigartigkeit, aber auch in ihrer Verletzlichkeit und Gebrochenheit wahr. Wir leben Nächstenliebe. Jedes Leben ist ein Geschenk. Ziel unserer Arbeit ist es, Menschen bei der Suche nach Sinn und Erfüllung ihres Lebens zu unterstützen."

5. Steuerung diakonischer Unternehmen als Ergebnis multirationaler Managementprozesse

Steuerungsprozesse der Diakonie Mark-Ruhr und ihrer Tochterunternehmen finden auf der Basis gemeinsam getroffener Beschlüsse statt. Diese werden im Wesentlichen aus den drei Professionen heraus entwickelt, die die berufliche diakonische Arbeit in den letzten Jahrhunderten maßgeblich geprägt haben: theologische Kompetenz, Fachkompetenz im Sozial- und Gesundheitswesen und betriebswirtschaftliche Kompetenz. [33]

Historisch betrachtet kam der theologischen Kompetenz in Gestalt des Pastors, Theologen oder Hausvaters und teilweise auch leitender Diakonissen in diakonischen Einrichtungen des letzten und vorletzten Jahrhunderts bis in die 1970er Jahre eine normative Deutungs- und faktische Handlungshoheit zu.

---

31 A.a.O.:,S. 817ff.
32 https://www.diakonie-mark-ruhr.de/wir-ueber-uns/leitsaetze-leitbild/
33 Auf Geschäftsführungsebene sind darüber hinaus kybernetische Kompetenz und juristische Kenntnisse neben weiteren unverzichtbar.

Diese wurde erst infolge der sich seit den 1968er Jahren stark ausdifferenzierenden Sozialwissenschaften sowie der medizinischen Forschung und Entwicklung abgelöst durch die Humanwissenschaften. Mit Einführung der Pflegeversicherung 1995 kam als dritter Disziplin auch in diakonischen Unternehmen den Wirtschaftswissenschaften eine erhöhte Aufmerksamkeit und Kompetenz zu.

Im Unternehmensverbund der Diakonie Mark-Ruhr wird eine Wertehierarchie innerhalb der drei historisch prägenden Fachkompetenzen abgelehnt. Bei jeder Diskussion zur Unternehmensstrategie sind die drei Fachdimensionen Theologie, Sozial-/Gesundheitswesen und Betriebswirtschaft in einen Trialog zu bringen, damit daraus eine unter den gegebenen Umständen optimale Entscheidung getroffen werden kann. Allen drei Disziplinen kommt ein Vetorecht und damit eine gleichberechtigte Bedeutung zu.

In der Praxis entsteht der Impuls zur Diskussion von unternehmerischen Entscheidungen in der Regel aus einer der drei Fachdimensionen. So führen bspw. aktuelle Entwicklungen in der Gesellschaft oder in der Sozialgesetzgebung, in der humanwissenschaftlichen Forschung und Entwicklung, im Handels-, Arbeits- oder Steuerrecht sowie in der theologischen Diskussion oder beobachtbare Trends in den Kirchen und Religionsgemeinschaften unmittelbar zu einer Anpassung der Unternehmensstrategie.

Nur im Zusammenspiel aller Führungskräfte im Unternehmen mit den hier skizzierten Professionen lässt sich eine abgestimmte Werteorientierung als diakonischer Komplexträger mit Holdingstruktur effektiv gestalten. In der Praxis ist allen Führungskräften die angestrebte Balance der drei Fachdimensionen Theologie, Sozial-/Gesundheitswesen und Betriebswirtschaft bewusst und findet auch unabhängig von der je eigenen beruflichen Grundprofession Berücksichtigung.[34]

Literaturverzeichnis

Barth, Hans-Martin (2008): Dogmatik. Evangelischer Glaube im Kontext der Weltreligionen. München. 3. Auflage.

Barth, Karl (1959): Kirchliche Dogmatik IV/3. Zürich.

Berg, Johann (1826): Petrus J. P. Berg's Reformationsgeschichte der Länder Jülich, Cleve, Berg, Mark, Ravensberg und Lippe. Hamm.

Diakonie Mark-Ruhr gem. GmbH: Leitbild und Leitsätze. Online verfügbar: https://www.diakonie-mark-ruhr.de/wir-ueber-uns/leitsaetze-leitbild/ [Zuletzt abgerufen am: 20.01.2018].

Geschäftsordnung des Verbundes Regionaler Diakonischer Werke VRDW (2016)

Hollenweger, Walter (1988): Geist und Materie. Interkulturelle Theologie Bd. 3. München.

---

[34] Selbstverständlich wird spezifisches Fachwissen, auch theologisches, immer durch entsprechend qualifizierte Fachkräfte beratend hinzugezogen.

Kraus, Joachim (1983): Systematische Theologie im Kontext biblischer Geschichte. Neukirchen-Vluyn.

Lilie, Ulrich (2017): Ulrich Lilie bloggt. Auf ein Wort – Der Präsident der Diakonie. Online
verfügbar: https://praesident.diakonie.de/2017/12/07/ bitte-lesen-die-gesellschaft-der-
singularitaeten/ [Zuletzt abgerufen am: 25.01.2018].

Moltmann, Jürgen (1964): Theologie der Hoffnung. Untersuchungen zur Begründung und
zu den Konsequenzen einer christlichen Eschatologie. München.

Pohl-Patalong, Uta (2005): Von der Ortskirche zu kirchlichen Orten. Ein Zukunftsmodell.
Göttingen.

Programm zur Einladung auf die feierliche Gesammt-Synode des evang. und des reform.
Ministeriums in der Grafschaft Mark, welche zu Hagen den 16., 17., 18. September
gehalten werden wird (1817). Hagen. Online verfügbar: https://sammlungen.ulb.uni-
muenster.de/hd/content/titleinfo/ 1361382 [Zuletzt abgerufen 04.07.2018].

Reckwitz, Andreas (2017): Die Gesellschaft der Singularitäten. Zum Strukturwandel der
Moderne. Berlin.

Richtlinie des Rates über kirchliche Anforderungen der beruflichen Mitarbeit in der Evangelischen Kirche in Deutschland und ihrer Diakonie vom 9. Dezember 2016. In: Amtsblatt der EKD (2017). S. 11.

Weber, Otto (1950): Karl Barths Kirchliche Dogmatik. Ein einführender Bericht. Neukirchen-Vluyn.

Welker, Michael (1993): Gottes Geist. Theologie des Heiligen Geistes. Neukirchen-Vluyn.
2. Auflage.

www.ekd.de/Barmer-Theologische-Erklarung-11292.htm   [Zuletzt   abgerufen   am
04.07.2018].

www.efqm.de/efqm-modell.html [Zuletzt abgerufen: 04.07.2018].

Zur Rolle der Theologie in der Steuerung diakonischer Unternehmen. Ein Schweizer Außenblick

Christoph Sigrist

„Nur die Tat verleiht dem gepredigten Wort die Kraft."[1]

Aus Sicht der Schweiz spielt sich theologisches Denken nicht exklusiv innerhalb von Kirchen, Kirchgemeinden und diakonischen Unternehmen ab, ebenso wenig wie die aus solcher theologischen Reflexion gewonnenen Einsichten nur für die Praxis und das Verhalten dort Relevanz haben. Als eindrückliches Beispiel dafür steht der Detaillist MIGROS.[2] Das im Titel angeführte Zitat könnte durchaus aus berufenem Munde des Diakonievaters oder der Diakoniemutter eines großen diakonischen Werkes stammen. Es wurde jedoch vom Gründungsvater des Detaillisten MIGROS, Gottlieb Duttweiler, geschrieben. Mit dieser theologischen Aussage diakonischer Unternehmensführung werden die Mitarbeitenden der MIGROS auf das Leitbild des Unternehmens hingewiesen: „Die Verantwortung der Migros Zürich gegenüber der Gesellschaft zeigt sich überall dort, wo unser Handeln Auswirkungen auf die Kundschaft, die Geschäftspartner und die Mitarbeitenden hat. Es ist unser tägliches Verhalten gegen innen und außen, welches die prägendsten Eindrücke hinterlässt und unsere Firmen-Philosophie erlebbar und nachvollziehbar macht."[3]

Statt Wilhelm Löhe in Neuendettelsau gilt somit in der Schweiz: Gottlieb Duttweiler in Zürich. Anstelle von großen Diakonie-Stadtteilen wie Bethel-

---

[1] Vertrag zwischen dem Migros-Genossenschafts-Bund, Zürich (MGB) und der Genossenschaft Migros Zürich, Zürich (Genossenschaft), Juni 1984 (Revidierte Fassung vom Mai 1957), S. 5. Das Zitat stammt von Gottlieb Duttweiler, dem Gründer des Detailhandelsgeschäfts Migros (Migros-Genossenschaftsbund): Duttweiler: Überzeugungen, S. 150.
Derselbe Satz ist als Titel-Zitat auf einem kleinen Leporello abgedruckt, der den Mitarbeitenden der Genossenschaft Migros Zürich (GMZ), abgegeben wird. „Unternehmerisch denken, klar kommunizieren, vorbildlich handeln" sind die Leitziele der „Firmen-Philosophie". Vgl. Migros: Leporello „Nur die Tat verleiht dem gepredigten Wort die Kraft", zu beziehen bei Christoph Sigrist: christoph.sigrist@zh.ref.ch.

[2] Anmerkung der Herausgeberinnen: Ein Detaillist ist ein Einzelhändler.

[3] Migros: Leporello, S. 5.

Bielefeld wachsen kleine Migros-Läden in zerklüfteten Quartieren. Die diakonische Kultur[4] in hybriden Organisationen der Diakonie[5] zahlt sich als „Kulturprozent" für soziale Initiativen mit hybrider religiöser Ausrichtung aus.[6]

Anhand von drei kommentierten Thesen gestalte ich meinen Kommentar zu einer theologischen Rolle von deutschen diakonischen Organisationen. Mit dem waldenfels'schen „schrägen Blick" eines Schweizers versuche ich, die komplexe kybernetische Struktur einer Theologie in der hybriden Organisation der Diakonie in Deutschland nicht bloß zu überblicken, sondern zu überschreiten.[7] In dieser Überschreitung korrespondiert der schräge Blick mit Einsichten in das institutionelle helfende Handeln der sozialen Arbeit in der Kirche. Jenseits von dogmatischen Formeln ergeben sich dadurch Spielräume für unzählige Möglichkeiten theologischen Arbeitens in diakonischen Organisationen.

1. These: Eine Krise in der Diakonie

Die Frage nach der kybernetischen Funktion von Theologie in der Diakonie gründet in der Krise gesellschaftlicher Positionierung der Diakonie in institutioneller und kirchlicher Hinsicht. Sie wird aufgeworfen durch die Megatrends religiöser Prozesse und sozialpolitischer Transformationen, welche die Gesellschaft in unserer westeuropäisch, deutschsprachigen Kultur seit 50 Jahren verändern.

Wenn ich eine Krise diakonischer Positionierung postuliere, beziehe ich mich einerseits auf diakoniepolitische Erwägungen angesichts neuer sozialökonomischer Entwicklungen, wie sie Wolfgang Maaser und Johannes Eurich jüngst in fundierter und differenzierter Weise auf Deutschland hin analysiert haben.[8] Andererseits weise ich auf die grundlegende Studie des Religionssoziologen Jörg Stolz über Religion und Spiritualität in der sogenannten „Ich-Gesellschaft" hin, die er zusammen mit seinen Kolleginnen und Kollegen 2014 in

---

4   Vgl. Moos: Diakonische Kultur.

5   Vgl. Eurich: Diakonie als hybride Organisation, S. 239-257.

6   Diese einmalige, vom Gründer Gottlieb Duttweiler initiierte Idee bekräftigt „ein freiwilliges Engagement der Migros in den Bereichen Kultur, Gesellschaft, Bildung, Freizeit und Wirtschaft. Mit seinen Institutionen, Projekten und Aktivitäten ermöglicht es einer breiten Bevölkerung Zugang zu kulturellen und sozialen Leistungen." https://www.migros-kulturprozent.ch/uber-uns/idee. [Zuletzt abgerufen: 22.04.2018] Im Jahr 2017 betrug der ausbezahlte Betrag CHF 122,4 Mio.: https://www.migros-kulturprozent.ch/uber-uns/idee. [Zuletzt abgerufen: 22.04.2018].

7   Vgl. zum „schrägen Blick": Waldenfels: In den Netzen der Lebenswelt, S. 53. Zum diakonischen schrägen Blick auf den Kirchenraum: vgl. Sigrist: Kirchen Diakonie Raum, S. 112f.

8   Vgl. Eurich / Maaser: Diakonie in der Sozialökonomie.

der Schweiz veröffentlicht hat.[9] Die Beiträge sind beredte Beispiele für die Herausforderungen der Diakonie, mit Blick auf diese Transformationsprozesse in der Gesellschaft. Sie zeigen die diakonische Identität angesichts einer Diversität von identitätsstiftenden Impulsen außerhalb und innerhalb der Werke. Dieser Bildungsprozess gestaltet sich in spannungsvollen Diskursen, die unter Einbezug inspirierender Bilder und Sprachgebilden anschaulich gefasst werden können: Eben-Ezer als Stein der Hilfe (Bartold Haase); das Tandem als Fahrrad (Thomas Lunkenheimer); der gute Hirte, der über das Gelände geht (Birgit Heide); die Collage zur Unternehmensgeschichte (Ingo Habenicht). Jedes dieser Bilder weist auf drei grundlegende Spannungen in der Identitätsfindung von unternehmerischer Diakonie hin, die handlungsleitend für die Rolle der Theologie erscheinen:

– die Betonung des geschichtlichen Erbes des theologischen Vorstandes versus das Eingeständnis einer diffusen Wirkung theologischer Arbeit im Vorstand;
– die Sprachfähigkeit theologischer Rede versus die dogmatische Starre von diakonischen Ausdrücken;
– die Religionssensibilität im interkulturellen Dialog versus eine klassische Ausgestaltung der liturgischen Christlichkeit in Gottesdiensten, Andachten, Impulsen und Festen.

Alle drei Spannungsbögen umfassen die komplexe Herausforderung, durch eine theologische Reflexion von ökonomischen und sozialen Herausforderungen in der Diakonie den garstigen Graben zwischen der Vergangenheit und der Gegenwart mit Blick in die Zukunft zu überwinden. Mit Freude und Respekt lese ich bei einigen Beiträgen eine grundehrliche Haltung gegenüber diesem Prozess: „Vom Kirchenverein zum diakonischen Unternehmen"[10] zeigt einen Weg, der von einer Diffusität in der kybernetischen Suchbewegung diakonischer Identität geprägt ist.[11] Birgit Heide zeichnet die Entwicklungen anhand von drei erhellenden Bildern nach: der gute Hirte, der Organisationsentwickler und die Mannschaftstrainerin.[12] Matthias Dargel bündelt die Aspekte dieser Entwicklungen in zwei Brennpunkten zusammen: Die Verunsicherung

---

9   Stolz (u.a.): Religion und Spiritualität in der Ich-Gesellschaft.
10   Vgl. in diesem Band: Heide: Vom guten Hirten … Die Rolle von Theologen und Theologinnen in der Unternehmensführung, S. 93.
11   „Was man nicht mehr wollte, war klar, aber was man über bloße Verweise auf für die Diakonie allgemein als begründend erachtete biblische Textstellen hinaus an Orientierung zu bieten hatte, blieb insbesondere für die Mitarbeitenden nebulös." (Heide: Vom guten Hirten … Die Rolle von Theologen und Theologinnen in der Unternehmensführung, S. 95f.).
12   „Der eine verstand sich als Pfarrer und guter Hirte, der nächste wollte weniger Pfarrer sein, dafür mehr Organisationsentwickler, und ich komme mir manchmal vor wie eine Mannschaftstrainerin: Regeln aufstellen, Ziele definieren, das Team zusammenhalten, Kontakte und Kommunikation pflegen." (Heide: Vom guten Hirten … Die Rolle von Theologen und Theologinnen in der Unternehmensführung, S. 99).

der theologischen Leitungspersonen verbindet sich mit einer Sorge, überflüssig zu werden. Daneben zeigt sich ein zunehmendes Konfliktpotential zwischen Theologie und Ökonomie.[13] Für viele hat Fricke-Hein das Dilemma der Rolle der Theologie auf den Punkt gebracht:

> „Der Einfluss der Theologie und die Position des theologischen Vorstandes ist in vielen diakonischen Werken eine logische Konsequenz aus der Entstehungsgeschichte […]. Braucht man deshalb einen Pfarrer oder eine Pfarrerin in der Leitung, nur weil es immer schon so war? Das wäre zu einfach."[14]

In der Tat ist es zu einfach, ein theologisches Erbe gegen die theologische Arbeit in diakonischen Heimen und Werken, eine christologische Dogmatik gegen die spirituelle Grammatik, ein lutherisches Abendmahl gegen das interreligiöse Friedensgebet auszuspielen. Die Suchbewegung erweist sich vielmehr als komplexer Prozess des „go-between", des Dazwischen-Gehens zwischen zwei Pole. Darin offenbart sich ein Aspekt diakonischer Existenz, den der Australier und Praktische Theologe John Collins in den 90er Jahren ausgearbeitet hatte. Er wurde von dem bekannten Praktischen Theologen Hans-Jürgen Benedict auch für den deutschsprachigen Diakonie-Diskurs salonfähig gemacht und von der Exegetin und Theologin Anni Hentschel weiterentwickelt.[15]

2. These: Die Behauptungen in der Diakonie

Die Beantwortung dieser drängenden Frage erscheint mir in vielen Ansätzen aufgesetzt, behauptend, missionarisch, klassisch, symbolisch und übersteuert. Dadurch eröffnet sich eine Perspektive, die viele nicht überraschen wird: In der rasanten Entwicklung, die von den Organisationen durchlaufen wird, versucht ein oft nur hilflos agierender theologischer Vorstand, den Finger nach oben zu heben. Aber er offenbart darin doch nur seine eigene Selbsttäuschung, wichtig und bedeutend zu sein.

Als Fazit wird postuliert: „Bei ‚weltlich' orientierten Unternehmen ist das Ziel klar. Sie sollen wirtschaftlich erfolgreich ein gutes Produkt abliefern. Doch was ist das Ziel diakonischer Unternehmen? Sie sollen Kirche sein."[16] Dies

---

[13]   Vgl. in diesem Band: Dargel: Normative Positionierung als pastorale Kernkompetenz? – Sieben Thesen zur Rolle der Theologie in diakonischen Unternehmen, S. 27f.

[14]   Vgl. in diesem Band: Fricke-Hein: Der Einfluss der Theologie auf die Steuerung des Neukirchener Erziehungsvereins, S.101.

[15]   Vgl. zur Entwicklung des Begriffes „go-between" für einen Aspekt des griechischen Wortfeldes „diakonia": Hentschel: Gemeinde, Ämter, Dienste, S. 1-6.

[16]   Vgl. in diesem Band: Hamburger: Theologische Leitung – Garant des Kirchseins der Diakonie, S. 131.

tönt in Schweizer Ohren der Diakonie wohl anders als in deutschen Ohren. Im schweizerischen Kontext unterscheidet sich das Ziel von sogenannten „weltlichen" und „diakonischen" Unternehmen nicht: Sie sollen wirtschaftlich ein gutes Produkt, eine solide Leistung und eine ausgezeichnete Performance im Bereich des helfenden Handelns abliefern. Sie sollen gerade nicht „Kirche" im Sinne der Glaubensgemeinschaft oder der rechtlichen Gestalt dieser Institution sein. Die Schnittmenge zeigt sich meines Erachtens nur im Bereich ethisch-liturgischer Handlungsvollzüge christlicher Praxis.[17] Die komplexe, geschichtlich gewachsene Doppelhelix von Diakonie als Unternehmen und als Kirche im Sinne einer verfassten Rechtsgröße ist in jüngster Zeit unter Druck geraten. Manche Aussagen über die Rolle der Theologie in diakonischen Unternehmen klingen seltsam irritierend. Ich weise auf ein paar Beispiele hin, ohne die einzelnen Beiträge als Ganzes abzuwerten. Ein Wechsel zur Perspektive eines Schweizers kann dazu verhelfen, selbstverständliche Aussagen zu hinterfragen und Denk-Scheren sowohl im Kopf als auch im Herzen auszusetzen.

Es wirkt auf mich zwar nicht aufgesetzt, aber es kommt mir doch sehr gesucht vor, wenn ein Patchwork-Bild herangezogen wird, um Perspektiven aufzuzeigen, „dass und wie Theologie eine Rolle in einem diakonischen Unternehmen spielen kann."[18] Durch Kunst und Musik werden theologische Themen hör- und sichtbar, ohne dass daraus kybernetische Konsequenzen für eine theologische Rolle in den Werken ohne diakonische Trägerschaft abgeleitet werden. „Diakonie ist immer Kirche, egal ob sie, wie im Fall der Diakonie Wuppertal, als kreiskirchliches Werk fest mit der verfassten Kirche verbunden ist, oder, wie zahlreiche Stiftungen, Vereine oder GmbHs, eine teilweise lange Tradition der Inneren Mission als Kirche in Wicherns Sinne hat."[19] Diese Aussage scheint mir schlicht eine Behauptung zu sein, die sich aus der Geschichte nährt. Johanna Will-Armstrong nennt drei Perspektiven für eine theologische Reflexion der diakonischen Arbeit, die auf dem Marktplatz der sozialen Angebote ihre christliche Identität ausweisen möchte. Mithilfe dieser drei Perspektiven will sie deutlich machen, „weshalb in Bethel die theologische Kompetenz im Leitungshandeln unverzichtbar bleibt."[20] Aus schweizerischer Sicht werden hiermit plausible diakonische Einsichten zugunsten des Postulats einer theologischen Leitungsfunktion instrumentalisiert, wenn sich dies – wie im konkreten Beispiel in Bethel – „auch in der personalen Besetzung von Leitungspositionen deutlich [macht]."[21] In diakonischen und sozialen Werken in der Schweiz wird dieselbe Arbeit auch ohne Pfarrpersonen in Leitungsgremien

---

[17] Vgl. zum dreistufigen Kirchenbegriff: Reuter: Botschaft und Ordnung, S. 198-199.
[18] Vgl. in diesem Band: Habenicht: Theologie, Identität und Management, S. 56.
[19] In diesem Band: Hamburger: Theologische Leitung – Garant des Kirchseins der Diakonie, S. 127.
[20] Vgl. in diesem Band: Will-Armstrong: Die theologische Dimension im Leitungshandeln in den v. Bodelschwingschen Stiftungen Bethel, S. 75.
[21] Ebd.

ausgeführt. Geht es letztlich sogar darum, auf dem Sozial-Markt den theologischen „Brand" und die diakonische „Marke" zu setzen: „Das ist Bethel"?[22] Darin aber verbirgt sich das Bild einer diakonischen Selbstdarstellung, welche eine Loyalität aller Mitarbeitenden gegenüber dem „kirchlichen Auftrag" eines Diakonieunternehmens fordert. Die Loyalität wird dabei an die Erwartung geknüpft, „dass dem einzelnen, dort, wo er der existentiellen Not von Klienten begegnet, ein spiritueller Raum geöffnet wird, in dem Gott selber wirksam werden kann. Damit ist in der Diakonie unbedingt zu rechnen!"[23] Ich lese hier zwischen den Zeilen jene missionarische Färbung, die mehr das Postulat von Gottes Wirksamkeit vor Augen hat als das Bedürfnis von Mitarbeitenden, religiös und spirituell nicht bevormundet zu werden. Klassisch präsentiert sich der trinitarische Ansatz des Systematikers Hans-Martin Barth, indem die theologische Reflexion als „integraler Bestandteil diakonischer Unternehmungssteuerung" gesehen wird.[24] „Die Symbolkraft [der diakonischen Leitung durch eine Pfarrperson; erg. C.S.] ist nicht zu unterschätzen. Man erwartet von Diakonie ‚etwas anderes' und übrigens auch durchaus, wenn es um wirtschaftliche handfeste Interessen geht."[25] Bei der Frage nach der Rolle der Theologie greift für mich das Argument einer Symbolkraft jedoch zu kurz. Mit dem Bild des Tandems wird das theologische Gewicht in der Diakonie m.E. übersteuert: „Die Diakonie braucht nicht nur Theologinnen und Theologen. Die Diakonie braucht vor allem die Kirche. Ohne den Bezug zur Mission der Kirche verlöre die Diakonie ihre Mitte."[26] Aus meiner Sicht verlöre die Diakonie ohne den Blick zum Notleidenden ihre Mitte. „Doch wir tun unsere Arbeit im Zeichen des Kronenkreuzes. Und das ist mehr als ein Logo. Es steht für eine klare christliche Ausrichtung unserer Dienstgemeinschaft."[27] In meinen Ohren klingt das unverständlich: Ein Logo ist ein Logo ist ein Logo – das gilt doch auch bei einem Kronenkreuz! Darüberhinaus bedeutet es eine Irritation in unserer pluralen Gesellschaft, wenn die Mitarbeiterschaft in dieser Weise verengt bzw. vereinnahmt wird. Es stellt eine beidseitige Herausforderung dar, mit Mitarbeitenden muslimischen oder tamilischen Glaubens „auf der Grundlage unserer Position zur kulturellen und religiösen Vielfalt [...] einen kontinuierlichen Kommunikationsprozess zu unseren evangelisch-christlichen Werten

---

[22] A.a.O., S. 77.
[23] Vgl. in diesem Band: Hohlweger: Hybride Steuerung von Diakonieunternehmen, S. 47.
[24] Vgl. in diesem Band: Wehn: Regionale DiakonieWerke als evangelische Sozialunternehmen, S. 164.
[25] Vgl. in diesem Band: Fricke-Hein: Der Einfluss der Theologie auf die Steuerung des Neukirchener Erziehungsvereins, S.109.
[26] Vgl. in diesem Band: Lunkenheimer: Führungsverantwortung im Diakonischen Tandem, S. 118.
[27] A.a.O., S. 119.

zu führen."[28] Kommunikation in religiöser Hinsicht ist keine „Ein-Weg-Strategie", sondern setzt sich einem offenen Prozess aus, der mich und den anderen verändert.

Zusammenfassend stelle ich fest, dass ich mich bei vielen Aussagen des Eindrucks nicht erwehren kann, dass sich zwischen den Zeilen der berühmte pfarrherrliche Zeigefinger nach oben streckt. Er scheint sagen zu wollen: „Wir sind ganz wichtig, denn Theologie ist in einem diakonischen Werk eine Führungsangelegenheit. Die Diakonie ist Kirche. Die theologische Arbeit gehört zu ihren Kernaufgaben. Eine kirchliche Bindung der Mitarbeitenden ist gesetzt. Wir sind Diakonie!"

3. These: Die „blaue Musik" in der Diakonie

Die „blaue Musik" theologischer Leitung bringt eine diakonische Organisation zum Klingen. Ihre Sprachseligkeit kommt in den Obertönen des helfenden Handelns als Samariterdienst zum Ausdruck. Die Obertöne ergeben sich durch eine Reibung der transformativen Kräfte von De-Institutionalisierung, Pluralisierung und Ökonomi–sierung. Sie legen Prozesse und Entwicklungen einer dynamischen Identität, einer alltäglichen Transzendenz und einer kybernetischen Perichorese frei.

„Die Vielfalt der Kompetenzen, die in einem diakonischen Unternehmen zusammenlaufen, dann so zu orchestrieren, dass Musik draus wird: das ist der eigentliche kybernetische Job der Theologen in der Diakonie."[29] Diese inspirierende Einsicht von Christoph Dopheide weckte in mir die Idee der „blauen Musik". Die Orchestrierung der diakonischen Musik bzw. der musikalischen Diakonie beschreibt die Rolle der Theologie in einem diakonischen Unternehmen ausgezeichnet.

Die grundlegende Unterscheidung von „grauer" und „blauer" Musik lernte ich während der Zeit kennen, als ich an der Stadtkirche St. Laurenzen in St. Gallen als Pfarrer tätig war. Pfr. Dr. Dölf Weder war zu dieser Zeit Kirchenratspräsident der evang.-ref. Kirche des Kantons St. Gallen. Mit seinem ihm eigenen inneren Feuer wies er mich darauf hin, dass die große Gefahr institutioneller Arbeit in Kirche und Diakonie darin besteht, mehr graue Musik als blaue Musik zu spielen. Damit bezog er sich darauf, dass zu viel an Zeit, Ressourcen und Denkleistung in strukturelle, organisatorische und bürokratische Prozesse, in Sitzungen, Reglementierungen und Ordnungen investiert werde. Beide Arten der Musik hätten ihre Berechtigung im kirchlichen Leben. Es

---

28   Vgl. in diesem Band: Will-Armstrong: Die theologische Dimension im Leitungshandeln in den v. Bodelschwinghschen Stiftungen Bethel, S. 76.

29   Vgl. in diesem Band: Dopheide: Wo der Frosch die Locken hat, S. 85 (Abschnitt: Rationalität).

komme jedoch darauf an, schöpferische Räume für kreative inhaltliche Debatten über Wahrheiten von Glaube, Liebe und Hoffnungen einzurichten. Denn nur so wagen wir Aufbrüche und Schritte ins Offene.[30] So erfuhr ich: Graue Musik ist verwalterisch, blaue Musik ist schöpferisch.

Aus der Klangwelt im Alpstein, im Osten der Schweiz, nehme ich die Einsicht von dem Musiker und Komponisten Peter Roth auf, dass Reibungen in der Musik und im Klang einen positiven Effekt bewirken. Der griechische Philosoph Pythagoras hatte diesen Effekt in der Natur entdeckt. Durch Reibungen im Klang wird eine Naturton-Reihe freigesetzt.[31] Ich greife dieses Bild auf und verweile noch ein wenig länger bei der Metapher von Dopheide. Ausgehend von den Einblicken der Autoren will ich nun versuchen, blaue Musik in der Diakonie zu spielen.

Meine Erfahrungen in der Diakonie haben mir gezeigt, dass die blaue Musik drei grundlegenden Reibungen ausgesetzt ist: De-Institutionalisierung, Pluralisierung und Ökonomisierung. Diese drei Reibungen weisen ihrerseits je drei Aspekte auf, die sich innerhalb derselben ineinander verzahnen. Gesundheitspolitisch, religiös und ökonomisch kann die De-Institutionalisierung mit jenem plakativen Slogan treffend beschrieben werden: Sterben daheim; Religion privat; Pflegegeld quersubventioniert.[32] In den vielfältigen Prozessen zur pluralen Gesellschaft lassen sich kulturelle, sozialstaatliche und marktwirtschaftliche Aspekte unterscheiden: Der Tamile operiert am besten; der Staat baut das säkulare „Bethel"; der Pflege-Lidl ist kostengünstiger. In der „Ökonomisierung als Herausforderung der Diakonie"[33] entdecke ich schließlich die „Ökonomisierung der Nächstenliebe",[34] das Wirtshaus und die Defizitgarantie: Der Samariter ist nicht gratis; das Wirtshaus kostet; zwei Denare reichen nicht aus (vgl. Lk 10,25-37).

In diesen Reibungen wird der Klang einer Musik der Diakonie in Obertöne gebrochen. Diese Brechung bzw. Übersetzung in Obertöne ist eine Metapher für die Übertragung des Samariterdienstes – Urbild des helfenden Handelns der Diakonie – in die heutige Sprache. Töne und Sprache werden übersetzt. Ich bleibe im Bild der Übersetzungsarbeit: In der Stiftung Eben-Ezer gab es das „Büro für Leichte Sprache". Es wurde im Rahmen des Leitbildprozesses 2017 geschaffen, um die Tabus der theologischen Arbeit in der Diakonie – metaphorisch gesprochen: heiße Eisen, die niemand anfassen will – in Noten zu gießen. Dadurch gelang eine Orchestrierung von E-Musik, d.h. vom „ge-

---

[30]   Vgl. dazu: Weder, Dölf: Graue und Blaue Musik.
[31]   Vgl. zu Peter Roth und die Oberton-Reihe: Baumann, Katharina: Art. Jodeln.
[32]   Vgl. zu den einzelnen Aspekten: Dörner: Leben und Sterben; Sigrist: De-Institutionalisierung und Pluralisierung des Religiösen; Boss, Catherine / Haederli, Alexandre: Art. 12'000 Franken mehr.
[33]   Götzelmann: „Ökonomisierung" als Herausforderung der Diakonie, S. 24-33.
[34]   Moos: Ökonomisierung der Nächstenliebe, S. 26-39.

predigten Wort" (Duttweiler). Nicht ohne Unterhaltungswert (U-Musik) deutet die E-Musik die Tat durch *Melodie, Harmonie und Rhythmus.* Daraus entsteht der *Klang,* der dem Wort, das gepredigt wird, Kraft verleiht.

Mit der *Melodie* verbinde ich die dynamische Identität: Anstelle der angerufenen und herbeigepredigten Wesens- und Lebensäußerung der Kirche wird Diakonie als ergebnisoffene funktionale und hybride Organisation verstanden. Die Melodie dieses Unternehmens setzt sich aus unterschiedlichen Denkfiguren zusammen, die neben den jüdisch-christlichen Quellen auch von anderen Stilen und Richtungen angereichert und inspiriert wird. Die Orchestrierung der Melodie erschafft dabei eine neue Sinn(es)erfahrung. Jörg Hohlweger beschreibt dies in ausgezeichneter Weise:

> „‚Sinn' stellt eine zentrale Kategorie funktionaler Organisationstheorie dar. Dabei ist auch Sinn keine substantiell fest vorgeschriebene Größe, dem die Organisation wie eine Maschine gehorcht, sondern die Organisation produziert diesen Sinn fortlaufend selbst, indem sie aus dem Raum des in einer konkreten Situation Möglichen eine bestimmte Möglichkeit aktualisiert und damit Sinn setzt."[35]

Melodien schaffen schöpferische Klangräume, die Sinn machen.

Der *Rhythmus* setzt die in der Systemtheorie der Religion zugeschriebene Taktstruktur von Immanenz und Transzendenz in Einklang. Diese religiös gestimmte Ambivalenz gibt den Takt der blauen Musik in jedem Augenblick und an allen Orten vor. Sie bestimmt selbst dann den Alltag, auch wenn dieser eine nicht mehr hörbare Zwölf-Ton-Struktur vorweist. Bei Dierk Starnitzke erklingt das so:

> „Die Thematisierung von Immanenz und Transzendenz eröffnet sich in diakonischen Unternehmen aber nicht durch bestimmte spezifisch religiöse Formen von Kommunikation, sondern erschließt sich auch durch eine bestimmte Deutungstradition der Handlungen selbst."[36]

Matthias Dargel geht es dabei „– wie insgesamt bei der Wiederentdeckung spiritueller Ressourcen – auch hier nicht um tiefe theologische Diskurse, sondern vor allem um kleine Gesten und Rituale im Alltag."[37]

Unter der kybernetischen Perichorese verstehe ich jene *Harmonie* eines diakonischen Werkes, die zusammen mit anderen Menschen, Häusern, Spitälern und Heimen im Gemeinwesen aufspielt und dabei Dissonanzen nicht scheut. In der blauen Musik geht es nicht nur um die kybernetische Funktion theologischer Vorstände in der Organisation einer Gemeinschaft, sondern um die kybernetische Funktion theologischer Noten im Organismus Gesellschaft. Die hybride Organisation (Eurich) eines diakonischen Unternehmens ist Teil des hybriden sozialen Nahraums.[38]

---

35   In diesem Band: Hohlweger: Hybride Steuerung von Diakonieunternehmen, S. 50.
36   In diesem Band: Starnitzke: Stärkung der Identität, S. 39.
37   In diesem Band: Dargel: Normative Positionierung als pastorale Kernkompetenz? – Sieben Thesen zur Rolle der Theologie in diakonischen Unternehmen, S. 29.
38   Vgl. dazu: Sigrist: Gemeinde im sozialen Nahraum, S. 327-335.

Der *Klang* der blauen Musik setzt schöpferische Spielräume frei, indem der theologische Vorstand nicht mehr zwingend vom Theologen oder auch einer Theologin gespielt wird. Hier kann eine seelsorgerliche Arbeit auch von muslimischen Fachkräften erbracht werden. Die theologische Sprachmacht für den Grundauftrag und die Grundausrichtung eines diakonischen Unternehmens wird auch ganz zwanglos von anderen unternehmerischen Start-Ups oder Firmen geschärft.

Literaturverzeichnis

Baumann, Katharina,:„Warum Jodeln so trendy ist.", St. Galler Tagblatt vom 30. Juni 2013: http://www.tagblatt.ch/ostschweiz-am-sonntag/leben/Warum-Jodeln-so-trendy-ist;art304178,3457321 [Zuletzt abgerufen: 22.04.2018].

Boss, Catherine / Haederli, Alexandre: „Plötzlich 12'000 Franken mehr fürs Altersheim", in: Tages-Anzeiger vom 4. April 2018: https://www.tagesanzeiger.ch/schweiz/standard/abgezockt-im-altersheim/story/12295882 [Zuletzt abgerufen am: 22.04.2018].

Dörner, Klaus (2007): Leben und Sterben, wo ich hingehöre. Dritter Sozialraum und neues Hilfesystem. Neumünster.

Duttweiler, Gottlieb (1962): Überzeugungen und Einfälle. Zusammengetragen von Werner Schmid und Alfred Grütter. Zürich.

Eurich, Johannes / Maaser, Wolfgang (Hg.) (2013): Diakonie in der Sozialökonomie. Studien zu Folgen der neuen Wohlfahrtspolitik. Veröffentlichungen des Diakoniewissenschaftlichen Instituts an der Universität Heidelberg (VDWI) Band 47. Leipzig.

Eurich, Johannes (2013): Diakonie als hybride Organisation zwischen Markt, Staat und Zivilgesellschaft. In: Eurich, Johannes / Maaser, Wolfgang (Hg.): Diakonie in der Sozialökonomie. Studien zu Folgen der neuen Wohlfahrtspolitik. Veröffentlichungen des Diakoniewissenschaftlichen Instituts an der Universität Heidelberg (VDWI) Band 47. Leipzig.

Götzelmann, Arnd: „Ökonomisierung" als Herausforderung der Diakonie. Diakoniewissenschaftliche und sozialethische Perspektiven. In: ZEE Band 54 Heft 1 (2010).

Hentschel, Anni (2013): Gemeinde, Ämter, Dienste. Perspektiven zur neutestamentlichen Ekklesiologie. Biblisch-Theologische Studien Band 136. Neukirchen-Vluyn.

Moos, Thorsten (Hg.) (2018): Diakonische Kultur. Begriff, Forschungs-perspektiven, Praxis. Stuttgart.

Moos, Torsten: Ökonomisierung der Nächstenliebe. Was hat Diakonie auf dem sozialen Markt verloren? In: ZEE Band 61 Heft 1 (2017).

Reuter, Hans-Richard (2009): Botschaft und Ordnung. Beiträge zur Kirchentheorie. Öffentliche Theologie Band 22. Leipzig.

Sigrist, Christoph (2014): Kirchen Diakonie Raum, Untersuchungen zu einer diakonischen Nutzung von Kirchenräumen. Zürich.

Sigrist, Christoph (2014): Zur Verortung von „De-Institutionalisierung und Pluralisierung des Religiösen" am Beispiel des Grossmünsters Zürich. In: Baumann-Neuhaus, Eva / Aus der Au, Christina (Hg.): Religion im Umbau. Inventar, Innovation, Investition;

Stimmen aus den Religionsgemeinschaften. St. Gallen. Online verfügbar: http://nbn-resolving.de/urn:nbn:de:0168-ssoar-56003-4 [Zuletzt abgerufen: 05.06.2018].

Sigrist, Christoph (2014): Gemeinde im sozialen Nahraum. In: Kunz, Ralph / Schlag, Thomas (Hg.): Handbuch für Kirchen- und Gemeindeentwicklung. Neukirchen-Vluyn.

Stolz, Jörg / Könemann, Judith / Schneuwly Purdie, Mallory / Engelberger, Thomas / Krüggeler (2014): Michael, Religion und Spiritualität in der Ich-Gesellschaft. Vier Gestalten des (Un)Glaubens. Beiträge zur Pastoralsoziologie (SPI) Band 16. Zürich.

Waldenfels, Bernhard (1995): In den Netzen der Lebenswelt. Frankfurt a.M.

Weder, Dölf (1999): Graue und Blaue Musik spielen. Zur Aufgabe eines Kirchenratspräsidenten. St. Gallen: Online verfügbar: http://www.weder.ch/texte/vorsyn1999s.html. [Zuletzt abgerufen: 22.04.2018].

www.migros-kulturprozent.ch/ [Zuletzt abgerufen: 22.04.2018].

www.migros-kulturprozent.ch/uber-uns/idee [Zuletzt abgerufen: 22.04.2018].

www.weder.ch/texte/vorsyn1999s.html [Zuletzt abgerufen: 22.04.2018].

Zur Rolle der Theologie in der Steuerung diakonischer Unternehmen. Eine ökonomische Perspektive

Alexander Brink

1.   Einleitung

Die beiden Herausgeberinnen des vorliegenden Bandes haben einen vielversprechenden Titel gewählt. Es geht um die Rolle der Theologie in der Steuerung diakonischer Unternehmen. Der Begriff der „Rolle" lässt dabei eine weite Interpretation zu: er kann verstanden werden als Aufgabe, als Funktion, als Einfluss, als Beitrag oder als Legitimation. Die theologische Füllung eröffnet ebenfalls eine Vielzahl von möglichen Zugängen: von der eigenen Rolle bis zur Erfüllung eines Amtes. Schaut man mit der Brille eines Ökonomen auf diesen Titel, so kann man zum ersten Teil wenig beisteuern.

Mit der Steuerung von Unternehmen jedoch, dem zweiten Teil des Titels, kennen sich Ökonomen in der Regel recht gut aus. Gerade die Betriebswirtschaftslehre behauptet von ihrer Disziplin, Aufbau, Organisation und Führung von Unternehmen zu erklären. Seit den Arbeiten von Alfred D. Chandler Jr. und der dadurch initiierten Diskussion um das Zusammenspiel von Strategie, Struktur und Kultur ist offensichtlich, dass Aufbau, Organisation und Führung letztlich zusammengedacht werden müssen.[1] Das macht die „Steuerung" zu einer komplexen Herausforderung. Die Fragestellung, die im vorliegenden Band nun von den Autorinnen und Autoren zugespitzt wird, bezieht sich auf diakonische Unternehmen, also solche, die ihren Geschäftszweck an der „Wesens- und Lebensäußerungen der Kirche" orientieren.

Ich möchte vom Standpunkt der Ökonomie im Fortgang des Beitrags fünf Beobachtungen (Kapitel 3 bis 7) zu dieser Diskussion einbringen. Dabei nehme ich eine moderate ökonomische Ausgangsposition ein, die sich an der so genannten Kooperationsökonomie orientiert (Kapitel 2). Diesen Standpunkt wähle ich deshalb, weil der m. E. eine gute Anschlussmöglichkeit der Theologie an die Ökonomie eröffnet. Es schließen sich abschließende Bemerkungen an (Kapitel 8).

---

[1]   Vgl. Chandler: Strategy.

2.   Von der Wettbewerbs- zur Kooperationsökonomie

Die Bundesrepublik Deutschland verfolgt seit dem Ende des Zweiten Welt-
kriegs eine Soziale Marktwirtschaft.[2] Ihre Gründer haben den Ausgleich von
Ökonomie und Sozialem als Kern dieses Konzeptes gedacht. Diese spezielle
Form der Marktwirtschaft wird weltweit geschätzt. Während sich die wirtschaftlichen Akteure frei bewegen, setzt der Staat Rahmenbedingungen und
übernimmt soziale Aufgaben, die er z.b. über Umverteilung einleitet. Darüber
hinaus gibt es starke Sozialpartnerschaften.[3] Innerhalb der Sozialen Marktwirtschaft betreiben die Unternehmen Wettbewerb. Die Wettbewerbsökonomie ist geprägt durch agile und marktorientierte Profit-Unternehmen, also sowohl multinationale Konzerne als auch innovative und risikobereite (Fami-
lien-)Unternehmerinnen und Unternehmer (zweiter Sektor). Ergänzt wird dieses System durch einen starken Staat (erster Sektor) und eine funktionierende
und gut organisierte Zivilgesellschaft (dritter Sektor), die Bürgerrechte einfordert und durchsetzt (z.b. politische Organisationen, Verbände, Vereine oder
Nichtregierungsorganisationen).

Die Standard-Ökonomie – in der Regel neoklassischer Prägung – sieht
die Profit-Organisationen in einer Wettbewerbsökonomie als „überlegene"
Organisationsform. Dieses Attribut wird ihnen v.a. aufgrund ihrer Ausrichtung
auf Effizienz und Effektivität zugeschrieben sowie an ihrer konsequenten Orientierung am Gewinn bzw. an der ökonomischen Wertschöpfung. An den in-
ternationalen Kapitalmärkten wurde dafür der Begriff des Shareholder-Values
geprägt.[4] Non-Profit-Unternehmen konzentrieren sich dabei auf den „nicht-
marktfähigen Rest der Wertschöpfung"[5]. Sie sind daher oftmals auf Leistungs-
entgelte (Staat) oder Spenden (Unternehmen und Zivilgesellschaft) angewie-
sen.[6]

Die eindimensionale Fokussierung der Nonprofit-Organisationen auf die
Sachziele bei gleichzeitiger Vernachlässigung ökonomischer Logiken führte
zu einem Finanzierungssystem, bei dem der Staat als Garant finanzieller Förderung auftrat. Durch Gegenmaßnahmen wie z.B. die Pflegeversicherung oder
die Fallpauschalen in den Krankenhäusern wurde eine Phase der Ökonomisierung eingeleitet. Die bewusste politische Umsteuerung forderte nun mehr ökonomische Kompetenzen. Damit ist auch die Rolle der Theologie in der Steuerung diakonischer Unternehmen herausgefordert. Als Sozialunternehmen sig-

---

[2]   Vgl. im Folgenden v.a. die Ausführungen bei Brink: Zukunft; Brink: Kooperati-
       onsökonomie und Brink / Langer: Sozialwirtschaft.
[3]   Vgl. Kabalak / Priddat: Sozialpartnerschaft.
[4]   Vgl. Brink: Shareholder Value.
[5]   Brink: Kooperationsökonomie, S. 36.
[6]   Vgl. zu den Finanzierungsmöglichkeiten von Nonprofit-Unternehmen u.a. Gutzmann:
       Soziale Investitionen.

nalisieren Nonprofit-Organisationen zunehmend ihre Kooperationsbereit-schaft und Kooperationsfähigkeit gegenüber denjenigen Organisationen, die sich primär am Gewinn orientieren.

Auf der anderen Seite führte die ebenfalls durch die Politik forcierte Libe-ralisierung der Märkte zu einer Vernachlässigung sozialer Belange. Unter Cor-porate Responsibility (CR) verstehen Unternehmen nunmehr als Reaktion auf diese Fehlentwicklung das verantwortliche unternehmerische Handeln in den operativen und strategischen Kernprozessen des Unternehmens, also über die gesamte Wertschöpfungskette.[7] Eine wachsende Zahl von Profit-Organisatio-nen macht sich heute CR-Konzepte zu eigen, so dass auch ihre Kooperations-bereitschaft und Kooperationsfähigkeit mit Non-Profit-Organisationen steigt.

Sowohl die Ökonomisierung des Sozialen im Non-Profit-Sektor als auch die Sozialisierung des Ökonomischen im Profit-Sektor unterstützen Koopera-tionen zwischen beiden Organisationsformen.[8] Die idealtypische Trennung zwischen den beiden Logiken ist in der Kooperationsökonomie nahezu aufge-hoben. Einige Forscher sprechen mittlerweile von einem vierten Sektor, in dem die Gemeinnützigkeit eine zentrale Rolle spielt.

Diakonische Unternehmen sind aufgrund ihrer Doppelspitze aus Theolo-gie und Betriebswirtschaftslehre gut auf die Kooperationsökonomie vorberei-tet. Zahlreiche Kooperationen – z.B. zwischen Profit- und Nonprofit-Unter-nehmen – und neue hybride Organisationsformen[9] zeigen dies ebenso wie die vielfältigen Hinweise, die in diesem Band zusammengefasst sind (z.B. Sigrist, Hohlweger). Im Folgenden möchte ich fünf Beobachtungen skizzieren, die sich aus der Rolle der Theologie in der Steuerung diakonischer Unternehmen ergeben.

3.   Theologie wirkt auf allen Ebenen der Kultur

Der amerikanische Organisationspsychologe Edgar H. Schein verweist auf die Bedeutung für die Unternehmenskultur eines Unternehmens. Er unterscheidet eine bewusste Ebene (= Artefakte), eine unterbewusste Ebene (Normen und Werte) sowie eine unbewusste Ebene (= Grundannahmen).[10] Die Autorinnen und Autoren des vorliegenden Bandes argumentieren auf allen drei Ebenen.[11] In der Summe geben sie ein vielfältiges Bild davon, wie Theologie in diako-nischen Unternehmen wirkt. Ingo Habenicht etwa leitet seinen Beitrag mit der

---

[7]   Vgl. Europäische Union: EU-Strategie.
[8]   Vgl. Beruchashvili: Partnerschaften.
[9]   Vgl. Eurich: Hybride Organisation.
[10]   Vgl. Schein: Organizational Culture.
[11]   Vgl. grundlegend Hofmann: Diakonische Unternehmenskultur und Moos: Diakoni-sche Kultur.

Geschichte ein, dass für einen Sitzungssaal „passende Bilder" gesucht werden. Der Autor beschreibt am Beispiel des Luther-Bezuges, wie die bewusste mit der unbewussten Ebene – also Artefakte mit Grundannahmen – verbunden sind:

> „Sie ließen sich als theologisch-historisch-ästhetisches Konzept für die Schaffung des gewünschten Bilderzyklus nutzen, boten zudem eine Begründung diakonischen Handelns und Beiträge zu einem christlichen Welt- und Menschenbild."[12]

Wehn stärkt die Artefakte-Seite, wenn er behauptet, es sei ein „abgestimmtes Corporate Design, das eine theologisch verantwortete und von gemeinsamen Werten getragene Unternehmensidentität und -kultur erst möglich macht"[13].

Immer wieder wird in den Beiträgen auf die Bedeutung der diakonischen Kultur und des diakonischen Profils verwiesen. Dabei geht es um „Glaubenswerke", um das „Eigentliche", um die „Pfunde" (Fricke-Hein). Auf der mittleren Ebene wird der Anspruch etwa in den „Führungsgrundsätzen" (Habenicht) formuliert, in „Leitbildern" (Haase) oder in „Leitlinien" (Hamburger), in „Andachtskulturen" (Fricke-Hein), in „Ritualen" (Wehn) oder in „religiöser Kommunikation" (Starnitzke). Das eine Rekursivität zwischen unter- und unbewusster Ebene geschieht, deutet Haase in seinen Ausführungen an:

> „Übereinstimmend wurde geurteilt, dass die ‚wichtigsten' Sätze des Leitbildes die zu den Themen Nächstenliebe und Menschenbild sind."[14]

In einer Kooperationsökonomie geht es über die hier skizzierte Kohärenz der Innenwirkung hinaus. Es geht in der Kooperation auch um die Übereinstimmung und das Aufeinanderprallen unterschiedlicher Kulturen und Logiken in der Außenwirkung. Die Erkenntnisse aus der Organisationspsychologie sind für den Erfolg von Kooperationen daher in der Zukunft ein wertvoller Beitrag.

4.   Theologie wirkt durch Multirationalität

In der Kooperationsökonomie werden ökonomische und soziale Wertschöpfung nicht mehr voneinander getrennt, sondern zusammengedacht. Diakonischen Unternehmen vereinigen unterschiedliche Rationalitäten: Theologie, Betriebswirtschaftslehre und Fachlichkeit – mindestens diese drei – ergänzt z.B. um Psychologie, Rechtswissenschaft, Verwaltungswissenschaften. Diese

---

[12]   In diesem Band: Habenicht: Theologie, Identität und Management, S. 55.
[13]   In diesem Band: Wehn: Regionale DiakonieWerke als evangelische Sozialunternehmen, S. 159.
[14]   In diesem Band: Haase: Leitung theologisch gestalten, S. 136.

Fähigkeit der Organisation zur Multirationalität ist in der Kooperationsökonomie ein entscheidender Vorteil.[15]

Die vorliegenden Beiträge liefern verschiedenste Schlaglichter auf diese
Perspektive. Die Autorinnen und Autoren sprechen über „Interdisziplinäres"
und unterschiedliche „Fachlichkeiten" (Habenicht), die Sicht sei „multiperspektivisch" (Habenicht). Lunkenheimer leitet seinen Beitrag ein, in dem er
auf das „Tandem" auf Vorstandsebene verweist und die gute Zusammenarbeit
durch die „Besetzung von interdisziplinären Teams" betont. Fricke-Hein fordert ein „Konzert der kaufmännischen und anderen Professionen"[16]. Diskutiert
wird auch eine Doppelqualifikation aus Theologie und Betriebswirtschaftslehre in einer Person.[17] Die Regel ist hingegen die Doppelspitze aus theologischem und betriebswirtschaftlichem Vorstand – eine andere Organisation von
Multirationalität.

Interessant sind auch die Ausführungen von Starnitzke. Er erläutert dem
Leser und der Leserin sechs Funktionssysteme in Anlehnung an das St. Galler
Management-Konzept.[18] Die Kommunikation über Funktionssysteme erfolgt
nach Niklas Luhmann über eine binäre Codierung.[19] Starnitzke schlägt vor,
die religiöse Kommunikation zu intensivieren (z.B. Tischgebet bei Mahlzeiten, Aussegnung). Perspektivisch wird die Anschlussfähigkeit der Systeme
und die funktionsübergreifende Kommunikation daher bedeutsam. Vor dem
Hintergrund einer solchen Polylingualität der diakonischen Unternehmen fordert Fricke-Hein im vorliegenden Band eine „theologisch sprachfähige Leitung". Dopheide versteht die Theologie selbst schon als multirational. Dargel
sieht die „Zusammenführung dieser Rationalitäten (als) [...] eine vorrangige
Managementaufgabe"[20].

Der Geist der Multirationalität – wenn auch selten explizit verwendet –
zieht sich wie ein roter Faden durch die Beiträge. Hohlweger legt seinem Beitrag eine hybride Steuerung zugrunde mit „interdisziplinären und multirationalen Entscheidungsräumen"[21]. Hier wird auch auf die konfligierende Perspektive verwiesen: „Denn hinter den beiden Logiken stehen jeweils Organisationsmodelle, die aus theologischer Sicht nicht kompatibel sind."[22] Andere

---

[15] Vgl. Hofmann / Büscher: Diakonische Unternehmen; Schedler / Rüegg-Stürm: Multi-
      rationales Management und Brink: Zukunft. Mit Blick auf die „Entscheidung" der Füh-
      rungskraft vgl. Höver: Entscheidungsfähigkeit.

[16] In diesem Band: Fricke-Hein: Der Einfluss der Theologie auf die Steuerung des Neu-
      kirchener Erziehungsvereins, S. 117.

[17] Dies erinnert an die sozialpsychologische Great-Man-Theorie. Diese geht von der An-
      nahme aus, das unter bestimmten Bedingungen Führungsqualität und Charaktereigen-
      schaften in einer Person zusammenfassen können.

[18] Vgl. Bleicher: Integriertes Management.

[19] Vgl. Luhmann: Religion und Starnitzke: Soziales System.

[20] In diesem Band: Dargel: Normative Positionierung als pastorale Kernkompetenz? –
      Sieben Thesen zur Rolle der Theologie in diakonischen Unternehmen, S. 30.

[21] In diesem Band: Hohlweger: Hybride Steuerung von Diakonieunternehmen, S. 48.

[22] A.a.O., S. 49.

Autoren heben die Funktion eines „interdisziplinären Miteinanders" (Haase) heraus, hier aber als Zusammenspiel verschiedener Berufsgruppen. Für Ethikgespräche z.B. gilt:

> „Neben pflegerischer, pädagogischer, ärztlicher und psychologischer Kompetenz ist auch immer ein theologisch qualifizierter Gesprächspartner gesetzt."[23]

Ferner wird eine „diakonische Sprachfähigkeit" unter den Bedingungen der „Pluralisierung" benötigt (Will-Armstrong). Führungskräfte „denken und handeln mehrdimensional"[24]. Man sieht, es bewegt sich einiges in Richtung einer disziplinenübergreifenden Diskursivität und Governance.

5.   Theologie und ihr Verhältnis zur Ökonomie

In der Kooperationsökonomie ist das Spannungsfeld zwischen der ökonomischen und sozialen Wertschöpfung aufgelöst. Die Stärke der Kooperation misst sich im Grad der Kooperationsfähigkeit und der Kooperationsbereitschaft. Diakonische Unternehmen sehen den Weg der Ökonomisierung oftmals kritisch, besonders mit Blick auf die Rückkopplung zur Theologie.

In der Rezeption der Autoren zeigt sich diesbezüglich kein einheitliches Bild. So weist etwa Habenicht der Ökonomie eine „Effizienz" zu, die eben nicht im Gegensatz zur Diakonie steht. Sie sei eine Art Absicherung gegen Risiken. Fricke-Hein spricht im ökonomischen Sinne von einer „dienenden Führung", bei der die Theologie die Grundlagen liefert und die Ökonomie unterstützt. Damit deutet er die alte Diskussion der Ökonomie als Hilfswissenschaft an. An anderen Stellen könnte man den Eindruck gewinnen, die Theologie liefere eher die Inhalte (z.B. bei Fricke-Hein die Förderung der Religionssensibilität und des interkulturellen Dialogs), die Ökonomie die Form der Ressourcenallokation. Dargel zeigt Respekt vor der Ökonomie – sie bliebe „nicht ohne Konsequenzen für die Bedeutung der Theologie in diakonischen Unternehmen"[25]. Heine-Göttelmann vereinnahmt die Ökonomie und verwendet das Bild einer „Theologie als Management-Rationalität". Hamburger sieht den Betriebswirt „an der Seite" des Theologen. Lunkenheimer äußerst sich fast gar nicht zur Ökonomie.

Wehn spricht gar von einem „gemeinsamen Managementmodell" und einer „Gesamtstrategie".

---

[23]   In diesem Band: Haase: Leitung theologisch gestalten, S. 144.
[24]   In diesem Band: Will-Armstrong: Die theologische Dimension im Leitungshandeln in den v. Bodelschwingschen Stiftungen Bethel, S. 69.
[25]   In diesem Band: Dargel: Normative Positionierung als pastorale Kernkompetenz? – Sieben Thesen zur Rolle der Theologie in diakonischen Unternehmen, S. 25.

In der Summe zeigt sich in Ansätzen eine anschlussfähige Sicht, dennoch finden sich ebenso Verunsicherungen in der Verhältnisbestimmung zwischen Theologie und Ökonomie.

6. Theologie im Spannungsfeld von Theorie und Praxis

Dinge, die in der Theorie paradigmatisch gegeneinanderstehen – in der Theologie z.B. interreligiöse Konflikte, in der ökonomischen Theorie etwa die Modelle rationaler Akteur und ehrbarer Kaufmann – lösen sich in der konkreten Umsetzung oft auf.

Viele der vorliegenden Beiträge schildern Spannungsfelder in der theoretischen Rekonstruktion von Praxis oder der praktischen Umsetzung von Theorie. Will-Armstrong sieht den „Bezug zur theologischen Reflexion (als) unverzichtbar"[26]. Habenicht spricht von theologischer, betriebswirtschaftlicher und fachbezogener „Wissenschaft", die es immer zu reflektieren gilt. Heine-Göttelmann sieht in der kontextuellen Theologie eine Lösungsoption:

> „Die Spannung nämlich zwischen der gebotenen Liebestätigkeit eines Christenmenschen auf der einen Seite und dem ‚in der Welt sein' (gesellschaftliche Rahmenbedingungen) desselben auf der anderen Seite."[27]

Schlüssel sind in diesem Zusammenhang Bildungsmaßnahmen. Lunkenheimer verweist an zahlreichen Stellen auf die theologische Ausbildung und diakonische Praktika, Starnitzke auf die „theologisch entsprechend aus- und weitergebildete[n] Menschen"[28].

7. Theologie zwischen Begründung und Implementierung

Die Diskussion um die Begründung und Implementierung ist ein alter Streit der Philosophie.[29] Die Kooperationsökonomie nimmt diese Diskussion ebenfalls auf. Die hier zusammengeführten Texte geben zahlreiche Hinweise in

---

[26] In diesem Band: Will-Armstrong: Die theologische Dimension im Leitungshandeln in den v. Bodelschwingschen Stiftungen Bethel, S. 72.

[27] In diesem Band: Heine-Göttelmann: Die Rolle der Theologie in der Führung diakonischer Werke, S. 9.

[28] In diesem Band: Starnitzke: Stärkung der Identität, S. 41.

[29] Vgl. z.B. Habermas: Kommunikativen Handelns.

diese Richtung. Fricke-Hein etwa verweist auf verschiedenste Begründungsli-
nien – die Rolle der Theologie ergebe sich als „logische Konsequenz aus der
Entstehungsgeschichte"[30]. Auf der Begründungsseite gibt es vielfältige weitere Erklärungen:

> „Die Gesetzestexte der EKD zur Diakonie wie der diakonische Auftrag als solcher
> haben letztlich biblische Wurzeln. Sowohl aus dem Alten als auch aus dem Neuen
> Testament lassen sich Begründungszusammenhänge [sic!] für den diakonischen
> Auftrag theologisch ableiten."[31]

Andere Autoren argumentieren stärker von der Implementierungsseite. Diakonie als erlebbare Kirche weist der Theologie die Rolle zu, dass „Mitarbeitende, Bewohner, Klienten und Kunden unsere Angebote als Teil des kirchlichen Auftrags wahrnehmen können."[32]

Nahezu alle Beiträge werden konkret, nennen Beispiele aus dem Berufs-
alltag. Heide schreibt, dass „die religiöse Seite von Diakonie nicht gesetzt und
verkündet wird, sondern als gestaltbar erlebt wird."[33]

Besonders wertvoll sind Perspektiven, die sowohl mit der Begründung als
auch mit der Implementierung von Normen argumentieren. Der Beitrag von
Starnitzke fällt in diese Kategorie. Er schreibt:

> „Es braucht deshalb in der obersten Leitung jemanden, der theologisch so geschult
> ist, dass er diese in der Präambel formulierten Grundlagen des Selbstverständnis-
> ses der Organisation verstehen, in die jeweilige Situation der Organisation hinein-
> interpretieren und die Prozesse innerhalb der Organisation von dorther deuten und
> prägen kann."[34]

Genau hier scheint eine Verbindung von Begründung (inkl. Verstehen und Erklären) und Implementierung (inkl. Vermitteln und Erleben) zu liegen. Einer
solch verstandenen Unternehmensidentität gelingt über die Deutung der entscheidende Impuls von der Haltung (Präferenzen, Überzeugungen, Einstellun-
gen) in die Handlung (bzw. die Entscheidung). Der Erfolg liegt in der Fähigkeit, das „konkretisierte Selbstverständnis in normative, strategische und operative Prozesse umzusetzen."[35] Der entscheidende Impuls kommt nach Starnitzke hier von der vornormativen Ebene.[36]

---

[30] In diesem Band: Fricke-Hein: Der Einfluss der Theologie auf die Steuerung des Neukirchener Erziehungsvereins, S. 102.
[31] In diesem Band: Habenicht: Theologie, Identität und Management, S. 60.
[32] In diesem Band: Lunkenheimer: Führungsverantwortung im diakonischen Tandem,
S. 112.
[33] In diesem Band: Heide: Vom guten Hirten … Die Rolle der Theologen und Theologinnen in der Unternehmensführung, S. 98.
[34] In diesem Band: Starnitzke: Stärkung der Identität, S. 33.
[35] In diesem Band: Starnitzke: Stärkung der Identität, S. 34. Vgl. auch Bleicher: Integriertes Management.
[36] Vgl. Starnitzke: Biblische Orientierung.

Wehn widmet gleich ein ganzes Kapitel der „[t]heologischen Reflexion als integraler Bestandteil diakonischer Unternehmenssteuerung"[37]. Die theologische Kompetenz liegt v.a. in der „normative[n] Deutungs- und faktische[n] Handlungshoheit"[38] – hier wird also keine Aufgabenteilung zwischen Begründungs- und Implementierungsebene gesehen.

Dass der Schritt von der Begründung in die Implementierung auch etwas mit Macht im Rollenverständnis des Theologen zu tun hat, zeigt abschließend Haase:

> „Eine zentrale Herausforderung besteht darin, Theologie im Unternehmen nicht von der Funktion oder gar einer vermeintlichen ‚Aura' des Theologischen Vorstands her zu definieren. Die Aufgabe ist heute, von Inhalten her die Relevanz theologischer Kompetenz für die Leitung eines diakonischen Unternehmens zu begründen."[39]

8.   Abschließende Bemerkungen

Der vorliegende Kommentar argumentiert auf der Basis eines integrierten Ökonomieverständnisses, in welchem die Trennung von ökonomischer und sozialer Wertschöpfung aufgehoben ist. Die Kooperationsökonomie scheint hier ebenso anschlussfähig zu sein wie Weiterentwicklungen des St. Galler Managementmodells oder die integrative Wirtschaftsethik.[40]

Der Beitrag von Dargel stimuliert gerade zu Beginn, wenn er die unternehmerischen Qualitäten von Fliedner, Wichern, Löhe oder von Bodelschwingh im 19. Jahrhundert – ohne Trennung ökonomischer und sozialer Wertschöpfung – lobt.[41] Auch gefällt der Hinweis von der „Ökonomisierung des Sozialen" (Dargel), der eine zunehmende Kompetenz von Managementwissen einfordert.

Am engsten argumentiert hier Dierk Starnitzke, der „Management in diakonischen Unternehmen als reflexive Gestaltungspraxis"[42] versteht. Dies ordnet der Theologie eher die Deutungshoheit bzw. den Impuls zu, der sich sodann – analog zur betriebswirtschaftlichen Standardliteratur – in strategische

---

37   In diesem Band: Wehn: Regionale DiakonieWerke als evangelische Sozialunternehmen, S. 164.
38   A.a.O., S.167.
39   In diesem Band: Haase: Leitung theologisch gestalten, S. 135.
40   Vgl. Rüegg-Stürm/Grand: St. Galler Management-Modell, Rüegg-Stürm: Das neue St. Galler Managementmodell und Ulrich: Integrative Wirtschaftsethik.
41   Vgl. in diesem Band: Dargel: Normative Positionierung als pastorale Kernkompetenz? – Sieben Thesen zur Rolle der Theologie in diakonischen Unternehmen, S. 23 – 31.
42   In diesem Band: Starnitzke: Stärkung der Identität, S. 35.

und operative (einige sehen noch eine taktische Ebene dazwischen) widerspie-
gelt.[43] Der Autor sieht eine „Moderationsrolle für das Leitungsteam"[44].

Der vorliegende Band ist eine Bereicherung. Es ist eine Zusammenschau
von Gemeinsamkeiten und Unterschieden mit Blick auf die Rolle der Theologie in der Steuerung diakonischer Unternehmen. Der Stil, in dem über diese
Rolle reflektiert wird, zeigt ein breites Spektrum von referierenden bis kritischen, von konkreten bis abstrakten, von wissenschaftlichen bis praktischen,
von sachlichen bis persönlichen, von historischen bis aktuellen Bezügen. Einige Autoren stellen sich selbst in den Mittelpunkt, andere die Organisation,
wieder andere die Sache. Die Vielzahl der Beiträge argumentiert auf der Mesoebene der Organisation. Damit eng verbunden ist ein Rekurs auf die Mikroebene des Individuums. In nahezu allen Beiträgen geht es auch darum, „sein
persönliches theologisches Profil und auch seine persönliche Glaubens- bzw.
Frömmigkeitsprägung einzubringen"[45]. Nur wenige betten diese Erfahrungen
und Erkenntnisse in die Staatsebene (Makroebene) ein oder gar in europäische
oder internationale Bezüge. Nur Hohlweger verweist explizit auf alle drei Ebenen:

> „(...) in Diakonieunternehmen (wird) die Rolle theologischer Steuerung häufig e-
> her auf der Makro- und der Mikroebene verortet. Der theologische Vorstand soll
> auf verbandlicher oder sozialpolitischer Ebene dafür sorgen, dass die Rahmenbe-
> dingungen der Arbeit halbwegs kalkulierbar bleiben. Und er wird daran gemessen,
> wie kompetent und glaubwürdig er sich in seinem individuellen Führungsverhal-
> ten als Vorgesetzter verhält."[46]

Die meisten Beiträge wärmen das altbekannte Spannungsfeld von Kirche und
Diakonie auf. Inhaltlich gibt es daher viel Bekanntes. Gemeinsamkeiten liegen
vor allem in der Problembeschreibung vor (Moos), weniger auf der Lösungs-
ebene. Eine Einbettung in die Governancetheorie erfolgt nicht: Selbstgover-
nance, Corporate Governance und politische Governance bleiben unberück-
sichtigt, hingegen werden zahlreiche Bezüge zur Kybernetik aufgemacht. So
beispielsweise Hamburger: „Letztlich leitet Gott seine Kirche, die „gubernatio
dei" ist Grundlage und jede kirchliche Organisationsform ihr untergeordnet."[47]
Aber die Steuerungsfähigkeit durch Leitung wird auch grundsätzlich in Frage
gestellt (Starnitzke).

Viele Beiträge beziehen sich auf das Amtsverständnis und die Geschäfts-
ordnungen, die kirchenrechtlichen Rahmenbedingungen und die theologi-

---

[43]   Ebenso sieht Hohlweger den engen Zusammenhang zwischen normativen und strate-
       gischem Management.
[44]   In diesem Band: Starnitzke: Stärkung der Identität, S. 40.
[45]   In diesem Band: Haase: Leitung theologisch gestalten, S. 138.
[46]   In diesem Band: Hohlweger: Hybride Steuerung von Diakonieunternehmen, S. 43.
[47]   In diesem Band: Hamburger: Theologische Leitung – Garant des Kirchseins der Dia-
       konie, S. 125.

schen Prämissen. Die meisten Beiträge sind rekonstruierend, einige struktur-
gebend, wenige thesengestützt. Die Mischung und die Vielfalt der Perspektiven macht den Band für einen Ökonomen lesenswert.

Literaturverzeichnis

Beruchashvili, Tamar (2014): Partnerschaften zwischen Non-Profit Organisationen und
Unternehmen. Die Zusammenarbeit zwischen Unternehmen und Non-Profit-Organisationen als Innovationsquelle. München.

Bleicher, Knut (1991): Das Konzept integriertes Management. Frankfurt/Main.

Brink, Alexander (2016). Shareholder Value, in: Hübner, Jörg / Eurich, Johannes / Ho-
necker, Martin / Jähnichen, Traugott / Kulessa, Margareta / Renz, Günter (Hg.): Evangelisches Soziallexikon. Göttingen, S.1376-1377.

Brink, Alexander (2017): Die Zukunft der Diakonie – Auf dem Weg in eine Kooperationsökonomie, in: Hofmann, Beate / Büscher, Martin (Hg.): Diakonische Unternehmen
multirational führen. Grundlagen – Kontroversen – Potentiale. Baden-Baden, S.335-
354.

Brink, Alexander (2017): Kooperationsökonomie. Die Zukunft nachhaltiger Wertschöpfung, in: Spektrum. Das Wissenschaftsmagazin der Universität Bayreuth, 13(2), S.34-
37.

Brink, Alexander / Langer, Andreas (2018): Wirtschafts- und Unternehmensethik in der
Sozialwirtschaft: Soziale Organisationen zwischen Markt und Moral, in: Langer, Andreas / Grunwald, Klaus (Hg.): Sozialwirtschaft – Handbuch für Wissenschaft und Praxis. Baden-Baden, S.251-268.

Chandler, A. D. Jr. (1962): Strategy and Structure. Chapters in the History of the American
Industrial Enterprise. Cambridge.

Dargel, Matthias (2018): Normative Positionierung als pastorale Kernkompetenz? – 7 Thesen zur Rolle der Theologie in diakonischen Unternehmen (in diesem Band).

Eurich, Johannes (2013): Diakonie als hybride Organisation zwischen Markt, Staat und Zivilgesellschaft, in: Eurich, Johannes / Maaser, Wolfgang (Hg.): Diakonie in der Sozialökonomie. Leipzig, S.239-257.

Europäische Kommission (2011): Eine neue EU-Strategie (2011-14) für die soziale Verantwortung der Unternehmen (CSR). Brüssel.

Fricke-Hein, Hans-Wilhelm (2018): Der Einfluss der Theologie auf die Steuerung des Neukirchener Erziehungsvereins (in diesem Band).

Gutzmann, Frank (2018): Diakonie und sozialen Investitionen. Stuttgart.

Haase, Barthold (2018): Leitung theologisch gestalten (in diesem Band).

Habenicht, Ingo (2018): Theologie, Identität und Management (in diesem Band).

Habermas, Jürgen (1981): Theorie des kommunikativen Handelns. Frankfurt/Main.

Hamburger, Martin (2018): Theologische Leitung – Garant des Kircheseins der Diakonie
(in diesem Band).

Heide, Birgit (2018): Vom guten Hirten ... Die Rolle von Theologen in der Unternehmensführung (in diesem Band).

Heine-Göttelmann, Christian (2018): Die Rolle der Theologie in der Führung diakonischer Werke (in diesem Band).

Hofmann, Beate (2010): Diakonische Unternehmenskultur. Handbuch für Führungskräfte. Stuttgart.

Hofmann, Beate / Büscher, Martin (Hg.) (2017): Diakonische Unternehmen multirational führen. Baden-Baden.

Hohlweger, Jörg (2018): Hybride Steuerung von Diakonieunternehmen (in diesem Band).

Höver, Hendrik (2013): Entscheidungsfähigkeit in diakonischen Unternehmen. Eine St. Galler Management-Studie. Münster.

Kabalak, Alihan / Priddat, Birger P. (2011): Rationale Gründe für Kooperation, in: Priddat, Birger P. (Hg.): Leistungsfähigkeit der Sozialpartnerschaft in der Sozialen Marktwirtschaft. Mitbestimmung und Kooperation. Marburg, S.291-307.

Luhmann, Niklas (2000): Die Religion der Gesellschaft. Frankfurt/Main.

Lunkenheimer, Thomas (2018): Führungsverantwortung im Diakonischen Tandem (in diesem Band).

Moos, Thorsten (Hg.) (2018): Diakonische Kultur. Begriff, Forschungsperspektiven, Praxis. Stuttgart.

Rüegg-Stürm, Johannes (2003): Das neue St. Galler Managementmodell. Bern.

Rüegg-Stürm, Johannes / Grand, Simon (2015): Das St. Galler Management-Modell. Bern.

Schedler, Kuno / Rüegg-Stürm, Johannes (2013): Multirationales Management. Bern.

Schein, Edgar H. (1985): Organizational Culture and Leadership. A Dynamic View. San Francisco.

Starnitzke, Dierk (1996): Diakonie als soziales System. Eine theologische Grundlegung diakonischer Arbeit in Auseinandersetzung mit Niklas Luhmann. Stuttgart.

Starnitzke, Dierk (2011): Diakonie in biblischer Orientierung: Biblische Grundlagen – ethische Konkretionen – diakonisches Leitungshandeln. Stuttgart.

Starnitzke, Dierk (2018): Pflege der Unternehmensidentität, Thematisierung von Transzendenz und Leitungsmoderation (in diesem Band).

Ulrich, Peter (2009): Integrative Wirtschaftsethik. Grundlagen einer lebensdienlichen Ökonomie. Bern.

Wehn, Martin (2018): Regionale DiakonieWerke als evangelische Sozialunternehmen (in diesem Band).

Will-Armstrong, Johanna (2018): Die theologische Dimension im Leitungshandeln in den v. Bodelschwinghschen Stiftungen (in diesem Band).

Zur Rolle der Theologie in der Leitung diakonischer Unternehmen. Systematisch-theologische Beobachtungen und Anschlussfragen

Thorsten Moos

1. Zunächst ist die Frage nach der *Rolle* der Theologie in der Unternehmensleitung gut gestellt: Zu einer Rolle gehören einerseits die sozialen Erwartungen, wie denn diese Rolle auszufüllen sei. Diese Erwartungen markieren die Position auf der Bühne, also den sozialen Ort, an dem eine Rolle überhaupt gespielt werden kann. Zum anderen gehört zu einer Rolle die individuelle Interpretation des Schauspielers, also die Art und Weise, wie die Rollenträgerin sie auszufüllen bereit ist. Eine Rolle entsteht mithin aus der beständigen Verhandlung von Erwartung und Erfüllungsbereitschaft. Diese Verhandlungen sind, darauf weisen die Beiträge dieses Bandes hin, im Falle der Rolle „theologischer Vorstand" in vollem Gange.

2. Im Folgenden werden einige Beobachtungen angeführt, die sich aus der Zusammenschau der Beiträge ergeben: Wie wird das Problem bzw. die Frage genau gefasst (A), welche Gemeinsamkeiten (B) und Unterschiede (C) zeigen sich in den einzelnen Antworten, welche wichtigen Einzelaspekte sind hervorzuheben (D)? Notiert werden jeweils Anschlussfragen für die weitere Diskussion in Diakoniewissenschaft und Diakoniemanagement.

A) Problemwahrnehmungen

3. In nahezu allen Beiträgen wird die Frage nach der Rolle als Ausdruck eines unterliegenden Problems wahrgenommen. Dieses Problem hat unterschiedliche Facetten oder Aspekte. Zunächst und zuvörderst tritt es als *Relevanzproblem* auf. So wird wahrgenommen, dass die Deutungshoheit der Theologie kontinuierlich schwinde (diskursives Relevanzproblem). An anderer Stelle wird wahrgenommen, dass die Überzeugung, es bedürfe überhaupt der Theologinnen und Theologen in der Diakonie, zunehmend unplausibler wird (professionelles Relevanzproblem). Eine dritte Facette ist die zunehmende Entflechtung von Kirche und Diakonie, mit der die Bedeutung von Theologin und Theologie in der Diakonie schwindet (in-

stitutionelles Relevanzproblem). Diese drei Facetten des Relevanzproblems sind nicht unabhängig voneinander, aber es lohnt, sie zu unterscheiden, um die Problemdiagnose zu schärfen: Geht es um die Legitimität theologischer Denkformen, die Einräumung von Plätzen im Organigramm oder um die Stärke und Schwäche der institutionellen Verbindung von Wohlfahrtspflege und Religionspflege?

4. Eine andere Form der Problemwahrnehmung ist die der Konflikte zwischen theologischen und anderen Rollen: wiederum entweder zwischen Rationalitäten (diskursiv) oder zwischen Funktionsträgern (professionell). Auch dort, wo dezidiert von Gleichberechtigung oder Gleichrangigkeit der Theologie mit Ökonomie und anderen Fachlichkeiten gesprochen wird, mag die aufmerksame Leserin die Präsenz von derzeit gegebenenfalls abwesenden Konflikten mithören. So sind die paulinischen Charismen ein klassisches Modell der Pazifizierung von Konflikten; die zwei Vorstände auf dem Tandem mögen ein modernes sein (Lunkenheimer).

5. Zuweilen schwingt auch das religionskritische Motiv eines Ideologieverdachts an die Theologie mit, wenn etwa gegen eine allzu plakative Berufung auf ein christliches Menschenbild plädiert wird. Hier dürfte sich gleichsam das Negativ einer Zuordnung der Theologie zur Außendarstellung eines diakonischen Unternehmens zeigen: Es könnte bloße Oberflächenkosmetik sein.

B) Gemeinsamkeiten

6. Theologinnen und Theologen führen durch Deutung: In dieser Hinsicht besteht offenbar eine große Einigkeit unter den Autorinnen und Autoren. Ihr Ort ist gleichsam in der Präambel der Organisationsprozesse, bei den Motiven, tragenden Überzeugungen, die das im Unternehmen Geschehende in einem bestimmten Horizont verstehen lassen. Nach außen ist diese Deutungsfunktion mit der Pflege der Marke und zuweilen dezidiert mit Öffentlichkeitsarbeit verbunden, nach innen mit der Pflege des diakonischen Profils, der diakonischen Identität, der Unternehmenskultur, des historischen Bewusstseins.

7. An dieser Stelle lässt sich beobachten, dass die Identität der Diakonie als Diakonie in vielen Beiträgen mit der Rolle der theologischen Vorstände eng verknüpft erscheint. Ob (und für wen) sich dies tatsächlich so darstellt, und ob es so sein müsste, scheint mir eine hochinteressante Frage der zukünftigen Entwicklung diakonischer Unternehmen zu sein. Lässt sich eine gehaltvolle diakonische Identität eines Unternehmens auch ohne professionell-theologische Deutungsleistungen entwickeln und stabilisieren?

8. Eine weitere Anschlussfrage an die theologische Deutungsführung ist die, was sich denn genau durch jene Deutungen erschließt. Hinsichtlich welcher Aspekte der Unternehmenswirklichkeit ist denn eine theologische Deutung hilfreich, sinnvoll, zuträglich? Käme etwa einer Nudelfabrik (Dopheide) auch eine theologisch-sakramentale Deutung zugute?[1]

9. Mindestens eine solche Deutungshinsicht scheint ausweislich der Beiträge wiederum konsensfähig zu sein. Theologie hat im Unternehmen die Rolle eines inkarnierten Endlichkeitsbewusstseins. Wie mit dem Scheitern umzugehen sei, wie mit der Fragmentarität menschlichen Bauens und Gestaltens, hierzu wird der Theologie einiges Aussagepotenzial zugeschrieben. Damit hätte die Theologie in der Unternehmensführung die Funktion, das Führen und Leiten unter einem spezifischen Gesichtspunkt selbst noch einmal zum Thema zu machen. Theologie erhöhte so die Selbstreflexivität der Unternehmensführung insbesondere mit Hinblick auf deren Grenzen.

C) Differenzen

10. Welche Rolle spielt die Theologie im Verhältnis eines diakonischen Unternehmens zur verfassten Kirche? Hier optieren die verschiedene Beiträge unterschiedlich. Insbesondere Theologinnen und Theologen der kreiskirchlichen Diakonie heben ihre Funktion hervor, ein Scharnier zur verfassten Kirche zu bilden, während das bei großen freien Trägern eine untergeordnete Rolle zu spielen scheint. Dieser Befund lässt sich doppelt lesen: Steht die kreiskirchliche Diakonie ‚näher‘ an der verfassten Kirche, was sich dann auf die Rolle der Vorstandstheologen auswirkt – oder steht sie umgekehrt unter dem Verdacht, sich durch die Professionalisierung der Organisationsform und des Hilfehandelns von der verfassten Kirche, von der sie ausging, zentrifugal wegzubewegen, und muss sie gerade deswegen die Verbindung stärker betonen?

11. Hochinteressant ist die Rede von der eigenen Fachlichkeit der Theologie. Denn der Fachlichkeitsdiskurs der 1960er und 70er Jahre hatte eine dezidiert antitheologische Ausrichtung: Es ging um die Emanzipation nichttheologischer Fachlichkeiten, etwa der Pädagogik, von der theologischen Deutungshoheit. Wenn nun Theologie selbst als Fachlichkeit auftritt, so ist deutlich, wie sehr sich die Rolle der Theologie in den diakonischen Unternehmen geändert hat. Die Zuordnung bereitet dabei offensichtlich Schwierigkeiten; die Formel, Theologie stehe weder neben noch über anderen Fachlichkeiten (Haase), erinnert durchaus an die Verlegenheiten antiker Christologie.

---

[1] Siehe dazu auch These 10ff.

12. Auf der Suche nach solch eigener Fachlichkeit oder auch theologischer Rationalität wird zum einen an klassische pastorale Kompetenzen und Handlungsfelder angeknüpft: so im Konzept der Diakoniepfarrer/-innen (Hamburger) oder des pastoralen Besuchsdienstes im Unternehmen (Fricke-Hein). An anderer Stelle wird das dezidiert abgewiesen und diese Abweisung auch strukturell untersetzt, etwa wenn zwischen der Stabsstelle Theologie und Diakonie einerseits und den Pastoralen Diensten im Unternehmen unterschieden wird (Habenicht). Ist die Rolle der Theologie in der Unternehmensführung also in der Verlängerung geistlicher Kirchenleitung zu verstehen oder gerade nicht? Hier erhält das alte Problem des Verhältnisses von Diakonie und verfasster Kirche noch einmal einen neuen Ton: Wie angemessen sind Analogien zwischen ihren Leitungsämtern?

13. An anderer Stelle wird die Rolle der Theologie in der Unternehmensführung auf spezifische materiale Bestände der christlichen Tradition oder der theologischen Ethik bezogen, etwa auf eine Vertretung des christlichen Welt- oder Menschenbildes, des diakonischen Auftrages (Habenicht), einer christlichen Zukunftshoffnung (Fricke-Hein) oder auch, ganz basal, auf die Einbringung biblischer Narrative in die unternehmensinterne Kommunikation (Hamburger, Fricke-Hein). Demgegenüber steht ein funktionaler Ansatz, der religiöser Kommunikation die Aufgabe der Transzendenzthematisierung innerhalb des Unternehmens zuweist (Starnitzke). Hierbei handelt es sich selbstverständlich nicht um eine ausschließende Alternative, da die Kommunikation über Transzendenz oftmals mithilfe des genannten Traditionsmaterials geschehen wird; es wäre aber zu fragen, ob sich hier nicht auch unterschiedliche Heuristiken für Orte und Themen theologischer Leitung im Unternehmen zeigen.

14. Schließlich wird der Theologie eine Art Metarationalität zugeschrieben, deren Kompetenz es sei, gegenüber verschiedenen Rationalitäten sprachfähig zu sein (Dargel), die Diversität anderer Kompetenzen „zu orchestrieren" (Dopheide) und Leitungskommunikation zu moderieren (Starnitzke). Hier tritt der alte theologische Führungsanspruch in der Diakonie gleichsam in doppelt entschärfter Weise auf: zum einen entmaterialisiert und auf die Moderation des Materials der anderen verlegt, zum anderen in gleichsam dienender, da moderierender Funktion. Dies eröffnet die Anschlussfrage, ob und wodurch Theologinnen und Theologen tatsächlich hierfür qualifiziert sind. Verstehen sie tatsächlich genug von den anderen Rationalitäten, um diese moderieren zu können? Hier scheint ein sehr anspruchsvolles Konzept diakonisch-theologischer Kompetenz im Hintergrund zu stehen, das es explizit zu machen gilt.

15. Damit verbunden ist die Frage danach, wie die Legitimation der Rolle von Theologie in der Unternehmensführung begründet werden kann. Diese wird wiederum unterschiedlich beantwortet. Neben positivistischen Be-

gründungsformen, die auf vorhandene Leitbilder (Habenicht) und rechtliche Regelungen (Wehn) verweisen, stehen empirische Begründungen, die auf eigene Erfahrungen als theologischer Vorstand, auf die historische Prägekraft der Theologie (Wehn), auf die Motivationskraft von Spiritualität (Fricke-Hein) oder auf organisationstheoretische Einsichten rekurrieren (Starnitzke, Hohlweger). Deutlich anders gelagert sind Ansätze, die die Rolle der Theologie in der Diakonie wiederum theologisch legitimieren. Hierfür wird etwa die theologisch qualifizierte Kirchlichkeit der Diakonie (Hamburger) und ihrer Steuerungslogik (Hohlweger) angeführt.

16. An dieser Stelle zeigen sich unterschiedliche Richtungen der Argumentation und damit wiederum unterschiedliche Problemwahrnehmungen: Wird nach außen, in Richtung der anderen Rationalitäten bzw. Fachlichkeiten argumentiert, denen gegenüber Theologie plausibel gemacht werden muss, oder wird nach innen, in Richtung theologischen Denkens und damit auch in Richtung der Kirchen argumentiert? Damit wird die doppelte Herausforderung sichtbar, die die Frage nach der Rolle der Theologie in der Unternehmensführung stellt: Zum einen ist die Plausibilität von Theologie am Ort einer ausdifferenzierten Organisation der Wohlfahrtspflege unsicher, zum anderen aber auch der innere Anschluss der Theologie an die Diakonie und ihre Führungsfunktionen, also die eigene Rekonstruktion der Berufsrolle. Beide Herausforderungen treten offenbar in verschiedenen diakonischen Unternehmen in unterschiedlichen Gewichtsanteilen auf, dürften aber nichtsdestotrotz beide virulent sein.

D) Wichtige Einzelaspekte

17. Wichtig scheint mir der Gedanke, dass die Diakonie sich nicht nur aus der Theologie speist, indem sie theologische Reflexionsformen und theologisch ausgebildete Personen „importiert", sondern dass sie auch umgekehrt einen Resonanzraum theologischer Reflexion darstellt, der also selbst Theologie hervorbringt, prägt und bereichert (Lunkenheimer). An dieser Stelle ist zu fragen, ob der Rückfluss solcher diakonischer Theologie in die übrige, kirchlich bzw. akademisch orientierte Theologie gut genug funktioniert – und was zu tun wäre, dies zu verbessern.

18. Zum anderen ist auf die Rolle von theologischen Leitungspersonen hinzuweisen. Auch wenn dies in einer autoethnografischen Betrachtung wie im vorliegenden Band nur sehr gebrochen möglich ist, zeigt sich doch, dass theologische Leitungspersonen offenbar in vielfacher Hinsicht einen personalen Geltungsschutz für das Religiöse bzw. Diakonische an der Diakonie bieten. Wenn auch die Kirche weit weg und die Theologie in ihren Denkformen unverständlich ist, so mag doch der glaubwürdige theologi-

sche Vorstand als stellvertretende personale Repräsentanz des Diakonischen herhalten (Hamburger). Ähnlich wie beim Pfarramt geht auch hier der Legitimationsdruck von der Institution auf das Individuum über.

19. Zwischenruf: Wenn sich somit die Rolle der Theologie in der Leitung diakonischer Unternehmen zunehmend weniger an den institutionalisierten Erwartungen und zunehmend mehr an der individuellen Rollenerfüllung orientiert, welche Konsequenzen hat es dann, dass die diese Rolle erfüllenden Individuen (und so auch die Autorinnen und Autoren dieses Buches) in erdrückender Mehrheit männlichen Geschlechts sind?

20. Mit der personalen Stellvertreterfunktion von Vorstandstheologen (These 18) mag das Unternehmen zum einen von permanenter religiöser bzw. theologischer Selbstvergewisserung im Alltag entlastet sein.[2] Es gehört zum theologischen Endlichkeitsbewusstsein, dass es auch einmal gut ist mit Theologie und auch einmal gut mit religiöser Kommunikation. Zum anderen mag doch das Problematisierungspotenzial religiöser bzw. theologischer Rede präsent gehalten werden: Diakonie bleibt am Ort des theologischen Vorstands als Diakonie sichtbar und damit auch kritisierbar. Das wären nicht die unwichtigsten Aspekte einer Rolle der Theologie in der Leitung diakonischer Unternehmen.

---

[2]   Diesen Gedanken hat insbesondere Eberhard Hauschild immer wieder zur Geltung gebracht.

Autorinnen und Autoren

Alexander Brink
Professor für Wirtschafts- und Unternehmensethik an der Universität Bayreuth und Gründungspartner der concern GmbH, eine auf Corporate Governance, Responsibility und Sustainability spezialisierte Unternehmensberatung mit Sitz in Köln und Bayreuth. Darüber hinaus Lehrbeauftragter am Institut für Diakoniewissenschaft und DiakonieManagement und Direktor des Zentrums für Wirtschaftsethik in Berlin.

Matthias Dargel
Pfarrer und Dipl. Ökonom, Vorstand (Sprecher) im Christlichen Jugenddorfwerk Deutschlands gemeinnütziger e.V. (CJD). Darüber hinaus Vorstandsmitglied in verschiedenen Fachverbänden und Stiftungen und seit 1995 Lehrbeauftragter im Seminar für pastorale Ausbildung Elberfeld (Gemeindeaufbau, Diakonie).

Christian Dopheide
Pfarrer, theol. Vorstand der Ev. Stiftung Hephata, Mönchengladbach. Vorstandsvorsitzender des Verbands diakonischer Dienstgeber in Deutschland (VdDD), Berlin.

Hans-Wilhelm Fricke-Hein
Pfarrer, Direktor des Neukirchener Erziehungsvereins, Geschäftsführer der Neukirchener Verlagsgesellschaft und Herausgeber der Neukirchener Kalender.

Bartolt Haase
Pastor, Dr. theol., und Diplom-Caritaswissenschaftler, Theologischer Vorstand und Vorstandssprecher der Stiftung Eben-Ezer, Lemgo.

Ingo Habenicht
Pastor, Dr. theol., Vorsitzender der Geschäftsführung des Ev. Johanneswerks in Bielefeld, dort verantwortlich u. a. für Theologie und Diakonie, Marketing, Personalmanagement, Recht sowie das Geschäftsfeld Kliniken. Mitglied im Vorstand des VdDD und des Verwaltungsrats der KZVK Dortmund.

Martin Hamburger
Dr. theol., Pfarrer der Evangelischen Kirche im Rheinland, seit 2002 Diakoniedirektor zunächst des Diakonischen Werkes Elberfeld, seit 2005 der Diakonie Wuppertal, alleiniger Geschäftsführer der Diakonie Wuppertal gGmbH, Gesellschaftervertreter ihrer Tochtergesellschaften, Vorstandsvorsitzender diakonischer Vereine wie des Wuppertaler Vereins für Betreuungen und Vormundschaften sowie des Evangelischen Fachverbandes RWL und Stiftungen wie der Kinderhospizstiftung Bergisch-Land.

Birgit Heide
Theologischer Vorstand der Diakonie Michaelshoven.

Christian Heine-Göttelmann
Pfarrer, Vorstand des Diakonischen Werkes Rheinland-Westfalen-Lippe e.V. - Diakonie RWL, seit 1.1.2018 Vorsitzender der Freien Wohlfahrt in Nordrhein-Westfalen.

Beate Hofmann
Pfarrerin, Prof. Dr. theol., Inhaberin des Lehrstuhls für Diakoniewissenschaft und Diakoniemanagement am Institut für Diakoniewissenschaft und DiakonieManagement der Kirchlichen Hochschule Wuppertal/ Bethel, Direktorin des Instituts.

Jörg Hohlweger

Pfarrer. Theologischer Vorstand Bergische Diakonie Aprath und zusätzlich seit 2015 Vorstand Diakonisches Werk des Kirchenkreises Niederberg

Ulrich Lilie

Pfarrer, Präsident von Diakonie Deutschland und seit 2017 Vorsitzender des Evangelischen Werkes für Diakonie und Entwicklung.

Thomas Lunkenheimer

Pfarrer, Theologischer Vorstand / Geschäftsführer der Diakonie Stiftung Salem, Minden.

Barbara Montag

Pastorin, Dipl. Diakoniewissenschaftlerin, Dipl. Supervisorin, Stabsstellenleiterin für Grundsatzfragen und Theologie des Diakonischen Werkes Rheinland-Westfalen-Lippe e.V.

Thorsten Moos

Pfarrer, Prof. Dr. theol., Inhaber des Lehrstuhls für Diakoniewissenschaft und Systematische Theologie / Ethik am Institut für Diakoniewissenschaft und DiakonieManagement der Kirchlichen Hochschule Wuppertal/Bethel.

Thorsten Nolting

Pfarrer der Evangelischen Kirche im Rheinland, Diakoniepfarrer des Kirchenkreises Düsseldorf und Vorstandsvorsitzender der Diakonie Düsseldorf.

Christoph Sigrist

Pfarrer, Dr. theol., ist Titularprofessor für Diakoniewissenschaft an der Universität Bern und Pfarrer am Grossmünster in Zürich sowie Titularprofessor und Leiter der Dozentur für Diakoniewissenschaft an der theologischen Fakultät der Universität Bern. Vorstandsmitglied des Netzwerks Diakoniewissenschaft.

Dierk Starnitzke

Pfarrer, Dr. theol., Vorstandssprecher der Diakonischen Stiftung Wittekindshofes in Bad Oeynhausen. und außerplanmäßiger Professor am Institut für Diakoniewissenschaft und DiakonieManagement der Kirchlichen Hochschule Wuppertal-Bethel in den Bereichen Biblische Theologie und Unternehmensführung.

Martin Wehn

Pfarrer, Theologischer Geschäftsführer der Diakonie Mark-Ruhr gem. GmbH, Hagen, Theologischer Vorstand des Diakonisches Werk im Ev. Kirchenkreis Iserlohn e.V., Geschäftsführer der Diakonie in den Ev. Kirchenkreisen Hagen und Schwelm e.V., Theologischer Vorstand des Betreuungsverbundes Diakonie e.V. und Geschäftsführer der Stationäres Hospiz Hagen gem. GmbH.

Johanna Will-Armstrong

Pastorin, Dr. theol., Mitglied des Vorstandes der v. Bodelschwinghschen Stiftungen Bethel. Zu ihren Aufgabenfeldern gehören die Stiftungen und Gemeinschaften Sarepta und Nazareth, der Unternehmensbereich Bethel im Norden, sowie die Aufgabenfelder Bildung, Altenhilfe und Hospizarbeit. Sie ist u.a. Mitglied der Synode der EKD und des Aufsichtsrates des EWDE, sowie der Kammer für Theologie der EKD.

Beate Hofmann

Diakonische Unternehmenskultur

Handbuch für Führungskräfte

2., aktualisierte und erweiterte Auflage 2010. 176 Seiten, 34 Abb. Kart. € 24,80 ISBN 978-3-17-021502-3

DIAKONIE, Band 2

Wer in diakonischen Einrichtungen leitende Funktion innehat, gestaltet Unternehmenskultur, setzt Impulse, ist für die Kommunikation verantwortlich. Hier gilt es zu motivieren, Teams zu entwickeln, Übergänge zu gestalten, den diakonischen Geist des Hauses zu fördern. Warum ist das gerade heute wichtig? Diakonische Einrichtungen haben ein reiches „kulturelles" Erbe, das durch Ökonomisierung, Expansion, Reduktion oder Umstrukturierung verloren zu gehen droht oder nicht mehr passt. Es muss aktualisiert und an neue Bedingungen angepasst werden. Das braucht kommunikative, kreative und dramaturgische Kompetenz. Dazu gibt das Buch vielfältige Anregungen.

Mit Beiträgen von Beate Baberske-Krohs, Cornelia Coenen-Marx, Otto Haußecker, Barbara Nothnagel und Dörte Rasch.

Leseproben und weitere Informationen unter www.kohlhammer.de

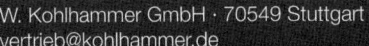
W. Kohlhammer GmbH · 70549 Stuttgart
vertrieb@kohlhammer.de

Kohlhammer

Hanns-Stephan Haas/
Dierk Starnitzke (Hrsg.)

Diversität und Identität

Konfessionsbindung und
Überzeugungspluralismus in
caritativen und diakonischen
Unternehmen

2014. 263 Seiten. Kart. € 39,99
ISBN 978-3-17-029057-0

DIAKONIE, Band 14

Durch die fortschreitende Pluralisierung und Säkularisierung der Gesellschaft stellt sich für konfessionell gebundene Unternehmen die Frage, wie sie ihre christliche Identität bewahren und auf dieser Basis einen bereits begonnenen Wandlungsprozess im Bereich der Personalentwicklung aktiv weiter gestalten können. Die Gewinnung von Fachkräften ist insbesondere für Unternehmen aus Diakonie und Caritas eine zunehmende Herausforderung, da die Rekrutierung von qualifiziertem Personal mit der Kirchenmitgliedschaft an zusätzliche Bedingungen geknüpft ist. Die Thesen des Brüsseler Kreises stellen hier einen neuen Ansatz vor, der im vorliegenden Band entfaltet wird. Kernpunkt der Argumentation ist die Überzeugung, dass die konfessionelle Profilierung eine unternehmerische Aufgabe ist und keine individuelle Bedingung der Mitarbeitenden. Namhafte Vertreter aus anderen Religionen und Fachwissenschaftler bereichern die Diskussion dieser Position mit wegweisenden Kommentierungen.

Der Brüsseler Kreis ist ein Zusammenschluss von 13 gemeinnützigen sozial- und gesundheitswirtschaftlichen Unternehmen aus Diakonie und Caritas.

Leseproben und weitere Informationen unter www.kohlhammer.de

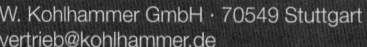
W. Kohlhammer GmbH · 70549 Stuttgart
vertrieb@kohlhammer.de